“伝統”の礎

—加賀・能登・金沢の地域史—

地方史研究協議会 編

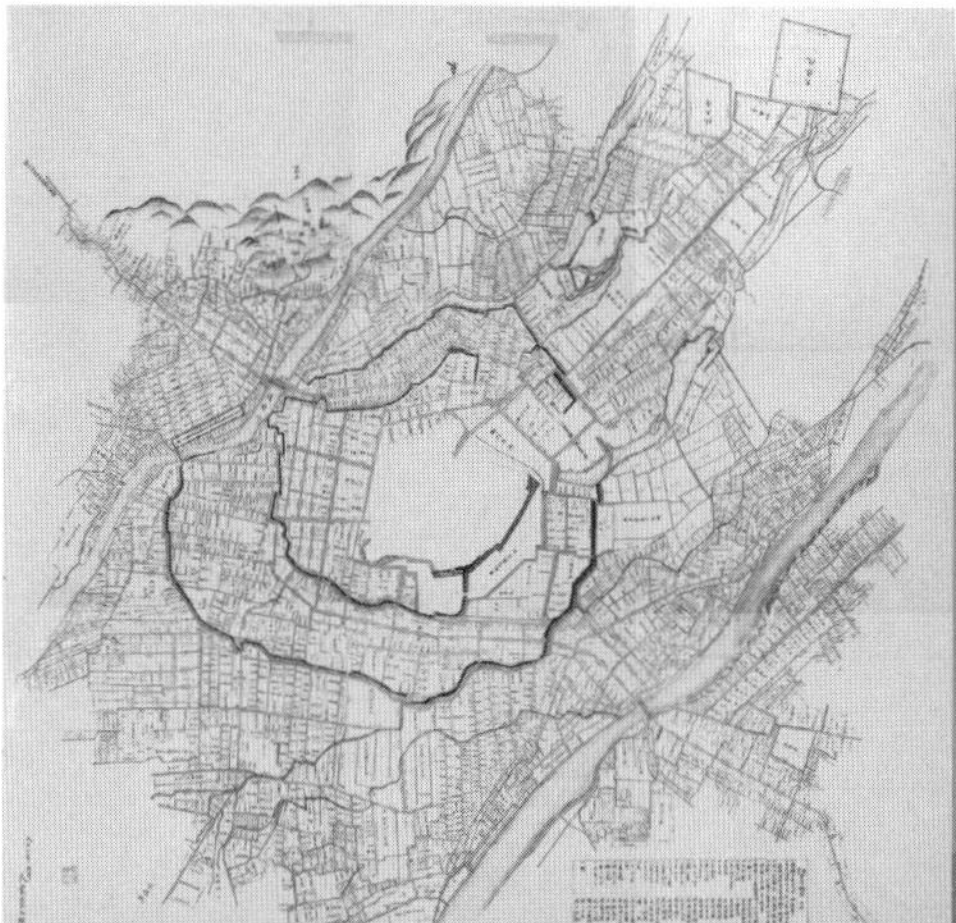

雄山閣

上より
・『旧藩祖三百年祭等各町催物画』「桜橋付近 加賀万才」（加
（金沢市立玉川図書館 近世史料館蔵）
・「延宝年間金沢城下図」（大正２年写 金沢市立玉川図書館
・「旧藩祖三百年祭等各町催物画」「南町　幔幕・剣梅鉢提灯
（金沢市立玉川図書館 近世史料館蔵）
・「石川県鳥瞰図」（吉田初三郎　石川県立歴史博物館蔵）

序 文

二〇一三年度（第六四回）の地方史研究協議会大会は「〝伝統〟の礎―加賀・能登・金沢の地域史―」を共通論題として一〇月二六日（土）から二八日（月）までの三日間、石川県金沢市において開催された。一日目の二六日には、午前に三名の自由論題研究発表と二名の共通論題研究発表が、午後に公開講演・総会が、二日目の二七日には七名の共通論題研究発表と共通論題討論が、金沢市文化ホールにおいて行われ、三日目の二八日には、能登を巡るコースと金沢・加賀を巡るコースに分かれて、巡見が実施された。

石川県金沢市で本会の大会が開催されたのは、一九六九年の第二〇回大会以来のことである。かつての大会では、とくに焦点を絞らず、「北陸地方史の諸問題」として研究発表が行われたが、四四年の時を経た今回の大会では、金沢、及び加賀・能登地域の歴史像を、〝伝統〟というキーワードを軸にとらえ直すことをめざした。それは、伝統文化とか伝統産業などといった言葉に代表されるような、古い自明のものとして理解される伝統ではない。地域のなかで創られ、形を変えながらも現代に継承されてきたものとしての〝伝統〟に焦点を合わせ、〝伝統〟の場としての地域の歴史的基盤と変遷を明らかにし、その特質を考察した。

本書はその大会成果を収録したものである。すなわち、公開講演の東四柳史明氏と廣瀬良弘氏をはじめ、共通論題の発表者である塩川隆文・大門哲・森田喜久男・石田文一・善端直・和田学・池田仁子・宮下和幸・山本吉次の九氏、自由論題の発表者である塩崎久代・鶴崎裕雄の二氏、合わせて一三氏の論考を、Ⅰ〝伝統〟を創り出す舞台の形成、Ⅱ加賀・能登・金沢の地域展開と〝伝統〟、Ⅲ近代における〝伝統〟の創出の三部に構成、配置している。末尾の「第六四回（金沢）大会の記録」では、今大会の開催経緯、常任委員会内の準備（運営）委員会と、地元の実行委員会による準備過程、大会当日の経過、とくに共通論題討論の内容をまとめている。

近年の本会の大会は、およそ二年前に常任委員会内に準備委員会が組織され、大会開催地で活動する研究者、研究団体で組織された実行委員会と協議しながら、大会の共通論題や趣意書を検討する。準備委員会は一年前に運営委員会と名称を変え、引き続き実行委員会と打ち合わせを重ね、プレ大会を経て本番を迎える。

本大会においても、金沢で行われた実行委員会は一五回に及び、準備（運営）委員会と協力して大会の開催に至った。本書に収められた大会の成果が、開催地域のみならず、全国の地方史研究の一層の発展に寄与することになれば幸いである。末筆ながら、大会実行委員長の宇佐美孝氏、副委員長兼事務局長の木越祐馨氏、参与の木越隆三・東四柳史明両氏をはじめ、大会実行委員の方々、本大会を共催して下さった加能地域史研究会、後援して頂いた石川県教育委員会、金沢市などの自治体、協賛して頂いた諸機関・諸学会の方々に、心から感謝と御礼を申し上げたい。

二〇一四年一〇月

地方史研究協議会

会長　松尾美恵子

〝伝統〟の礎―加賀・能登・金沢の地域史―／目　次

Ⅰ

〝伝統〟を創り出す舞台の形成

「能登国大田文」をめぐって

東四柳史明

はじめに

能登国の中世における土地制度を研究する上での基礎史料として、承久三年（一二二一）の「能登国四郡公田田数目録案」の標題をもつ、能登国大田文[1]が知られる。この史料には、能登国全体の国衙領＝公領と荘園の構成と分布を知らせるものであり、そこには郷・保・院・村・浦・開発と荘の単位所領ごとに、公田数とそれが確定された検注と立券の年次が記載されており、国衙領と荘園の境区分を超えた、一国規模の田積を統一的にとらえる上での、恰好な素材とされている。したがって、これについては、美濃晃順・石井進・浅香年木・網野善彦氏らの研究[2]があり、殊に石井氏は、その記載内容の検討を通して、一三世紀初めの能登一国における総公田数二、〇五一町のうちの七〇パーセント強にのぼる部分が、既に荘園化され、その約四分の三（総田数の五二パーセント）が、保延二年（一一三六）から久安六年（一一五〇）の鳥羽院政期に立荘されていたことを明らかにし、一二世紀中葉以降の鳥羽・後白河院政期を、我が国の荘園体制確立の大きな画期とする論拠とされた[3]。これによって能登国大田文の存在は、広く学界で関心を集めるようになった。

しかし、伝存する能登国大田文が、南北朝末期に書写され、その書写の年月日が明らかであるにもかかわらず、これまでそれがいかなる時期にあたるかに関心を寄せることはなかった。したがってここでは、豊富な諸国大田文に関する先行研究の成果に学びながら、能登国大田文の作成・注進、および伝写の背景について、当該期の政治状況のなかから探っていくこととしたい。

一　大田文作成の周辺

1　大田文の伝存と公田数の記載

「能登国四郡公田田数目録案」（能登国大田文）は、現在石川県立図書館の森田文庫に所蔵されている。法量は、縦二八・三センチメートル、横三一七・五センチメートルで、続紙九枚の形態である。伝来については、本史料を最初に印形した、明治三五年刊行の『改定史籍集覧・第二十七冊』所収分の末尾に、この田数目録は、能登比咩神社の考証のため、参考史料として、石川県鹿島郡能登部下村鎮座の能登比咩神社の神官某（能登部氏）から、教部省に原本が提出されたもので、「古色掬スヘキ文書」であったため、考古の一助として影写した旨を記した、明治八年一二月の小杉榲邨の一文が付けられている。榲邨は、当時教部省に出仕していた古社寺の宝物等に造詣の深い古典文学者で、この史料の重要性に着目し、それを影写したものが、後に『改定史籍集覧』に収録さ

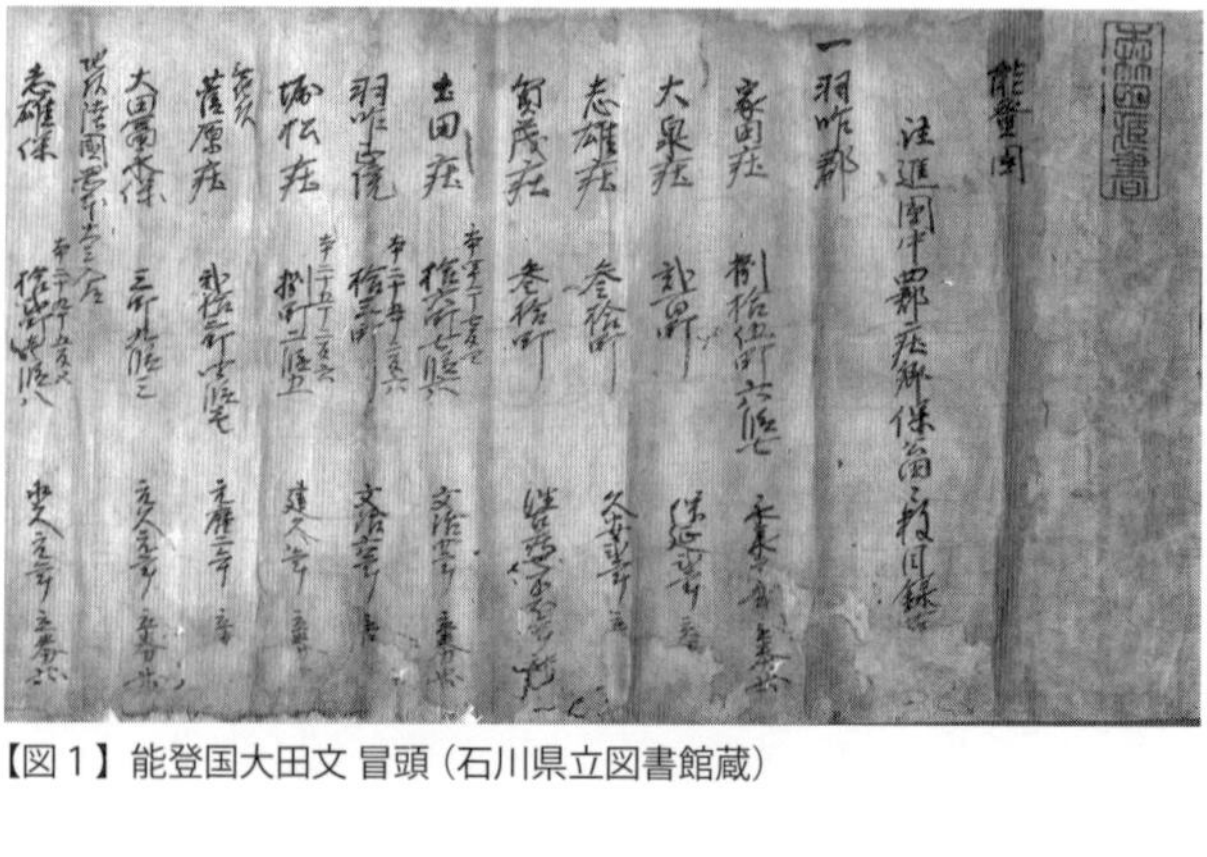

【図1】能登国大田文 冒頭（石川県立図書館蔵）

れていたのがわかる。

また、能登比咩神社旧蔵のこの史料は、やがて教部省から返却されたが、そのまま同社の所蔵とならず、当時石川県に出仕していた加越能郷土史の碩学として知られた森田柿園の所蔵に帰し、その後、柿園の子息外與吉氏が所有していた。しかし平成二三年六月七日になって、東京都在住の森田美代子氏から石川県立図書館に寄贈され、森田柿園の蔵書や書写・蒐集史料、著書等を保管する同館の森田文庫の内に加えられることになった。

この史料は、冒頭、書き出しの部分の事書記載などから、能登国衙の在庁官人が作成、注進したものとされる[4]。大田文作成の目的は、役夫工米・大嘗米・社寺造営用途など、一国平均役賦課のためとするが、これには、「平均役目録」は一二〜一三世紀初頭段階では、臨時的性格の副次的帳簿であり、国衙にとってもっとも基礎的な土地台帳である公田官物の賦課台帳ともいうべき、「国検注目録」にあたるとの指摘[5]もあり、そうした大田文の性格は、能登国の場合にも該当する。

さらに奥書には、「承久三年九月六日注進置候」の記載に続けて、「康応元年極月廿日」の日付がみえる(【図2】)。美濃晃順氏によれば、この康応元年(一三八九)一二月二〇日の日付は、承久三年(一二二一)九月六日に作成された大田文が書写された時期とする。田数についても、美濃氏は、荘園・公領の公田数の右肩に「本ハ」と付記される田積に注意し、承久三年九月六日の作成時の田積が、「本ハ」と書いてある部分であり、各荘園・公領(国衙領)ごとの下に大きく書かれている部分は、書

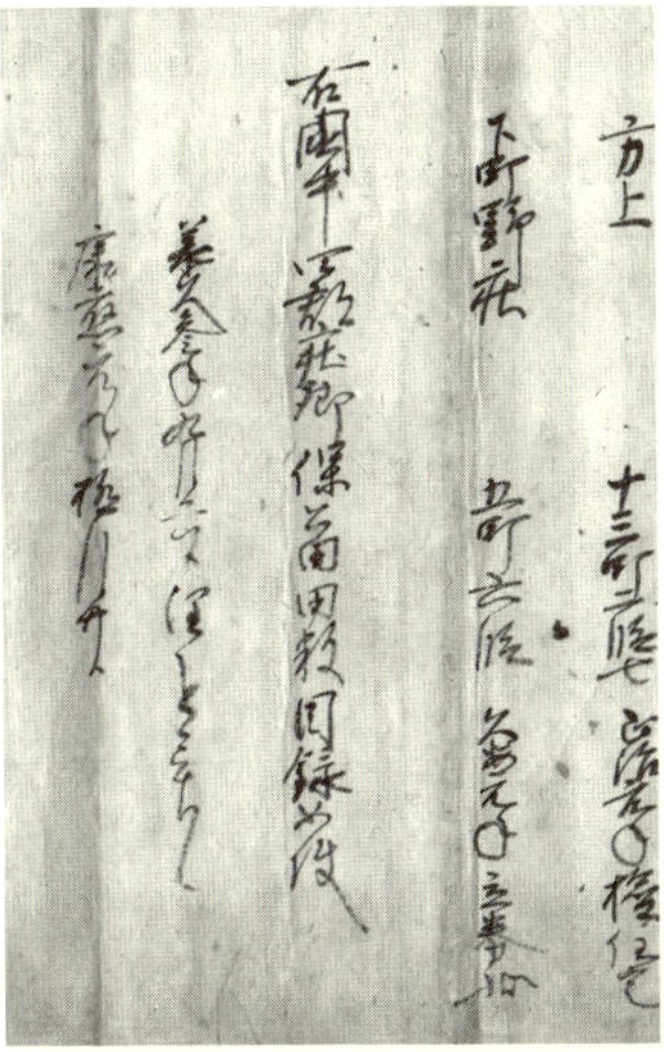

【図2】能登国大田文 奥書(石川県立図書館蔵)

写した南北朝末期の康応元年一二月段階の公田数であるとした。

さらに書写の際、承久三年（一二二一）の大田文作成時における公田数の記述を一部修正したのは、南北朝時代の能登守護で徴租の責任者でもあった吉見氏頼であろうとの推測をしている。したがって、能登国大田文が能登比咩神社に所蔵されていたのは、吉見氏が守護を退くにあたり、同氏が築城した能登部城の鎮守である同社に奉納したものではなかったかともされた。

ところで、能登国大田文の内容を通覧すると、荘園・公領の田積と、「本ハ」と書かれたものを比べた場合、大きく公田数が減少しているのが目立つ。一例を挙げると、珠洲郡の方上保の場合、公田数「十三町二段七」の右肩に「本三十丁五反九」と記され、「正治元年（一一九九）検注定」とみえる。このような記述は随所に見られる。荘園・国衙領名の下に書かれている田数を、承久三年の大田文作成時の数字と見做し、「本ハ」とある部分を、立券・検注・検田時の公田数とみた場合、さしたる時間的経過がない間に、大きく公田数が減少することは考えがたいとしたのが、美濃説の論拠で、鎌倉時代前期から南北朝時代末期の間の一六〇年近く以上も経た時期であれば、公田数が大幅に減少してもおかしくないというものであった。

しかし大田文に関する研究(6)によれば、そこにみえる公田については、荘園の正検や公領の国検など公的な検注によって確定された田地（定田）で、一国平均役や所当官物、幕府御家人役などの賦課基準として、大田文に登載された田地とし、荘園・公領のいずれのなかにも存在したとされる。また、平安後期には、実地検分にもとづき公田官物率法の賦課台帳である国検田目録が、一国規模で作成されたが、やがて一一世紀末葉以降になると、実地検分と郡郷司・荘官らが提出する書面審査を包含した国検注目録に変容をとげることになる。それらの帳簿群などが、国衙に保存されており、これを基に在庁官人らによって、鎌倉期に至り、各国で大田文が作成されるようになったとする(7)。

また大田文に載せられた公田数は、承久の乱で鎌倉幕府が勝利すると、荘園・公領の荘・郷・保・名・村などの単位の境界がほぼ確定し、大田文に記載されたそれらの公田数も固定化するに至ったとされる(8)。その後、南北朝内乱を経た室町期になると、室町幕府体制の下で、一国平均役としての段銭など賦課の基本台帳としての機能をもつことになったのが、鎌倉期に作成された大田文で、そこに記載された公田数が、賦課の対象基準として活用されたとする。また室町期の守護の多くは、国衙職の所有者から国衙惣代官職を請負い、国衙の支配権を掌握するようになっていた(9)。

こうした研究状況を踏まえて能登国大田文を読み解く場合、むしろ承久三年（一二二一）注進の公田数が、能登国ではその後固定化し、南北朝末期になって、それに一部若干の修正を加え書写されたものと見做す方が、無理のない理解と考える。したがって能登国大田文の荘園・公領ごとの下に書かれた田数は、承久三年の大田文作成時に、能登国衙が把握していた公田数であり、その典拠となったのが、田数の下に書かれた年次に実施された、国衙の検田・検注の結果であった。この理解から、右肩に「本ハ」とあるのは、当時能登の国衙に伝存していた、それ以前の国の検田目録や検注目録、立券文に載せられていた田積と考えたい。

大田文の記載によれば、承久元年（一二一九）に、能登の国衙領で、集中的に一国的規模の検注が行われており、それを基礎に作成された国検注目録が、大田文に採用されていた状況も窺われる。能登の国衙では、他に国内の荘園の立券状も所持されていたらしく、大田文作成に際し、国衙が保管する古い帳簿類や立券状から、治承・寿永の内乱以前の田積を拾い出し、「本ハ」と付記したものと思われる。また、「本ハ」と記載された公田数の時期（平安期）と承久三年の大田文作成時の間に、治承・寿永の内乱があった状況を考えた場合、公田数の大幅減少は、内乱の過程で、その傾向がみられていた。平安末期を下るものでないとされる『拾芥抄』『伊呂波字類抄』などにみえる国別田数記載によれば、能登国は「本田八千四百七九町」とあり、これと承久三年の大田文にみえる能登国の総公田数二〇五一町余を比較した場合、治承・寿永の内乱を挟んで、能登では、六四〇〇余町の公田が激減していたことになる[10]。これは変化のない他の国々と能登の著しく異なる点であり、能登を含む北陸道の諸国が、内乱の過程で、荘園・公領制を大きく変質させていた状況を示唆する。しかしその詳細は不明であり、今後の課題とされよう。

2 能登国の荘園成立

能登国大田文が、中世荘園の増大していった様相を、一国規模で知ることのできる史料として注目したのは、石井進氏であった。石井氏の所説は、その後も深められ、やがて学界でも広く注目を集めるようになり、近年でも高校日本史の教科書のなかに、その成果の一斑として、能登国の荘園・公領の分布図が掲載され、鳥羽院政期から荘園が増加するようになったことが記されている。

石井氏の研究によると、能登国大田文によれば、国衙の所在地である鹿島郡では郷は二例と少なく、先述したように、律令的郡郷制下とは異なる所領単位、すなわち、院・保・郷・開発・村などの中世的な国衙領の単位で書かれたものが多いとされている。能登国衙の周辺では、郡郷制の解体と中世村落の成立を根底にもつ行政単位の再編がはかられ、公領の田積は鹿島郡で四割を越え、細かい田積の所領単位が多く分布しているとする。

これに対し、他の三郡をみてみると、羽咋郡の家田荘は「捌拾伍町六段七」、大泉荘は「弐百町」、珠洲郡の若山荘は「五百町」、鳳至郡の町野荘は「弐百町」と、大規模な公田数を持った荘園が目立つとする。そして石井氏が最も注目したのは、公田数の一番下に書かれている、立券荘号を得て荘園化した時期である。これを整理すると、一二世紀の鳥羽院政期に圧倒的にそれが集中し、能登国における荘園は、鳥羽院政期において、国衙から離れた羽咋・鳳至・珠洲の三郡で、八割を越える土地が荘園化したとした。これは、国衙所在の鹿島郡では、所領の変動を国衙を担う在庁などによって、公領として細かく再編されたのに対し、他の郡では、荘園の立券が認められやすかったのではなかったかとされた。

この傾向は、能登国に限らず、全国的に考えられるというのが石井氏の所見である。また能登国大田文では、荘号を称する所領のほかに、保・村・院を称しながら立券文を得て荘園化していた所領もあり、立荘後も一円不輸領荘園になることなく、国衙と深い係わりを維持していた荘園が多かった。

3 承久の乱と藤原秀康

能登国大田文が作成、注進された承久三年（一二二一）九月六日という時期は、承久の乱の終結直後にあたる。そこで、承久の乱の直後に大田文が能登国衙で作成されたことは、どのようなことを意味するのかが問題となる。

承久の乱は、承久三年五月一五日、後鳥羽上皇が配下の能登守藤原秀康らを遣わして、京都の守護であった鎌倉幕府方の伊賀光季を誅し、北条義時追討の院宣を諸国に下したことから、幕が切って落とされた。能登守護藤原秀康は後鳥羽上皇の近臣で、義時追討の後鳥羽上皇の院宣を関東に持ち下った使者として、幕府に捕らえられたのは、秀康の所従押松丸であったとされている。またこれに先立ち、上皇の意をうけた秀康は、京都御倉町北辺にあった宿所に、在京御家人の三浦胤義（義村の弟）を招き、幕府に反逆して上皇に忠誠を尽くすことを促し、承諾を得ており、京方の中心的人物であった。(11) 当時の能登国の知行国主は定かではないが、後鳥羽上皇と係わりの人物と思われ、その下で秀康が能登守であったことは重要である。

秀康は、秀郷流藤原氏の出自で、東国の有力御家人和田氏の庶流の出身ともいわれ、建久七年（一一九六）に内舎人に任じられた後、源通親の引き立てもあって後鳥羽院の滝口から下北面の武士に登用され、破格の待遇を得て、下野・上総・河内・伊賀・淡路・備前・能登などの国守を歴任した。また上総守の時代に、目代を派遣して、強引な国務を行い在庁と対立するなど、名目上の国守ではなく、国務に積極的に係わる動きをみせていた例があり、能登守としての在任期間は、承久二年（一二二〇）八月頃以降、翌三年六月頃までの短期間であったとはいえ、能登の国務掌握に努めていたのであろう。

ところで、承久の乱は、六月一五日に鎌倉幕府方が大軍を以って京都へ押し寄せたことで制圧され、翌七月、後鳥羽上皇が隠岐島へ流されたことで乱は決着する。その際、『承久三年四月日次記』承久三年一〇月七日条に、承久の乱に敗れ、能登守の地位を剥奪されていたであろう秀康と弟の検非違使の秀澄が、同年一〇月六日、河内国において捕らえられ、同月一四日に六波羅に連行され、首を斬られたとの記述があり、能登守秀康は天下乱逆の張本人として処刑されていた。(12) 能登国大田文が作成された九月の段階は、すでに承久の乱が終息し、藤原秀康は能登守を罷免され、まだ逃げ隠れしていた段階であった。能登国衙では、能登の国守が行方不明になっていた時期に、新たな国中の公田田数目録を作成し、注進することを命じられていたことになる。

このことから、承久三年六月八日、北陸道諸国の京方軍が、加賀・越中国境の砺波山で、北条朝時らの幕府軍に敗れた以後に、京方の国守藤原秀康の配下にあった能登国衙の在庁官人たちが、朝時らの命を得て、急ぎ、大田文の作成に着手し、同年九月になって幕府に注進するに至っていた状況が推測される。その際、承久元年の国衙の検注目録をはじめ、それ以前の国衙保管の検田目録や立券文などが、資料として利用されていたものであろう。当時、能登のほかに、越後・加賀・越中・若狭などの北陸道諸国でも秀康が国務を指揮していたともされており、幕府方としては、後鳥羽院主導の国衙体制を解体し、幕府主導に再編する必要があった。能登国大田文の注進を命じたのは、そうした動きの現れであろう。また承久の乱に際し、加賀・越中で京方に味方した在地武士が知られるものの、能登ではそれがみえないのは、秀康の国衙支配が浸透していなかった事情を窺わせる。

4 藤原定家と国衙領の荘園化

能登守藤原秀康が処刑された後、能登国の知行主・国守として国衙の支配権を握った人物は不明である。しかし、承久の乱から八年ほど経た寛喜元年（一二二九）に至り、藤原定家の日記『明月記』[13]の記述から、定家が能登国の国務支配権を握っていたのがわかる。藤原定家が能登国の知行国主となった時期はわからないが、少なくとも承久の乱後に確認される能登の国務を握った人物は、藤原定家ということになる。

『明月記』寛喜元年四月二六日条には、能登に在国していた定家配下の国雑掌が、朝廷への所当物等の収納督促のために下向してきた官使（苛法使）の高部某の暴力的譴責に畏怖する状況が書かれており、同年九月二一日条には、家司の忠弘（姓不明）なる人物を、翌一〇月に使者として能登へ派遣しようとしていたことがわかる。さらに同年一二月一〇日条によると、忠弘の能登からの連絡として、能登国の国衙領がことごとく立券荘号を得て、荘園化する動きにあるとしたが、しかし翌二年正月三〇日条には、国務においては「無㆓殊障難㆒云々」とあり、特に差し障りはない旨を報告している。

忠弘は、正月を能登で越し、同年二月まで能登にいたようで、同年正月三〇日条に、忠弘が定家のもとへ遣わした手紙によれば、「国検注」をしようとしたところ、忠綱（姓不明）という人物の妨害に遭ってなかなかそれを果たすことができないと伝えていた。忠綱は地元の国衙の在庁官人的な人物とも思われるが、忠弘と忠綱は名前が似通っていることから、場合によっては一族の可能性もあり、それを確認することはできない。

こうしたことから、承久の乱後には、知行国主による能登国の検注は、守護となった北条一門の名越氏や在地の地頭らの抵抗により、実施できない状況に陥っていたらしく、そのことから能登国大田文の作成も、承久三年（一二二一）以降には行われていなかった可能性があり、このため以後、承久三年の大田文登載の公田数が、一国平均役や公田官物賦課の基本となり、政治的田数として固定化するようになっていた可能性が高い。康応元年（一三八九）書写の大田文案に、承久三年以後の寛喜元年（一二二九）頃、能登で多くの国衙領が荘園化していたとされるにもかかわらず、誤写か追記の可能性がある羽咋郡の都智院の検注と鳳至郡の諸橋保の立荘が、建治元年（一二七五）と記載された二例のほかは、承久三年以降に立券荘号を得た年次がみえないことや、承久元年以後の国衙検注による公田の田積が知られていないのは、そのことを裏付ける傍証となろう。したがって南北朝末期に、段銭や一国平均役賦課の基本台帳として、大田文の役割が室町幕府体制の下で再生された際、承久三年の大田文が書写されることになったのは、そのためであった。

ともあれ、承久の乱後の能登国では、荘園の新立が多くみられる一方で、国衙の公田調査である検注が、在地の武士勢力の妨害などによって、実施できない状態に陥っていた状況がわかる。『明月記』寛喜二年二月八日条によれば、前日、京都に帰った忠弘から、能登の国務は、放置できない状態であるとし、地頭や守護の張行によって、国務は滅亡の危機にあると報告されており、これが能登の状況であった。次いで同年一〇月一二日条には、子息が為家から能登の国務を放棄するよう勧められたが、その判断には従えない旨を記しているが、程なくして知行国主を辞退したらしい。その後、寛喜三年三月頃、前右大臣大炊御門師経が、能登の知行国主を賜り、天福二年（一二三四）正月には、能登は国務辞退による国司不在となっていた。したがって能登国の場合は、鎌倉前期の段階で、鎌倉幕府型の在国の地頭御家人や守護名越氏らの勢力に陥まれ、国衙機構の機能が守護方に掌握され、公家政権による国務の執行は、退転していたのである。

二　郡・郷制の再編と院の成立

1　源季兼の寄進状と若山庄の成立時期

能登国大田文のほかに、同国における荘園の成立を知らせる史料として、「九条家文書」所収の康治二年（一一四三）一〇月四日付の源季兼寄進状[14]がある。当時豊後守であった源季兼が、能登国珠洲郡の若山荘を皇太后藤原聖子に寄進したことを伝える内容で、同荘が後に九条家の荘園となったため、同家に伝来することになった。

その寄進された季兼の相伝私領は、「在二能登国珠珠院内若山庄一」とみえ、能登国の珠珠院の内の若山荘という書き方になっている。同荘の東西南北を示す四至の境界を示す記載には、「南限二珠珠正院真脇村一」「北限二同院八條袋一」「西限二町野院境山一」「東限レ海」とある。そこでこの寄進状の内容から、珠珠院の内に若山荘、珠珠正院の内に真脇村があり、他に町野院があったのがわかる。

ところで承久三年（一二二一）の能登国大田文には、「珠珠院」はみえないが、「珠々正院」は、珠々郡の内に、承久元年の国衙検注の際に、公田数が三七町に定められていたとある。また寄進地系荘園となったの若山荘には、「珠洲院内」の文字が消え、五〇〇町で「康治弐年立券状」とある。「珠珠正院真脇村」とあった真脇村も、大田文では「真脇村」と「珠珠正院」の別個の所領として記載されており、既に真脇村は珠珠正院から分立していたのがわかる。「町野院」も能登国大田文に確認できないが、鳳至郡に「町野庄」（公田数二〇〇町）、珠洲郡には「下町野庄」（公田数五町六段）がみえ、ともに久安元年（一一四五）に立券荘号を得ていたとみえ、鳥羽院政期に、町野院が解体し、そこから二つの荘園が成立していたのが知られる。

こうしたことから、平安時代末期の能登国では、珠洲院あるいは町野院といった中世的な所領単位があったことが見えてくる。これには、石井進氏が既に、能登国大田文に若山荘「康治弐年立券状」とあることから、鳥羽院政期の康治二年（一一四三）に若山荘が成立したことを述べており[15]、私領の維持・安定化を目指して、源季兼が皇太后藤原聖子に寄進した時期をもって、若山荘が珠々院を解体して正式に荘園として成立していたのがわかる。

それに対し槇通雄氏[16]は、石井氏の所見に批判を加えた。槇氏は、石井氏が鳥羽院政期に多くの荘園が成立したとする傍証に、この季兼寄進状を使うが、内容を精読すると、若山荘は、季兼の父である源俊兼から相伝されたものであると書いてあり、その前段階からすでに若山荘が成立していたとし、父俊兼は天永三年（一一一二）四月に亡くなったことが『尊卑分脈』にみえるから、白河院政以前の時期に、すでに若山荘が成立していたと主張する。

したがって、寄進状と能登国大田文を以って、鳥羽院政期に多くの荘園が生まれた根拠とされる能登国最大の公田数をもつ若山荘はそれに該当せず、鳥羽院政期に能登国で多くの荘園が激増したとする石井氏の所説は、成立しないとした。また義江彰夫氏が、鳥羽院政期に、荘園整理令が凍結されたとする所説[17]についても、鳥羽院政期に荘園整理が行われた徴証を提示し、批判している。

こうした若山荘の成立をめぐっては、源季兼の父俊兼が、長承二年（一一三三）五月に能登守を退任する以前の国守在職時に、珠洲郡の大半の広い土地を私領化していたと考えられ、やがてその土地を、後に息子である季兼に譲ったものの、立券荘号を正式に得ていたかどうかは定かではなく、むしろ「珠々院内若山庄」の記載からみて、その荘号の名乗りはあいまいであり、槇氏が指摘されたように、新立荘園を規制する鳥羽院政期の荘園整理の動きもあり、改めて、その自らが私領の預職となり、子々孫々がそれを相伝する条件で、皇太后藤原聖子に寄進し、皇太后の御勢をもって正式に国衙領の珠々院を荘園に改編し、立券荘号を得て、若山荘が成立したものと理解したい。こう考えた場合、槇氏の批判には必ずしも同意しがたく、むしろ石井氏の所説に首肯できよう。

2　荘園立券状の年号

また槇氏は前掲論文で、羽咋郡の土田荘について、能登国大田文に公田数一六町七段六で、「文治四年（一一八八）立券状」と書かれているが、寿永三年（一一八四）四月二四日付の源頼朝下文案[18]にみえる上賀茂社領目録のなかに能登国土田荘が載っていることから、大田文の立券年次は間違いだと主張し、大田文の立券年次の注記が、あてにならないことの根拠とした。

しかし、能登国大田文の羽咋郡の箇所をみると、土田荘と並んで賀茂荘がみえており、国衙がいう賀茂荘（公田数三〇町）が、上賀茂社領の能登国土田荘を指すことは、浅香年木氏が既に指摘している[19]。したがってここにみえる土田荘は、法金剛院領として文治四年（一一八八）に立荘していて、その位置は、上賀茂社領から南方にあたる羽咋郡志賀町下山田・上山田地区にかけての地域に比定され、槇氏の指摘は当たらないことになる。

因みに能登国の賀茂（土田）荘は、大田文に「往古庄也、不レ知二年記一」とみえている。さらに能登国大田文にみえる立券状の年次で注意したいのは、鹿島郡の内に「大屋庄内穴水保」（公田数四九町一段七）があり、そこに「文治九年立券状」と書かれていることである。そこで文治九年という年は存在しないため、明らかに書写の際における誤写だと考えたいが、そこで「九年」の「九」と書かれた字に近い漢数字を挙げるとすれば、字のくずし方からみて、「五」の可能性が高い。

能登国大田文案に書かれた「文治九年」が、もし「文治五年」（一一八九）の誤字とすれば、現在東京大学史料編纂所に所蔵されている「青蓮院文書」のなかの「能登国大屋荘立券文案（後欠）[20]」の端裏に、「文治五年立券案」とある記載と一致し、むしろ槇氏の指摘とは反対に、大田文は、能登国の荘園の成立を正しく伝える貴重な史料であることの傍証になる。大屋荘については、大田文のなかに穴水保とは郡域の異なる鳳至郡内に「大屋庄之内東保」（公田数三三町五段）、「同庄西保」（公田数四四町七段二）が載せられているが、ともに立券年次が記されていないことから、東保と西保も、穴水保と同時に、大屋荘として文治五年に成立し、その際に公田数の確定がなされていたものと考えたい。

このほか、貞応三年（一二二四）一〇月一日付の能登国熊来荘立券文案[21]によれば、承久三年の大田文作成の三年後に、大田文にみえる鹿島郡内の国衙領であった熊来院が、立券荘号を得て、荘園化していたのが知られる。しかし康応元年（一三八九）書写の大田文案には、その荘名の修正が加えられておらず、所領名も熊来院のままで、公田数三六町四段八の田積も、貞応三年の立荘時のものではなく、承久元年（一二一九）の国衙検注の数字を載せており、立券文の内容が後に書写された大田文に反映されていないのがわかる。このことは能登国大田文が、承久三年以降、作成されていなかった傍証にもなる。

3　院の成立

能登国大田文のなかに、「院」を称する中世的所領単位が多く認められることを最初に指摘したのは、坂本賞三氏であった。坂本氏はその著書[22]のなかで、平安時代末期に古代の郡郷制が崩壊し、それに替わって中世的所領の再編として、院あるいは保と呼ばれるものが生まれてきたとされた。そして院と呼ばれる所領の単位は、九州あるいは能登、紀伊に確認できると指摘する。そこでは、旧来の郡郷制の再編成として、院が生まれたとし、能登国では、院が国衙に直接する一国内の基幹となっており、やがてそれが崩れて、荘園の成立や郷・保・村などを称した別名が、国衙領として生まれたとした。能登で倭名抄の郷名を冠した院や、郡名を冠した正院が知られるのは、それと係わるものであろう。また紀伊国では、名草郡の場合、能登国と同時期に、一郡四院に組織化され、院はいくつかの郷によって構成されていたとされる(23)。

そこで改めて能登国大田文所載の所領をみると、羽咋郡には「羽咋正院」「包(邑)智院」「富来院」「同院内酒見村」「都智院」がみえ、このうち羽咋正院（公田数一三町）が文治六年（一一九〇）に、酒見村（公田数二町八段一）が建保二年（一二一四）にそれぞれ荘園化したほかは、公田数が十町前後余りの国衙領である。また、鹿島郡では国衙領の「良河院」「与木院」「熊来院」が知られ、鳳至郡では「鳳至院」（荘公領不明）、珠洲郡では国衙領の「珠々正院」が確認できる。したがって、能登国大田文のなかにある能登国の荘園・国衙領のなかで「院」がつくものは全部で九ヵ所あるが、それ以外に「九条家文書」の康治二年（一一四三）源季兼寄進状にみえる「珠々院」と「町野院」があったことを考えると、能登国大田文が成立した以前の段階では、それ以上の数の院が存在していた可能性がある。

時代は下るが、江戸中期の寛政二年（一七九〇）能登国一宮気多社の「正月朔日朝拝札(24)」に、羽咋・鹿島・鳳至・珠洲の四郡司のほかに、越曽院司・良川院司・上日院司・富来院司・都智院司・熊来院司・邑知院司・与来院司が列記されている。これは平安末期に成立した諸国一宮制のもとで、気多社が能登の一宮となった時代の正月儀礼の名残を伝えるものと思われ、ここにみえる院司は、羽咋・鹿島の両郡内の院に限定されている。これは気多社の中世における神免田の分布が、両郡のみに分布していた状況と係わるものらしく、諸国一宮制が成立した平安末期頃に、能登では古代の郡郷制が解体して、中世的所領の再編によって院が生まれており、一宮気多社の神免田が所在した羽咋・鹿島（能登）両郡の院司が、正月元旦の一宮の祭祀儀礼に参列していた状況が、この朝拝礼から推察できる。

この朝拝礼と能登国大田文にみえる院名を重ね合わせると、平安末期の能登国では、羽咋郡で富来院・都智院・邑知院が、鹿島郡では良河院・与木院・熊来院・越曽院・上日院が存在していたようである。

三　大田文書写の背景

康応元年（一三八九）一二月二〇日に、能登国大田文が書写された事情を伝える記述は知られないため、同時期前後の頃の史料を通して、書写された背景の周辺を探ってみたい。そこで『兼宣公記』嘉慶三年（一三八九）正月九日条にみえる日野中納言資教の家礼である本庄判官宗成が、この日に死去したという記事に注目したい。[25]本庄宗成は、能登国若山荘の荘官（預所）で、上洛して同荘の領家日野家の家僕となった人物である。[26]若山荘は、やがて皇太后藤原聖子から養子の九条良通へと伝領されるが、九条家の家礼で源季兼の娘の嫁ぎ先でもあった日野家が、同荘の領家職を相伝するようになり、鎌倉期以降には、九条家が本家職、季兼の流れをひく日野家が領家職を相伝することになった。

このため日野家が若山荘の支配権（荘務）を掌握することになるが、その下で地元生え抜きの武士であった本庄氏が、鎌倉期には若山荘の田所職としてみえている。次いで南北朝期になると、本庄宗量・宗成が若山荘預所となっており、宗成はやがて京都へ上って日野家の家礼となり、在京の公家侍となった。その後、日野資教の娘の日野業子が室町幕府三代将軍足利義満の正室になると、本庄宗成の妻が業子の乳母であった関係から、宗成は将軍足利義満夫人の乳父、すなわち乳母の夫という地位を得て、幕府のなかで次第に力を持ち始める。宗成は康暦元年（一三七九）四月二五日の賀茂祭には、検非違使尉として「化粧奇麗」な姿で行列に加わる一方、一条烏丸に将軍足利義満の桟敷を設けており、これに先立つ永和三年（一三七七）八月には、能登国の守護の地位を競望したため、当時の守護吉見氏頼がこれに怒って、宗成の誅伐を企てる騒ぎもあった[27]。しかしその後、吉見氏に代わって守護の地位を得ており、南北朝末期の永徳二年（一三八二）頃には、既に能登国守護としての活動が知られる。本庄宗成の能登守護在職は、橋本秀一郎氏の論考[28]によって明らかとなったが、その宗成も、嘉慶三年（一三八九）正月九日には死去することとなる。

次いで、能登国の守護になったのは、足利一門の畠山基国[29]であった。『棘林志』所収の足利義満寄進状写などによれば、明徳元年（一三九〇）一二月二五日、将軍足利義満が能登国志津良荘を東福寺塔頭の栗棘庵に寄付しており、翌二年二月九日にそれが幕府管領斯波義将から畠山基国へ施行され、次いで同年二月一三日には基国から神保肥前守氏久に遵行されていた[30]。このことから、既に明徳元年から翌二年における能登国の守護は、畠山基国であり、現地で分国支配の実務を担っていた守護代が畠山氏被官の神保氏久であったことがわかる。

したがって、本庄宗成の死後、能登国の守護になったのが畠山基国であったらしく、これによって能登国大田文が書写された康応元年（一三八九）一二月段階の能登国守護は、畠山基国とされる。そこで基国は、能登における守護支配の進展をはかる上から、一国平均役や段銭賦課の基本台帳として、能登国の荘園・公領の公田数を書き上げた承久三年（一二二一）の大田文（国中四郡庄・郷・保公田々数目録）を改めて書写したものと考えたい。南北朝末期から室町初期のこの時期は、内乱の過程で国衙進退権を手中に収めた足利将軍家の下で、各国の守護が、国衙機構を掌握し、国衙領をその直接的基盤とする動きをみせており[31]、畠山基国が大田文の書写を通して、分国内の寺社本所一円領と武家領における役銭・一国平均役賦課の対象となる大田文記載の公田（定田）の掌握を企てたのは、当時の守護の動きに呼応したものと理解できる。したがって、康応元年に能登国大田文が書写されたことは、全くの偶然ではなく、当該期の守護が、国衙機構の掌握や、段銭の賦課などを行う活動のなかでみられたものであった。

羽咋市の永光寺に所蔵される『中興雑記』所収の能登守護畠山義忠書下写[32]によれば、永享二年（一四三〇）一二月二七日、守護畠山義忠が、羽咋郡若部保の国衙役正税ならびに検注のことについて、永光寺領においては催促を停止する旨を永光寺に伝えていた。その文書のなかで、義忠が「青蓮院御門跡御代官執沙汰之間」とあり、室町中期には、当時守護であった義忠が、能登国衙職を領有していた天台宗青蓮院門跡(33)の国衙物代官として、能登の国衙支配を請負っていたのが確認できる。それが、南北朝末期にまで遡れるかは、史料を欠くため定かではないが、播磨国の守護赤松氏などの例(34)からみて、その時期に畠山基国が国衙代官職を請負っていたと推測することは可能である。能登の国衙物代官職を畠山氏が担った上は、能登国の荘園・国衙領の公田の基本台帳である検田目録ともいうべき大田文の掌握が必要であり、能登国では、承久三年（一二二一）作成の大田文が、改めてその拠り所とされるようになっていた。能登国大田文は、公田の田積が固定化された政治的数字になっていたとはいえ、段銭など国役徴収の基準として、康応元年（一三八九）の書写後も、守護方の手許に置かれ、室町期を通して重要な役割を果たしていたのであった。

おわりに

承久三年（一二二一）の能登国大田文が書写されたことについて、かつて美濃晃順氏が守護吉見氏との関係に注意されたことは慧眼であった。しかし、康応元年（一三八九）は、吉見氏の守護時代ではなく、本庄宗成から畠山基国への守護の交代時期にあたっており、そのことから、能登守護に新たに就任した畠山基国が、守護支配を進める上から改めて書写したものではなかったと推考した。

これには既に田沼睦氏が、大田文が室町幕府体制下において復活し、記載された公田の実態は別として、大田文に書かれている田籍が守護の一国平均役や段銭等の賦課の基本台帳となり、室町時代において守護の間で非常に重要視され、受け継がれていたことを指摘されている。つまり、大田文は室町幕府体制のもとで再生されたとし、それは多くの研究者によって支持されている。本稿においても、そうした先行研究に依拠して理解を試みた。能登国大田文も、承久の乱後に国衙が保管していた検田・検注目録や立券文写などを基に作成されたもので、以後、鎌倉期には国務の退転などにより、大田文の作成はなされなかった模様である。しかし、南北朝末期になって、その存在が、国衙支配権を掌握した幕府・守護体制の下で再生されることになり、改めて、守護畠山基国によってその書写が行われたものと推定される。能登国大田文は、中世を通して、能登国の政治支配を考える上においても重要な基礎史料とされていたのである。

註

（1）『加能史料・鎌倉Ⅰ』の口絵と承久三年九月六日条に、写真と全文が収録されている。
（2）美濃晃順「能登国田数目録について」（『地方史研究』三三号、一九五八年）、石井進著『日本中世国家史の研究』（岩波書店、一九七〇年）、浅香年木著『中世北陸の社会と信仰』（法政大学出版局、一九八八年）、網野善彦著『日本中世土地制度史の研究』（塙書房、一九九一年）、中野栄夫「大田文研究の現状と課題」（『信濃』三三巻七号、一九八一年）。
（3）石井進「院政時代」（『講座日本史2』東京大学出版会、一九七〇年）。
（4）石井氏前掲書、註2、Ⅰ 第二章。
（5）小川弘和「大田文帳簿群の歴史的展開」（『鎌倉遺文研究』一一号、二〇〇三年）。
（6）中野栄夫「鎌倉時代における公田について」（『法政大学文学部紀要』二七号、一九八二年）第一部第二～五章。
（7）佐藤泰弘著『日本中世の黎明』（京都大学学術出版会、二〇〇一年）第一部第一章。
（8）小川氏前掲論文、註6。
（9）田沼睦著『中世後期社会と公田制』（岩田書院、二〇〇七年）。

（10）弥永貞三著『日本古代社会経済史の研究』（岩波書店、一九八〇年）補論Ｘ、工藤敬一著『荘園制社会の基本構造』（校倉書房、二〇〇二年）第二編第九章。
（11）平岡豊「藤原秀康について」（『日本歴史』五一六号、一九九二年）。
（12）『加能史料・鎌倉Ⅰ』承久三年一〇月六日条。
（13）『加能史料・鎌倉Ⅰ』寛喜元年一〇月五日条、以下『明月記』にみる能登国関係の記事は、本書に収録されている。
（14）『加能史料・鎌倉Ⅰ』康治二年一〇月四日条。
（15）石井氏前掲論文、註4。
（16）槇通雄「鳥羽院政期における荘園整理」（『日本歴史』四〇九号、一九八二年。『院政時代史論集』続群書類従完成会に再録）。
（17）義江彰夫「転換期としての院政期」（『日本史を学ぶ2・中世』有斐閣、一九七五年）。
（18）賀茂別雷神社文書（『加能史料・平安Ⅳ』寿永三年四月二四日条）。
（19）浅香年木「能登国」（『講座日本荘園史・6』吉川弘文館、一九九三年）。
（20）『加能史料・鎌倉Ⅰ』文治五年是歳条。
（21）『加能史料・鎌倉Ⅰ』貞応三年一〇月一日条。
（22）坂本賞三著『日本王朝国家体制論』東京大学出版会、一九七二年）第三章第二節。
（23）薗田香融「岩橋千塚と紀国造」（『古代の貴族と地方豪族』塙書房、一九九一年）。
（24）『気多神社文書・第一巻』（続群書類従完成会、一九七七年）気多神社所蔵文書八二号。
（25）『加能史料・南北朝Ⅲ』嘉慶三年正月九日条。
（26）拙著『半島国の中世史』（北國新聞社、一九九二年）第二章。
（27）『加能史料・南北朝Ⅲ』永和三年八月一〇日・康暦元年四月二五日条。
（28）橋本秀一郎「能登の二人の守護大名―吉見氏頼と本庄宗成―」（『能登の文化財』三三輯、一九九九年）。
（29）小川信著『足利一門守護発展史の研究』（吉川弘文館）第三編第三章。

(30)『加能史料・南北朝Ⅲ』明徳元年一二月二五日条。
(31)田沼氏前掲書、註9、第一部第二章。
(32)『加能史料・室町Ⅱ』永享二年一二月二七日条。
(33)『加能史料・室町Ⅰ』応永一六年三月二六日条。
(34)岸田裕之「守護赤松氏の播磨国支配と国衙(一)(二)」(『史学研究』一〇四・一〇五号、一九七三・一九七四年)。

曹洞禅宗の地方展開とその住持制　―永平寺・總持寺の両本山を中心に―

廣瀬　良弘

はじめに

皆さん、こんにちは。廣瀬と申します。地方史研究協議会でお世話になってきた者としまして、本日、このような栄えある場で皆様に、ささやかにやってまいりました研究を述べさせていただけること、光栄なことです。本大会の巡見コースにも入っております金沢市の大乗寺、羽咋市の永光寺などを含む曹洞宗寺院の調査や歴史研究を続けてきたことで、このような栄を与えていただいたものと存じます。

まず本論に入る前に、二〇一一年三月一一日の東日本大震災で被災されて帰らざる人となられた方々に対しましてご冥福をお祈りしたいと存じます。被災された方々には、一日も早い復旧・復興がみられますよう、また、原発事故・汚染水の問題におきましては、解決の道が見えてきますよう、お祈り申上げる次第です。

曹洞宗寺院の展開した地域のひとつに、この東日本、東北日本があります。さて、お話の要点は、曹洞宗の二大本山である永平寺と總持寺のことですが、当初から久しく二大本山として君臨したわけではありません。その背景にはもちろん、曹洞宗の展開が見られました。その展開の上に二大本山があることは言うまでもありません。しかし、二大本山となるのは、そう容易ではなかったのです。そしてそれが近世社会の曹洞宗へとどう続いていくのか、そのことについてお話ができればと思います。

一　曹洞宗の展開

中世の禅宗は五山派あるいは叢林と林下に分かれます。幕府の保護を受けた五山派、すなわち叢林ともいいますが、臨済宗の寺がほとんどで、鎌倉・京都を中心に展開しました。そしてその幕府の保護を受けずに各地に展開したのが林下です。比較的京都の五山と近い距離にあります林下のなかでは大徳寺派、あるいは妙心寺派を中心とする臨済宗の派があります。これは五山の叢林と近いところから山林派ともいわれます。それからもう一つ、越前永平寺あるいは能登の總持寺を中心とする永平道元下曹洞宗の派が林下に属しており、本日はその林下のうちのひとつについて話します。現在の寺院数で言いますと、浄土真宗が約一万九七〇〇か寺、曹洞宗は約一万四二〇〇か寺、次いで真言宗が約一万二〇〇〇か寺、そのあと他の宗派が続いています。また、浄土真宗は東と西にわかれていますので、その意味では最大宗派は曹洞宗となります。

この曹洞宗は、一五・一六世紀に在地領主に受容され、東海・関東・甲信越・奥羽など東日本地域で発展しました。曹洞宗が発展した地域は、大都市や商工業発展地域ではなく、後進農村・山村農村でした。ただし、そのような傾向はあるものの、矛盾するようですが、交通の要衝にも展開しました。これは私自身の考えであるとともに、誉田慶信氏の意見でもあります（誉田慶信『中世出羽の宗教と民衆』高志書院　二〇〇二年）。

一五・一六世紀における「宗派―地域―受容層」の関係では、日蓮宗は都市・地域、商人・職人・在地武士、浄土真宗は、こういう言い方は少し古い言い方ですが、先進農村地帯、地域都市、農民・職人・在地武士、そして曹洞宗は後進農村地帯・やや山間部、交通の要衝、在地武士あるいは商人的な武士である長者、農民や職人といったような人々に受容されていきました。最近、神田千里氏が、私の研究なども使って、浄土真宗・一向宗の受容層は民衆で、禅宗の受容層は武士、という分け方は、曹洞宗を見る限りにおいては違うのではないかと述べています（神田千里『宗教で読む戦国時代』〈講談社選書メチエ〉二〇一〇年）。曹洞宗の受容層には、武士とともに民衆を加えてもよいのではないかということです。私もそれに大いに賛成であります。

さて、まず、北陸に展開します曹洞宗の姿からみていきたいと思います。嘉暦二年（一三二七）、もう少しで鎌倉幕府が倒れようとする時期ですが、永平寺は梵鐘を造っています。それまでは梵鐘はありませんでした。永平寺にとりまして、梵鐘鋳造は長年の課題だったわけです。梵鐘を造っているとき、一生懸命がんばっていたのが檀越の地頭波多野通貞です。ただし道元を越前志比荘に呼んだときの波多野氏も、おそらく志比荘の地頭であったろうと言われていますが、証拠はありません。はっきりわかるのは、この波多野通貞時代からです。通貞は正中二年（一三二五）三月日付「最勝光院荘園目録案」、同年一二月三〇日付「後醍醐天皇綸旨」、嘉暦元年一一月一二日付「六波羅下知状」などにみられるように（『鎌倉遺文』巻三七、三〇九頁。巻三八、一七七頁。巻三六、三三四頁）、本年貢の直納を果たしていません。

後醍醐天皇からの催促にもかかわらず、荘園の本年貢を納めていないのです。志比荘における鎌倉末期の領家は二条家一族の尋源という人物でした。しかし、この頃になると、最勝光院は衰退してきたらしく、正中元年（一三二四）には、後醍醐天皇は本家職を東寺に寄進しており、当荘もその中に含まれていました。天皇は本年貢の呉綿千両の直納を地頭方に命じましたが、納入されませんでした。そのため、「六波羅下知状」が出され、去る正中元年には東寺に最勝光院領を寄進して以来、志比荘の領家の弾正親王家の雑掌が年貢を納めないので、地頭方に東寺に直納するように綸旨を下しました。しかし、年貢直納がいっこうに実施されませんでした。この下知状の後も、東寺への本家職は直納されなかったようです（『永平寺史料全書』文書編第一巻、一七六頁）。

つまり、この志比荘の例のように、鎌倉新仏教といわれる宗派は荘園の年貢を納めないような、地頭層、在地武士の保護を受けながら発展していったのです。本年貢を納めないような勢力から保護を受けて展開していったということです。永平寺も、スタートからそういう状態であったことを指摘しておきたいと思います。

二　曹洞禅の民衆化

1　禅風の変化

道元は「只管打坐」、すなわち、ただひたすら坐禅をすること、坐禅自体が悟りであると言っています。一般的に禅宗といえば、坐禅修行、坐禅修行で、階段を駆け上って、そして悟りに到達すると考えている方が多いと思います。道元は違います。坐禅をしたら七歳の子供の坐禅でも、即、悟りが現れる、というのが道元の主張です。

しかし、道元から四代目にあたる總持寺瑩山は、少し臨済の禅風を学んでおり、のちに能登国羽咋の永光寺と同門前總持寺の両方を開いています。その瑩山の弟子には、永光寺などを中心として活動した明峰の門下と、總持寺を中心として展開した峨山の門下が存在しますが、一休の「自戒集」のなかに「明峰和尚俗人ヲ印可アリ」と、明峰あるいは明峰の門下が俗人に、悟りの証明書である印可を安売りしているとし、一休が責め立てる臨済宗の養叟と同じようなものだと言っております。また、『蔭凉軒日録』という臨済宗五山派の僧侶の日記ですが、それを見ますと、「二十五哲」と呼ばれる峨山の弟子について、印可を受けた二五人中、「五員真伝法」と、本物は五人しかいないと書いています。そしてその終わりのほうに、お堂やお宮に住みながら布教活動を展開していったというように言っていますので、瑩山の門下は、村はずれのお堂やお宮に住みながら展開を遂げていったことが知られているのであります。

さらに連歌師である宗長の日記を見ますと、「なまなまの参禅」、これはおそらく曹洞宗の坊さんに参禅した人が身を滅ぼしているという批判ですが、あるいは「溝越天狗」ほどの力しか無い人たちだとも書いております。「天狗」は山から山へ移ることができますが、「溝越天狗」は溝しか越えることができない、つまり、それと同程度の力量不足の僧侶も相当いた、ということが、今川氏の保護を受けた宗長の日記に記されているのです。

2 山岳信仰・地域神と曹洞宗禅僧

これから「山岳信仰と曹洞宗」、あるいは「地域の神と曹洞宗」という観点でみていきます。先ほどの話に戻りますが、まず總持寺二代目の峨山についてみます。門前のところに「峨山道」があります。きちんと史料に基づいての検証はされてはいませんが、今でも伝承が残っております。瑩山は、活動の拠点を羽咋の永光寺においていましたので、峨山も当初はそちらに力を入れていました。峨山は總持寺を創ったものの、永光寺を中心に活動していたのです。今に残される伝承ですが、永光寺の朝の読経が終わってから山道を越え、門前まで一三里、約五二キロでしょうか、その距離を移動して、總持寺の朝の読経に間に合わせたという伝承です。今のマラソン選手でも二時間半かかりますので、この話は事実ではないでしょう。ただし、羽咋から門前まで行き来していた、ということは言えるのかと思います。

總持寺では朝のお経をゆっくりゆっくり読みます。これは峨山が永光寺から總持寺まで行き着くのを待つためにゆっくり読むと言うのです。ところが、途中から急に読経が早くなります。峨山が「峨山道」を走り、總持寺に到着したので、あとは急いで読経する、という風習が残っています。

続いて「神人化度と悪霊鎮圧」の視点からの話です。「神人化度」とは人に変身した神に戒を授けたりして弟子にするという説話です。「悪霊鎮圧」とは、文字どおり、禅僧が悪霊を鎮圧するということです。源翁という和尚が那須の殺生石を打ち砕いたという話が、江戸時代にはすでに書かれています。源翁本人が生きている時代からあったのか否かは別として、門下がその話を長く伝えてきたことは確かです。近世の編纂物では、源翁が那須の殺生石を割ったことから、石を割る道具を源翁（玄翁）「ゲンノウ」と呼ぶとのエピソードが残っております。禅僧・禅寺が、温泉場の開発に深くかかわったのではないかと考えられます。それ以外に、会津の温塩温泉《あつしおおんせん》の開発にも源翁はかかわっております（『曹洞宗全書』語録一、独庵藁四、七六二頁）。また、長門大寧寺と住吉明神との説話も残っております。大寧寺三世定庵が長門一宮の住吉明神に戒や袈裟を授けた返礼として、深川湯本温泉の湧出を受けたという説話です（『曹全』史伝上、九八頁）。なお、温塩温泉も深川湯本温泉も湯の権利は寺が持っていたとのことです。

3　禅僧と地域権力・地域社会

禅僧の法要と地域社会のあり方もさまざま考えられます。在地武士との関係については、南北朝期の事例では、大智という禅僧が南朝方で働いた菊池氏の結束の紐帯となっているという史料も挙げられます。室町期から戦国期にかけて、在地武士層への展開、在地領主連合関係、あるいは一族関係、もしくは主従関係に沿って展開していくという流れが見られます。先祖の法要が在地秩序の確認の場となり、あるいは禅僧をブレーンとして活用したり、武士はさまざまなことで禅僧を受容していきました。これは臨済宗の僧侶もそうですが、在地領主に君子論を説いたことなどで受容されていったということもあります（「円通松堂禅師語録」『曹洞宗全書』語録一、四一六頁）。

さて、禅僧と地域権力・地域社会との関係で申しますと、三河国で勢力を持っていた戸田宗光（全久）が菩提寺に

「戸田全久置文」と呼ばれる掟を定めています（『田原町史』）。そのなかで、「自住持届ヶ在所之領主江、依事叶百姓之望可被早還住也」と、農民が逃散してきた時、住持が領主へ届けて、場合により「百姓の望みを叶えて還住させなさい」と記しています。寺に駆け込んだ農民を戻してやる交渉をしなさい、と在地の国人クラスの人物は述べています。つまり、戻らないと土地は荒れ、領主も困るのであり、農民を村へ戻せば、農民も助かるし、領主も年貢が入ってきて助かる。その代わり、年貢量は少なくなる、といったような交渉をしているのではないかと思われます。禅僧・禅寺は、このような活動により、地域の秩序維持に役立っていたとみることもできます。

このような、駆込寺、地域社会のなかでの寺院について、網野善彦氏等がとりあげていることでありますが、「寺に入った人物がたとえ重罪人であっても罰しない」と在地領主みずからが言っているのです（『無縁・公界・楽』平凡社、一九七八年）。果たしてこれで治安維持が成り立つのか、という疑問がでてきますが、治安維持よりも自分の菩提寺、あるいは聖域たる寺院の保護を優先させているのです。ちょっと今では考えられないことでありますが、聖域を守る、先祖を守る、寺を守る、ということなのだろうと思います。

そのようなかで、これも網野氏が論述していることですが、永正一二年（一五一五）、島津氏の配下が同氏菩提寺の福昌寺に逃げ込んだ「国家怨敵（逆心者）」を成敗してしまいました。このできごとに対し、島津忠隆は福昌寺に対して「縦雖大犯三ヶ条之者走入、不可及刃傷之儀」と以後の不入を誓います（同年一一月二七日付「忠隆誓紙」〈『大日本史料』九篇之五〉）。ところが、その後天正二年（一五七四）、薩摩の島津義久と、肥後国天草領主志岐鎮経とに関わる問題が起こります。島津氏と志岐氏が和平交渉をおこなっていたが、その使者と同伴者を山賊が襲い、その犯人が福昌寺へ逃げ込みます。島津氏はその使者を殺した山賊たちを是が非でも罰したいと考えていました。島津氏の老中たちが福昌寺に対して犯人を引き渡すように命じたのですが、福昌寺の住持である代賢は、「いったん寺に駆け込んだ者は私が責任を持つ」と言って引き渡しを拒否しました。そのうち、坂本吉右衛門尉という人物と老中の内衆たちが寺へ入り、犯人を斬り殺してしまいます。住持の代賢は怒り、童子をつれて寺を出ます。駆込寺の住職が寺を出るという事態が起こったのです（『上井覚謙日記』）。

関東でも駆込寺の住職が駆け込んだ者をめぐり、「返せ」「返さない」という騒動があり、返還要求した側が打ち破って寺に入り、僧侶がそれに抵抗して寺を出るという事例が起こってまいります。常陸国下妻の多宝院と多賀谷氏の事例（永禄期）、下総東昌寺と梁田氏の事例（天文期）、安房国延命寺と里見氏の事例（天正期）、上総国真如寺と武田氏の事例（天文期）、などが挙げられます。大檀越でもある武将たちに抵抗して寺を出てしまっております。下総東昌寺では、梁田氏が「殿堂を改築するので帰って来てほしい」ということを要望しています（五月一八日付「梁田高助書状」）。

4　薬と曹洞宗寺院

曹洞宗禅僧たちは薬に関しても知識を受け継ぎ、深い関係を持っていました。これは私の息子の廣瀬良文に教えてもらったものです。彼がまだ論文にしていませんので、息子からの教示であることをあらかじめお断りしておきます。『甲陽軍鑑』のなかの項目に「雑人　陣にて煩いの時」というものがあります。それには「一、虫にハ、そうとうしの百くわんぐさ、水一ぱい半分を一ぱいにせんじ、のまする。手に一とにぎり。口伝」（酒井憲二『甲陽軍鑑大成』第二巻、汲古書院）とあります。戦国期の武田領国では荷物でも運んできた一般農民たちが「疳の虫」を起こした時は、これを飲ませるという、これは曹洞宗の僧侶たちが持っているということであり、木曾御嶽周辺で販売されていた胃痛の万能薬「百草丸」「御嶽百草丸」「御嶽日野百草丸」といったようなものに似ていると思われます。つまり、必ずしも御嶽の修験者だけではなく、山草にも精通していた曹洞禅僧たちも、薬による活動を続けていたのであります。

後に述べますが、全国寺院から永平寺か總持寺の住持になる出世の制度が成立しますと、朝廷からその綸旨（辞令）を受けるために上京するようになっていきます。その折、宿となり指南をしたのが、木下道正庵家でした。京都では約五両程度必要でしたが、その五両のうちの銀何分かを道正庵家がもらいます。その残りは仲介をとる伝奏の公家、そして朝廷へと納められることになっていました。宿寺をつとめた道正庵家において、中世の道正庵家の文書には出てこないのですが、近世の「ふく起請文」で初めて薬のことがでてきます。これは慶長一二年のことです。その起請文に「けとくのあわせやうたてん申ましく候」とあります。つまり、ふくは同家の娘なのですが、離縁して養子の方が跡をとります。離縁の時に、「この薬の作り方は他伝しません」と起請文に記したのです。同じく慶長一二年でしょうか、道正庵家の家来である甚右衛門が「にせ薬」を作って販売していたことが露見します。そのため、「向後田舎へ罷下御薬にせ之事、仕間敷候」と二度と作らないことを起請文に記しています。つまり、慶長年間にはすでに道正庵家内で「にせ薬」を作る配下の者が存在したということになります。

あとでまた触れることになりますが、江戸時代の元禄期には永平寺と總持寺での出世（瑞世）者は三〇〇人ずつ、合計六〇〇人が、京都へ綸旨を受けに行きます。そのようななかで、道正庵家の薬も全国の曹洞宗寺院に伝播していったということがいえます。さらに、やはり道正庵家の文書のなかで、寛文三年（一六六三）、「私たちは、にせ薬を作りません」という内容の従業員たちの起請文が残っています。全員で一四二名の署名がずらっと並んでいます。一四二名の人たちを使って、道正庵家では薬を作っていました。それから地方の寺へもこの「にせ薬」も本当の薬とともに出回っていたということになります。たとえば本物の五〇粒のほかに「にせ薬」五〇粒を置いていく。そして次年に新しい薬一〇〇粒（本非合わせて一〇〇粒）を置き、薬代一〇〇粒分を回収していくことになり、五〇粒分が薬を運んだ家来のものになるわけです（廣瀬「中・近世における木下道正庵と曹洞宗教団」『道元禅師研究論集』永平寺、二〇〇二年）。いずれにしましても、曹洞宗と薬が深い関係にあったということが言えます。

三　授戒会と葬祭

1　曹洞禅と授戒会

次に、授戒会と葬祭についてみていきます。授戒会とは、生きているうちに戒名を授ける法要のことです。愛知県知多半島の乾坤院には「血脉衆」「小師帳」の二冊が所蔵されています。「血脉衆」には文明九年（一四七七）から一〇年半の間に行われた生前に戒名を授けるという授戒会の模様が記録されていますが、七二四人の戒弟が記録されています。「殿」と付された檀越の水野氏をはじめとする武士層も多いのですが、「方」と付された土豪層や酒屋・鍛冶屋・紺屋・番匠大工・筏師や農民などの民衆も相当数にのぼるのであります。「小師帳」には延徳二年（一四九〇）から同三年七月一七日にかけて、およそ九ヶ月間に授けられた七七名の戒弟の戒名や名などが記されています。両者をみると、一度に多くの戒弟を出す授戒会と個人に授けるたんなる授戒とがありました。授戒会は春秋の彼岸会、仏涅槃日、仏誕生日などに開催される場合が多かったようです。「血脉衆」では、一〇年半の間に、一度に六〇名以上の戒弟を出した授戒会が三回、五〇名以上が三回、四二名と三四名が一回。二〇名以上が四回。一〇名以上が八回です。「小師帳」では、二七名・二三名・一〇名の授戒会が行われています。

「血脉衆」「小師帳」にみられる尾張国知多郡石浜、同国同郡村木にみられる受戒者や、それらにみられる職業などをみますと、野部の市場の人たち、紺屋の入道、野部治部殿など「野部」という地名が出てきたり、野部に市場があったことなどがわかります。この自分の戒名が記された血脈を受けるということは、つまり受戒するということは、「お釈迦様」からつながり、禅僧までできて、その下に自分の戒名が入ることになります。自分が釈迦にまで連なる系図を手に入れることになります。これは大変なことで、非常に功徳あることと思われたに相違ありません。

近江国の浅井氏の菩提寺であります徳昌寺にも「授戒会」の帳面があります。この徳昌寺の「当寺前住数代之戒帳」をみると、天文四年（一五三五）一一月二五日から永禄一一年（一五六八）二月二一日まで三三年間、四一八名の戒弟の存在を知ることができます。浅井氏の一族や女房衆、浅井家臣の雨森氏や井関氏、浅井氏と同盟関係にある岩手氏、岩手氏の家臣である北村氏に関する記載や、「舞々大夫」などの芸能人や紺屋などの職人に関することなど、今まで知ることができなかった様々なデータや、浅井氏の正妻と何人かの側室の名前なども知ることができ、地域における禅僧・禅寺の役割なども知ることができるのであります。

2 曹洞禅と葬祭

それから葬祭です。葬式の活動からさまざまなことがわかります。一三世紀、道元の語録「永平広録」から時代を追って、曹洞禅僧の語録から坐禅と葬祭を比較すると、だんだんと説法の内容から、ほとんどが葬祭の時の引導法語だけに変化していきます。ただし、それは語録といういわば表舞台での変化はそうですが、その裏では室内ではもっと詳しい説法の世界、問参という世界が展開されています。ともかく、語録という世界では、ほとんどが葬式の引導法語になってしまうのです。中部遠江地方で戦国時代に活動した松堂高盛（一四三一～一五〇五）の語録でみてみたいと思います。、武士が三四・四パーセント、それに対し民衆は五五・四パーセントを占めます。なぜ庶民や武士とわかるのかといいますと、戒名中文字にランクがありまして、それで分かるのです。松堂の場合は武士には「禅定門」「禅定尼」と付し、民衆には「禅門」「禅尼」を付しています。「禅門」「禅尼」は「禅定門」「禅定尼」と比べ、少しランクが下がるのです。松道高盛の語録のなかで、「道円禅門」のなかに「農夫五十六年夢」、「祐慶禅尼」には「五十二年村裏人」、あるいは「徳秀禅尼」には「農務業之」とあることで、はっきりと農民であるということ、あるいは「鍛冶師也」とあることから鍛冶屋だ、ということがわかります。その他、南伊豆の漁村で活動した寂用英順（一五一六～一六一四）の語録には、鮑を採る漁師の法要を行っていることがわかります。このように授戒会、すなわち、生前に戒名を授ける活動や、葬式を通じて、武士をはじめとして庶民にまで受容されていった禅僧・禅寺の展開がみられたのであります。

3　江戸時代の過去帳と戒名

これも江戸時代ですが、江戸時代の寺の過去帳は、いつ頃から戒名をコンスタントに載せるようになっていったのでしょうか。北関東、下総国の長徳院・東持寺・興正寺・竜心寺の四か寺を例にとってみます。江戸時代には檀家制度が敷かれます。四か寺を合計してみます。急に増えてくるのは寛永後期から万治年間、そして一六五一年から六〇年のこの一〇年間、徐々に掲載戒名数が増えていきます。くり返しますが、急に掲載数が増える時期が、慶安期から寛文初年、一六五一年から六〇年に一〇八人、その後の一〇年間は二〇五人となります。ですから、寛文・延宝期で、コンスタントに戒名が記載されるようになっていったということになります。そして、ピークになるのは寛保期から寛延期、一七四一年から五〇年の九七一人、次の一〇年で一〇四八人となっていきます。その後はまた記載数が減っていきますので、ちょうど一八世紀の半ばくらいがピークといえます。

次に「下炬《あこ》集」と言いまして、茨城県の東持寺という寺が所蔵している葬儀の際に述べた引導法語集があります。中を見ますと「新羽」「樽」「師岡」などの地名がみられ、現在の横浜市港北区あたりのものであることがわかります。これを見ますと、寛永六年（一六二九）から同一六年の一一年間、二四名に対するものです。うち一名には「追悼文」が、もう一名には取骨（収骨）の時の法語が作られています。これらの多くは四字＋禅定門（禅定尼）ですが、五人は二字＋禅定門（禅定尼）です。この五人のうち四人には「下女」「内ノ者」「下女」「下部」と付されており、下男下女であったことが知られます。江戸期の早い段階から、農民やそれに属する下男・下女にまで禅僧達が引導法語を作成して葬儀を行っていたことが知られます。

四　永平寺・總持寺の両本山

1　両山の住持

さて、このような曹洞宗の展開を踏まえた上で、両本山の住持制度についてみていこうと思います。まず瑩山と永光寺についてであります。瑩山は能登羽咋の永光寺と、その後、能登の門前の總持寺を開きます（もっとも門前の地名は總持寺の門前から生まれたものです）。瑩山は羽咋の永光寺を中心に門下の結束を図り、元応元年（一三一九）に「置文」を定めました。この「置文」の話の前に、出世（瑞世）の話をしておきます。曹洞宗の僧侶は朝廷から綸旨を請け、永平寺あるいは總持寺に住職します。これを出世（瑞世）といいます。「あの人は出世頭だ」の出世で、禅宗の用語です。永平寺か總持寺に出世（瑞世）しますが、出世道場に至る住持職の歴史をみておきますと、永平寺の住職については、一三世紀に三代目をめぐる相論、三代相論が永平寺で起こります。義介の一派と義演の一派の対立です。そして義介は野々市に出ます。富樫氏の保護を受けまして永仁元年（一二九三）に大乗寺が改宗されてできます。現在、大乗寺は金沢市内にあります。

大乗寺に永平寺の三代目の義介が出たことで新たな展開が始まっていきます。義介は永平寺を出て加賀大乗寺に拠ったのです。これ以後、義介とその門弟の瑩山の門派は一大発展を遂げることになります。つまり、永平寺を一度離れた門派が主流を占めることになるのです。これに比べて永平寺は、五世として大野宝慶寺の寂円派の義雲が入り、のちこの門流が継いでいきます。義雲は先ほど述べた永平寺の梵鐘を作った人です、その人の門弟が代々継いでいくという状況になります。永平寺は、寂円一派の住持が細々と運営していたようです。ところがその後、寂円派以外の人物が、いわゆる正住以外の住持として永平寺に昇任するようになっていくのです。

さて、總持寺の輪住制のもととなったのが永光寺の輪住制であります。元応元年の「置文」です。

瑩山が羽咋の永光寺を中心に活動していきます。瑩山自身の嗣書、義介の嗣書、懐奘の血経、道元の霊骨、如浄の語録、これらを永光寺の奥に安置し、五老峰と呼んでいます。これを中心に、五年の輪住を敷いてゆくように、と述べています。そしてそれが守られていくのですが、永光寺の輪住、つまりローテーションで住持を担います。終身制ですと、門派のなかで「住職ができない」ということで離れ行く人物が出てきます。そこで、五年ごとの輪住制を敷いていくわけです。「洞谷山永光禅寺之住山帳」から作成した永光寺の「住山表」を見ますと、だんだんと瑩山の寺である永光寺に昇進する意欲が薄れていきます。五年の時はまだ張り切っていたのでしょうが、それが四年になり、八〇世の時には一回住、これは一年間。最初は五年でスタートしたのですが、八〇世の時には一回住になる。あるいは半回住、といったようなことがおこりました。半回住とは、半年で交代していくということです。

この一回一年、半回半年、あるいは「借住」、これは住職しないで「前住」の名前をもらったのでしょうか、そういうような記載がみられるようになり、それから三日住、一日住と、最初五年だったものが一日、そういう文言も出てきます。それから「座功」、この「座功」はやはり昇住せずに、自分の寺に座したままで、前住職の名前をもらう、ということなのですが、そういうようなことが永光寺の輪住制に見られます。

さて、いよいよ總持寺の輪住制についてみます。總持寺は瑩山により開山されたのちは、その弟子の峨山が運営し、その門弟が全国展開を遂げます。同寺も永光寺にならい、輪住制が敷かれます。峨山の門派は、永光寺と總持寺の両寺を掛け持ちしていた時代もあったのですが、永和四年（一三七八）、「東堂位」のことが解決しなければ（前に住職した人が座れる位置を東堂位と言います）、もう永光寺には住院しない、今後は總持寺を本寺として結束して行くと決定しております。「峨山詔碩門徒連判状」（永和四年一〇月二三日付「總持寺文書」『曹洞宗古文書』上、八四号）にみえます。永光寺から離脱して、一つの門派として輪住制を展開していくというのです。その文書には五院の開山やその門下の人たちの名前がみえます。五院とは、峨山の弟子五人を派祖としたもので、普蔵院（派祖は大源）・妙高庵（通幻）・洞川庵（無端）・伝法庵（大徹）・如意庵（実峰）であります。本院とともに、この五院もそれぞれ一年交替の輪住制を展開して行きます。本院の住持が短いものであったので、この五院が一年を五等分して近隣の有力寺院とともに本院を運営して行きました。なお、これ以降も永光寺内における總持寺門派の活動はみられましたが、さほどのものにはならなかったようです。

永平寺はどうでしょうか。總持寺は前述のように、永光寺から少し離れて、全国展開していきます。それに比べて永平寺は寂円派の人たちが代々、継いでいきますが、運営は苦しかったと思います。そういうなかで、是非、永平寺へ入ってもらうということになります。そこで、總持寺関係の人たちが入ってくるようになります。總持寺門派の人たちは、どちらかというと總持寺を盛り上げる人たちと、永平寺を盛り上げる人たちとに分かれて行きます。なかには、この両方の寺を盛り上げる人もいたかも知れません。

そのようななか、命天慶受という人物が書いた『出家作法』という書物があります。遠州の宿蘆寺にある史料で

【図1】曹洞宗輪住寺院関係系図

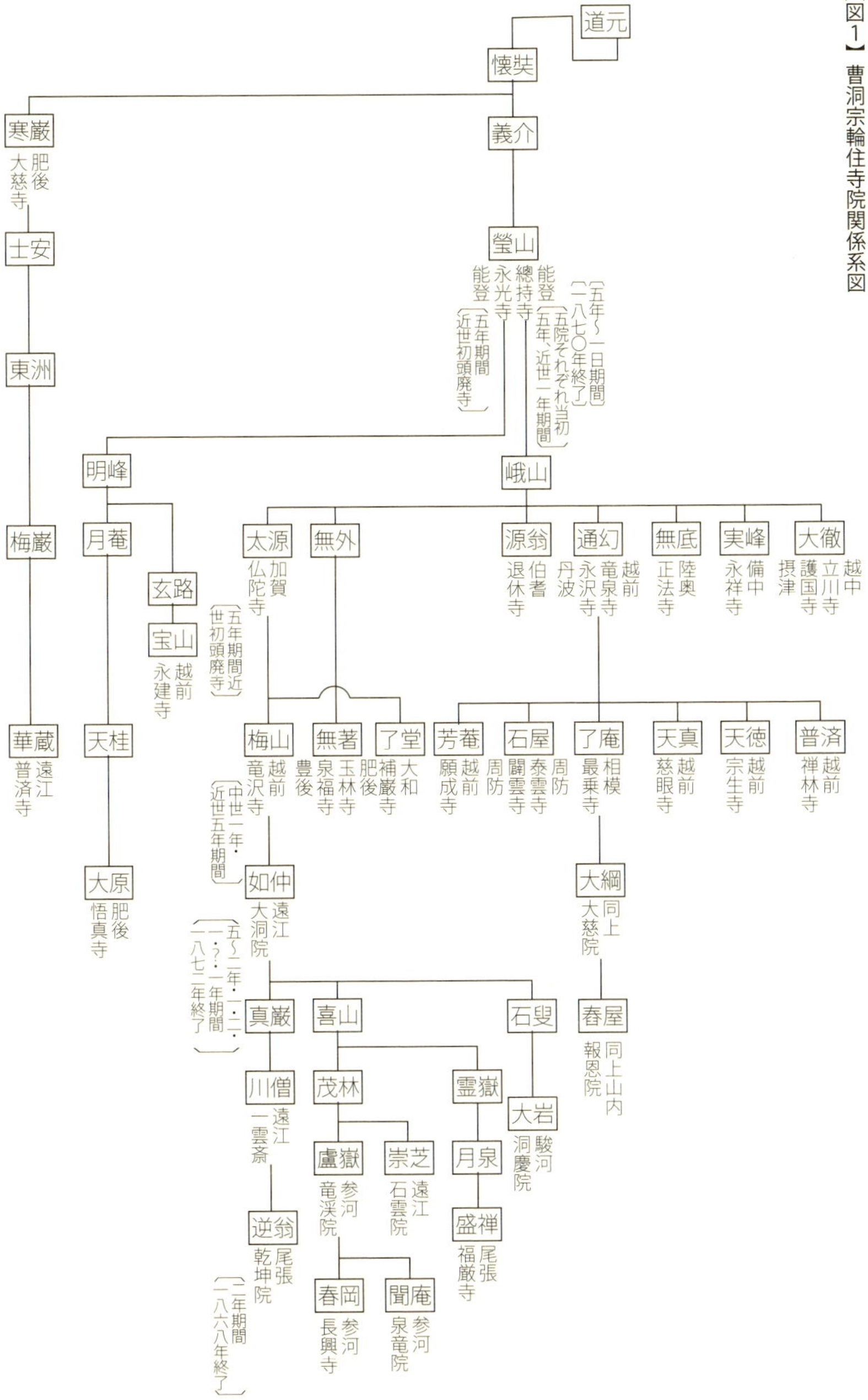

す。そこの巻末に「永平第二十一世慶受」とあります。永平寺の正住は江戸時代でも二十数世ですから、文明の時期に二一世というのはありえません。しかし、そう書かれているのです。安芸国洞雲寺の開山で永平寺の復興者として知られている為宗の門弟である金岡用兼が、永正八年（一五一一）八月二八日に自らの頂相（画像）に賛を加えています。そこで自分のことを「前永平三十二世」と言っています。つまり、永平寺の正住の寂円派のなかに、總持寺系の人が入ってきて、それらを合わせて世代数を数えるという方法があったことがわかります。その後、その数え方をやめて、正住は正住の歴代、そして他派から入ってきた人には何も世代を付けないで、「前住」という称号を贈るという方法をとります。このようなことから、永平寺のなかに瑩山・峨山の系統や他派の人たちが入ってくるのです。

現在廃寺となっておりますが、加賀の仏陀寺が輪住制を敷いていました。応永三年（一三九六）に作成されたものを川僧慧済の弟子である以翼長佑が長享三年（一四八九）に書写した「仏□《（陀）》寺未来際之置文之案文」のなかに「一、当時住持職叓法嗣之仁雖及断絶選／器用而可補之不可有闕所／一、五ヶ年宛両輪番不可乱」とあり、同寺では開山塔頭と前住の塔頭で輪住制が敷かれていました。ここでたとえ法の弟子が断絶しても、寺の方は断絶させるなというのです。法脈よりも寺を守ることに意を払っていたことになります。なお輪住の期間は「五ヶ年宛」と記され、五ヶ年宛の輪住が敷かれていたことがわかります。写でありますが、近江の菅並の洞寿院が所蔵する文書であります。

このように多くの寺で輪住制が敷かれるようになって行きます。曹洞宗の輪住制寺院を【図1】に示しましたが、それだけでも三六か寺にもなります。他にもまだまだあると思いますが、峨山の弟子の通幻・了庵の門派と、同じ峨山の弟子の太源・梅山・如仲の門派に輪住制を敷く寺院が多かったようです。

2　禅寺の出世（瑞世）

總持寺の住職はその期間が短くなっていきます。しかし、朝廷から綸旨（住職辞令）を受けるようになっていきます。江戸期になりますと、何万何世というようになっていきますから、一年間に、元禄時代ですと、總持寺に三〇〇人、永平寺にも三〇〇人が出世しています。綸旨を受けるにあたり、五両ずつ納めますから、五両×六〇〇名で三〇〇〇両が朝廷とその周辺に入ります。一部は、先に述べましたように道正庵と伝奏の公家が少し受け取りました。永平寺と總持寺で一五〇〇両づつとなります。

天文八年（一五三九）一〇月七日の「後奈良天皇綸旨」のなかに、「応安度被成勅裁之處」とあり、かつて勅裁を受けたということになっている文言が見られます。永平寺は出世道場、つまり天皇から綸旨を受けて住職する寺であるということを認められていたことがわかる史料です。また、後奈良天皇から綸旨を受ける前の九月二六日、永平寺の以貫という住職が朝廷へ出した申請書である「以貫書状写」もあります。それよりも早く出世道場であることがはっきりする史料は、『宣胤卿記』の永正四年（一五〇七）一一月二三日・一二月一六日の記事に、永平寺が「本朝曹洞第一道場」と二字ずつ四行に書かれた額を受けた、とあります。ところが、「住持所望分十字也」と十文字を所望していたということも明らかになりました。この十文字のうち、八文字は「本朝曹洞第一道場」、横に二字ずつです。住職は、「本朝」に「勅」「為」という文字を求めたことがわかります。つまり、「勅為本朝曹洞第一道場」という十文字を求めたようです。しかし、それは叶わず、八文字になったのです。永正年間に、そのようなことがありました。

また、永正六年、これは住職の名前はわかりませんが、「永平寺定書」が成立しています。その「定書」の第三条に「入院置銭」とあります。つまりお金を納めて「前永平」の称号を得、そして朝廷からも綸旨（住職辞令）をうける、ということが行われていたことがわかります。第四条に「入院置銭者修造奉行中江納」とあります。つまり、「修造奉行」が納められたお金を住職と相談して使い道を決めていたということです。「入院置銭」は伽藍の修復費などに宛てられたことがわかります。「前永平」の称号を許すことによって、納金を受けていたことがわかります。少し戻って、二条目には、「入院居成堅可停止」とあります。「居成」とは、居ながらにして「前永平」の称号をもらうこと、つまりお金だけ納めるが永平寺には行かない、ということは認めないということを言っています。「お湯殿の上の日記」にも、「ゑいへい寺ちよくくわんしのりんしの事」と永平寺が勅願寺の綸旨を受けていることがわかります。このように、永平寺は朝廷から綸旨（住職辞令）を受けて住職、正住の他にも出世（瑞世）の住職として永平寺に昇ってくる人物が多数存在したことがわかるのです。

さらに、その後、總持寺は天正一七年（一五八九）六月二七日、永平寺は同一九年（一五九一）一〇月二二日に、後陽成天皇から「曹洞之本寺」・「出世道場」の綸旨を受けました。

3　両本山化への各派の対応

イ　竜沢寺聞本の経営方針

永平寺も總持寺もそう簡単に本山の道を歩むことはできなかったようです。越前竜沢寺の梅山聞本は、応永二三年（一四一六）一一月一三日付で「置文」を定めています。そこには、弟子四人の順番を決め、竜沢寺の経営がうまくいかなくなって困窮した場合は、「若為困窮者、自中荘三十貫文可出普蔵院略之、当寺為本寺可住者也」と述べ、總持寺普蔵院への出銭である中荘からの三〇貫文をとりやめ、竜沢寺を本寺とするように言っています。

ロ　源翁派の出世問題

次は源翁派の出世問題です。結城に安穏寺という寺があります。享禄元年（一五二八）に対永平寺に出した書状類「安穏寺沙汰書」というものがあります。関東の最乗寺一派と対立していた、安穏寺の源翁心昭一派の人物に対し、永平寺は欲して、源翁派に出世（瑞世）の声をかけました。永平寺が源翁派の安穏寺へ出世の請状を出したのです。ところが、最乗寺を中心とする了庵派が、安穏寺の出世を阻止しようと、永平寺に圧力をかけました。最乗寺の了庵派は「於其上最乗一派御同心可被停止永平寺門役者也」、さらに「永平寺零落之基歴然歟」と言っています。永平寺が源翁派の寺を出世（瑞世）に招くようであれば、了庵派は一切手を引く。そうなれば永平寺が零落することは歴然であると、言っています。「安穏寺沙汰書」によれば、三七通もの書状が飛び交ったことからもその反発の大きさが理解できます。

また、總持寺は源翁派の会津の示現寺に出世の請状を出しました。總持寺はこの少し前に焼けています。そういう状況があって、源翁派の示現寺を招いたようです。このような動きに対しても、関東の了庵派は反発し、七〇通の文書が行き交っています（「会津示現寺沙汰書」）。

竜沢寺の聞本は場合によっては、總持寺への出費を取りやめて竜沢寺を本寺として存続して行くようにと言い、永平寺・總持寺が源翁派の寺院を出世者として招こうとした時には、関東を中心とする了庵派は、一切手を引くとまで言っております。両本山の経営はかならずしも安泰ではなかったようです。

4　永平寺・總持寺の出世者

江戸中期に成立した『日本洞上聯燈録』という僧伝によって永平寺の出世者をみてきますと、永平寺に寂円派以外の、つまり、正住以外で入った人たちのことがわかります。僧伝の中で永平寺に昇住したことが記されている人物だけでも嫩桂祐栄（道元八世代）以下、如実秀本（道元二七世代・一六四二〜一七一七）まで、四二名にものぼりま

【表1】 永平寺出世者数（『日本洞上聯燈録』より作成）

世代	人名	派	生没年	入院に関する文言	備考
8	嫩桂祐栄	芳菴	?	住永平	通幻派下芳菴派
10	茂林芝繁	如仲	1392 ～ 1487	住永平	
11	曇英慧応	了庵	1424 ～ 1504	偶永平祖刹荒蕪。諸山輿議以師補之	入院語録あり
12	一宇俊箇	了庵	?	出世永平	
12	金岡用兼	石屋	?	瑞世永平、欲再興永平伽藍	永正 10 年(1513)冬以降のある年から再び永平寺に入る
12	九江慈淵	石屋	1463 ～ 1525	升永平	
12	惟通桂儒	天真	? ～ 1519	稟詔出永平	
13	明巌志宣	如仲	? ～ 1515	開法永平	辰応の嗣
13	月殿昌桂	石屋	?	出住永平	
13	慶香雀賀	石屋	? ～ 1550	升主永平	
13	大嶽文禎	石屋	1464 ～ 1527	升永平	
13	大朝宗賀	天真	? ～ 1528	受勅住永平	永正８（1511）住す
14	明室玄浦	了庵	?	出世永平	
14	隆室智丘	石屋	? ～ 1568	初出世越永平	
15	観雲慈音	天真	? ～ 1538	初出世永平	
15	自山臨罷	如仲	? ～ 1565	出世永平	
16	巧安順智	如仲	1461 ～ 1533	出世永平	
16	玉田存麟	如仲	? ～ 1584	出世永平	
16	布州東播	了庵	?	出世永平	
16	無学宗棼	了庵	?	応勅請升永平	
17	万休永歳	如仲	? ～ 1575	出世于永平	巧安の嗣
17	天嶺呑補	了庵	1501 ～ 1580	初出世永平	
17	益翁宗謙	了庵	? ～ 1570	出世永平	
17	量山繁応	普済	1555 ～ 1622	升永平	
17	圭嶽珠石	天真	?	初瑞世永平	
18	浮翁全槎	如仲	?	升永平	万休の嗣、永平に住してから他寺へ住す
18	天永琳達	如仲	1535 ～ 1616	初出世永平	玉田の孫弟子
18	格翁桂逸	了庵	?	出世永平	布州の孫弟子
18	泰室宗慧	了庵	? ～ 1579	初出世永平	益翁の嗣
19	真翁宗竜	如仲	? ～ 1603	升住永平	真翁の嗣、のち泉竜・竜渓を歴住
20	九峰如珊	如仲	? ～ 1591	出世永平	真翁の嗣、のち全久院・泉竜・竜渓を歴住
20	大雲文竜	了庵	? ～ 1617	初出世永平	
21	心霊牛道	了庵	? ～ 1655	初出世永平	
22	特雄専英	如仲	? ～ 1635	初出世永平	九峰の孫弟子
22	十洲補道	了庵	? ～ 1646	初出世永平	心霊の嗣
22	門菴宗関	了庵	1546 ～ 1621	出世永平	
23	卍山道白	明峰	1634 ～ 1714	出世永平	
23	天外梵舜	如仲	? ～ 1653	開法永平	特雄の嗣
23	高巌薫道	了庵	? ～ 1656	出世永平	十州の嗣
24	不中秀的	了庵	1621 ～ 1677	初出世永平	高巌の嗣
25	獅巌梅胕	了庵	1631 ～ 1681	出世永平	不中の嗣、寛文９（1669）出世
27	如実秀本	了庵	1643 ～ 1717	職満出世永平	獅巌の嗣

註）出世は永平道元よりの世代を示す

【表2】 總持寺住山者数表（開山～元和元年）〔總持寺「住山記」より作成〕

年号	人数
開山～10世	10
明徳元年	1
年不明	1
応永5年	2
年不明	3
応永12年（1405）	1
応永13年	1
応永14年	1
応永16年	2
応永18年	1
応永19年	1
応永25年	2
応永26年	3
応永27年	2
応永28年	3
応永29年	3
応永30年	2
応永31年	2
応永32年	3
応永33年	4
応永34年	3
正長元年	4
永享元年	4
永享2年	4
永享3年	3
永享4年	2
永享5年	2
永享6年	2
永享7年	3
永享8年	5
永享9年	5
永享10年	4
永享11年	5
永享12年	4
嘉吉元年	5
嘉吉2年	4
嘉吉3年	4
文安元年	5
文安2年	4
文安3年	4
文安4年	5
文安5年	4

年号	人数
宝徳元年	3
宝徳2年（1450）	4
宝徳3年	6
享徳元年	9
享徳2年	9
享徳3年	4
康正元年	6
康正2年	4
長禄元年	3
年不明	1
長禄元年	5
長禄3年	4
寛正元年	5
寛正2年	4
寛正3年	4
寛正4年	5
寛正5年	4
年不明	1
寛正6年	3
文正元年	5
応仁元年	5
応仁2年	5
文明元年	4
文明2年	4
文明3年	6
文明4年	4
文明5年	4
文明6年	5
文明7年	5
文明8年	4
文明9年	5
文明10年	4
文明11年	5
文明12年	4
文明13年	4
文明14年	5
文明15年	4
文明16年	4
文明17年	5
文明18年	4
長享元年	5
長享2年	4

年号	人数
延徳元年	4
延徳2年	5
延徳3年	4
明応元年	4
明応2年	5
明応3年	4
明応4年	4
明応5年	5
明応6年	4
明応7年	5
明応8年	4
明応9年（1500）	4
文亀元年	9
文亀2年	5
文亀3年	6
永正元年	7
永正2年	7
永正3年	8
永正4年	11
永正5年	4
永正6年	22
永正7年	25
永正8年	17
永正9年	22
永正10年	32
永正11年	20
永正12年	23
永正13年	25
永正14年	26
永正15年	25
永正16年	21
永正17年	20
大永元年	14
大永2年	21
大永3年	21
大永4年	28
大永5年	25
大永6年	21
大永7年	22
享禄元年	18
享禄2年	16
享禄3年	14

年号	人数
享禄4年	8
天文元年	6
天文2年	11
天文3年	26
天文4年	11
天文5年	7
天文6年	9
天文7年	11
天文8年	12
天文9年	13
天文10年	7
天文11年	7
天文12年	13
天文13年	19
天文14年	12
天文15年	11
天文16年	10
天文17年	13
天文18年	9
天文19年（1550）	7
天文20年	9
天文21年	10
天文22年	14
天文23年	10
弘治元年	13
弘治2年	20
弘治3年	14
永禄元年	37
永禄2年	25
永禄3年	22
永禄4年	10
永禄5年	20
永禄6年	26
永禄7年	19
永禄8年	27
永禄9年	21
永禄10年	19
永禄11年	13
永禄12年	12
元亀元年	17
元亀2年	13
元亀3年	39

年号	人数
天正元年	23
天正2年	28
天正3年	26
天正4年	10
天正5年	13
天正6年	6
天正7年	15
天正8年	37
天正9年	20
天正10年	21
天正11年	36
天正12年	22
天正13年	47
天正14年	30
天正15年	29
天正16年	28
天正17年	22
天正18年	29
天正19年	25
文禄元年	18
文禄2年	33
文禄3年	34
文禄4年	37
慶長元年	71
慶長2年	20
慶長3年	28
慶長4年	60
慶長5年（1600）	44
慶長6年	52
慶長7年	84
慶長8年	32
慶長9年	54
慶長10年	51
慶長11年	45
慶長12年	25
慶長13年	75
慶長14年	27
慶長15年	30
慶長16年	49
慶長17年	37
慶長18年	39
慶長19年	34
元和元年	19

【表３】　總持寺国別出世者数表

地方別合計	合計	天文15年～寛永17年	
奥羽 500	2	松前	
	212	奥州	陸奥
	6	陸奥	陸奥
	26	陸中	陸奥
	9	陸前	陸奥
	6	磐城	陸奥
	6	岩代	陸奥
	169	羽州	出羽
	41	羽後	出羽
	23	羽前	出羽
関東 376	3	関東	
	55	常陸	
	5	総州	
	17	下総	
	11	上総	
	11	安房	
	23	下野	
	48	上野	
	161	武蔵	
	42	相模	
北陸 273	14	越州	
	113	越後	
	28	佐渡	
	55	越中	
	19	能登	
	13	加賀	
	29	越前	
	2	若狭	
東山道 125	25	甲斐	
	94	信濃	
	3	飛騨	
	3	美濃	
東海 224	21	伊豆	
	53	駿河	
	99	遠江	
	25	三河	
	26	尾張	
近畿	11	伊勢	
	0	志摩	
	1	伊賀	
	6	紀伊	
	3	近江	
	4	山城	
近畿 44	1	丹州	
	1	丹後	
	3	丹波	
	4	但馬	
	2	播磨	
	0	淡路	
	7	摂津	
	0	河内	
	1	和泉	
	0	大和	
中国 56	2	因幡	
	2	伯耆	
	4	出雲	
	13	石見	
	0	隠岐	
	0	美作	
	1	備州	
	1	備前	
	6	備中	
	4	備後	
	3	安芸	
	14	周防	
	6	長門	
四国 7	1	阿波	
	0	讃岐	
	4	伊予	
	2	土佐	
九州 140	12	九州	
	0	筑州	
	7	筑前	
	2	筑後	
	1	豊州	
	5	豊前	
	0	豊後	
	4	肥州	
	33	肥前	
	3	壱岐	
	5	対馬	
	9	肥後	
	6	日向	
	8	大隅	
	45	薩摩	
1745	1745	国名記入者合計	
3365	3365	入院者総計	

總持寺蔵「總持寺住山帳」より作成。なお原本に「奥州」「羽州」「九州」などとあるものは、いずれの国か不明であるのでそのままにした。

す。また、「總持寺住山記」から、總持寺の住山者数を一年ごとに集計してみると、一年間に五人、九人、一一人、二五人、三二人、三七人、そして八四人といったように、一年の間に次々と住職が入っています。天文一五年（一五四六）から寛永一七年（一六四〇）までの約一〇〇年間の總持寺の地方別出世者数をみていくと、奥羽で五〇〇名、関東で三七六名、北陸で二七三名、東山道で一二五名、東海で二二四名、近畿で四四名、中国で五六名、四国で七名、九州で一四〇名、国名不明者を含めて、出世者総計で三三六五名ということがわかります。年平均三三名の人々が出世したことが理解できます。

總持寺蔵「永平寺住山帳」と同「總持寺住山帳」により、江戸時代の寛永一八年（一六四一）から寛文一三年（一六七三）までの三三年間の永平寺と總持寺、その両者を合わせた出世者数をみると、両山の出世者数はほぼ同じ

【表4】　両本山国別出世者数表

地方	地方別合計 總持寺	地方別合計 永平寺	合計 總持寺	合計 永平寺	寛永18年～延宝元年	
			8	0	松前	
奥羽	1436	200	635	113	奥州	陸奥
			16	0	陸奥	陸奥
			33	0	陸中	陸奥
			57	0	陸前	陸奥
			29	0	磐城	陸奥
			12	0	岩代	陸奥
			555	81	羽州	出羽
			45	1	羽後	出羽
			46	5	羽前	出羽
関東	558	939	72	68	常陸	
			7	48	総州	
			25	22	下総	
			22	25	上総	
			7	35	安房	
			55	87	下野	
			87	128	上野	
			221	409	武蔵	
			62	117	相模	
北陸	559	240	25	54	越州	
			294	88	越後	
			34	3	佐渡	
			61	6	越中	
			37	2	能登	
			93	20	加賀	
			7	33	越前	
			8	34	若狭	
東山道	253	225	29	125	甲斐	
			203	70	信濃	
			4	1	飛騨	
			17	29	美濃	
東海	278	474	30	68	伊豆	
			59	93	駿河	
			125	156	遠江	
			35	88	三河	
			29	69	尾張	
近畿	138	230	20	50	伊勢	
			1	1	志摩	
			14	2	伊賀	
			17	42	紀伊	
			17	36	近江	
			6	8	山城	
			7	14	丹州	
			2	3	丹後	
			5	8	丹波	
			4	12	但馬	
			6	15	播磨	
			0	0	淡路	
			28	14	摂津	
			3	6	河内	
			1	11	和泉	
			7	8	大和	
中国	154	208	7	13	因幡	
			21	20	伯耆	
			14	19	出雲	
			21	17	石見	
			0	0	隠岐	
			1	2	美作	
			5	38	備州	
			0	2	備前	
			29	11	備中	
			7	13	備後	
			6	10	安芸	
			17	47	周防	
			26	16	長門	
四国	12	30	0	3	阿波	
			3	0	讃岐	
			6	19	伊予	
			3	8	土佐	
九州	197	114	6	2	筑州	
			15	3	筑前	
			3	2	筑後	
			2	8	豊州	
			11	3	豊前	
			1	4	豊後	
			7	29	肥州	
			53	17	肥前	
			3	0	壱岐	
			7	1	対馬	
			13	2	肥後	
			6	6	日向	
			8	6	大隅	
			61	31	薩摩	
			1	0	九州	
	3585	2660	3585	2660	国名記入者合計	
	3467	3263	3467	3263	入院者総計	

・總持寺蔵「永平寺前住帳」「總持寺住山帳」より作成。なお原本に「奥州」「総州」「越州」などとあるものは、いずれの国か不明であるのでそのままにした。
・入院者総計は栗山泰音『総持寺史』による。

となります。ただし、年によっては両山に差が生じる場合もありました。永平寺三二六三名、總持寺三四六七名、合計六七三〇名です。前半は總持寺への出世者が多いのですが、後半は永平寺への出世者が多いと言えます。とくに寛文五年以降は圧倒的に永平寺が多数となります。全国でみた場合、奥羽・関東・北陸・東海・東山道の各地域からの者が多いことがわかります。この地域は曹洞宗の発展した地域です。また地域ごとに特徴を示しますと、奥州では總持寺が多い。関東では永平寺が多い。北陸では總持寺が多い。東山道では永平寺・總持寺が半々である。東海では永平寺が多い。近畿地方でも永平寺が多い。中国地方も永平寺が多い。九州地方は總持寺が多い、ということになります。細かい数字は省きますが、関東・東海・中国の各地方は、早期から永平寺を支えた門派の拠点があったことが背景にあります。この傾向は江戸時代を通じていえるでしょう。

5　江戸時代の曹洞宗

そして江戸時代を迎えるわけです。以心崇伝の残した『本光国師日記』には、慶長一七年（一六一二）五月二八日付の「曹洞宗法度」が載せられています。慶長一七年に関東の二か寺、武蔵国龍穏寺と下総国總寧寺が家康からこの文書を受けてます。下野の大中寺が少し遅れて慶長二〇年に受けます。慶長一七年と二〇年に、龍穏寺・總寧寺・大中寺の関東の三か寺が全国を三分して曹洞宗寺院を治めるというようなことになります。また、永平寺・總持寺はそれぞれ、「永平寺諸法度」、「總持寺諸法度」を元和元年に家康より受けることになります。そして一国ごとに、ここには少し藩領も関わりますが、一国ごとに録所を設けています。関東三か寺の支配下にそれぞれの国が入り、そこの国の録所が、その国の寺院を治めていくという流れになります。一国に一か寺ではなく、藩領が二つあった場合は、藩主の菩提寺がこの録所をつとめる、というようなことになっていきました。これは寛永六年（一六二九）以降のことです。

永平寺が大中寺と合力して、出世者を独占しようとしますが、失敗し、それを受けて、両本山の出世とかかわる録所が設置されます。基本的には一国に一～三か寺程度、すなわち有力寺院が任せられています。寛永六年のことです。そして、基本的には各国の有力寺院で遠江国可睡斎（東海道大僧録）、上野国雙林寺（上野・越後・下野・佐渡の大僧録）、長門国大寧寺（中・四国大僧録）、薩摩国福昌寺（九州三か国の僧録）が関三か寺と各国の録所の間に位置して宗政を補佐しました。それに藩主の菩提寺などが録所として加わり、領国内寺院の統制に当たることになった場合もありました。肥前鍋島氏の菩提寺の高伝寺がそれにあたります。録所の設置は江戸中期、元禄年間ぐらいまで断続的に行われ、一四三か寺にも及びました（廣瀬「関三刹の成立と全国録所の設置」『永平寺史』上巻、五七二頁以下）。

おわりに

以上のような経緯で、曹洞宗寺院の統制制度が整っていきます。そして永平寺・總持寺が両本山として君臨することになりますが、曹洞宗における二大本山は、そう簡単に成り立ったものではなかったことを改めてお伝えしたいと思います。

まず禅僧たちの活躍・発展があったということ、さまざまな活動が見られたということ、これらの活動を通して、その上に本山が成り立ってきたということです。さまざまな住職制度が展開されてきましたが、特に特徴的であったのが輪住制、皆で交代して住職をするという形態でした。なかでも總持寺では、これは永光寺もそうですが、一日住、一夜住職となっていきます。そのような状況で「前永平」とか「前總持寺」を名乗るというように展開していきました。なかには、「自分たちはもう手をひく」、「もうこの派があぶなければ、總持寺の方はやめて、三〇貫文を自分たちのところで使おうではないか」という場合などもありました。また、多くの派で輪住制が敷かれ、独立しておりました。つまり、すぐに二大本山が順調に成立したわけではなく、大変な試練があったということになります。

そして戦国時代での活動や、地域での活動がベースになってはじめて、江戸時代の寺請制度、幕府や藩の施策が可能になったのです。これまで、「はじめに寺請制度ありき」との流れのなかで、仏教寺院は葬式仏教と化し、そして寺院はその上にあぐらをかいて堕落していったという筋書きがありました。意外とみなさんもそう思っている方がいらっしゃるかと思いますが、しかし、現在の高校の教科書にもそのようなことは書いてありません。つまり、寺請制度があって既成の仏教が堕落していったのではなく、戦国時代にすでに民衆のなかに禅僧をはじめ、日蓮宗も一向宗もそうですが、それなりの展開があり、その展開を利用したのが幕府であり、藩であった。それが寺請制度であるということを改めて強調させていただきたいと思います。

もちろん、戦国時代から近世初頭、江戸時代、宗門改め、寺請制度をはじめとして、大きな飛躍、変化がありますが、それを認めるといたしましても、くり返しますが、最初から寺請制度ありき、という考えではなく、すでに戦国時代のなかに江戸時代の寺請制度が準備されていったのであり、そのなかで、さまざまな試練を受けながら、永平寺・總持寺は、両本山制へとだんだんと進んでいったのであります。そのようなことを最後にお伝えして、私の話の責任を果たそうと思います。ご静聴ありがとうございました。

加賀立国の史的意義

森田喜久男

はじめに

まず、加賀立国に関わる基本史料となる『類聚三代格』巻五所収の弘仁一四年（八二三）二月三日付の太政官奏の検討から出発したい。

太政官謹奏

割㆓越前国江沼加賀二郡㆒為㆓加賀国㆒事

守一人　掾一人　大目一人

少目一人　史生三人　博士一人

医師一人

右得㆓彼国守従四位下紀朝臣末成等解㆒偁、加賀郡遠去㆓国府㆒往還不㆑便。雪零風起難苦殊甚。加以途路之中有㆓四大川㆒。毎㆑遇㆓洪水㆒経㆑日難㆑渉、人馬阻絶動致㆓擁滞㆒。又郡司郷長任意侵漁。民懐㆓冤屈㆒路遠無㆑訴、不㆑堪㆓深酷㆒逃散者衆。又部内闊遠多㆑煩㆓巡検㆒。官舎之損農桑之怠莫㆑不㆑由㆑此。伏請。別建㆓件国㆒、名曰㆓加賀国㆒者、夫調㆓琴瑟㆒者終待㆓改張之功㆒、行㆓政化㆒者必資㆓権変之道㆒。彼越前国民俗凋弊、非㆑恩何息。境内闊遠、本号㆓

難治一。臣等商量所レ申合レ宜。伏聴二天裁一。謹以申聞、謹奏。聞。

弘仁十四年二月三日

この太政官奏の構成と内容は以下のように整理できる。まず、越前国から江沼・加賀二郡を割いて加賀国とし中国とすること。次に、国司の定員が書かれている。

それから、越前守紀末成の意見具申である。そこでは、加賀郡は越前国府から遠い場所にあって、往還が不便である。郡司や郷長が意に任せて収奪を行っている。民は訴えたくても国府から遠いので訴えることはできず、逃散する者が多い。越前の国内はとても広大で巡検が大変である。そのため官舎の損壊や農桑の怠りを招いている。そこで、別に国を建てて、加賀国としたいと。

これを受けて太政官は次のような判断を下した。越前国の民は疲弊しており、恩恵を与える必要がある。越前国は広大で統治することが困難な場所である。紀末成の具申は時宜にかなったものであると判断し、謹んで天皇の裁可を仰ぐ。こうして立国に至るわけであるが、ここで確認しておくべきは、越前国守と太政官の認識が一致していることである。

次に加賀立国を推進した古代国家の論理を整理してみよう。まず、加賀郡は越前国から遠いため、郡司や郷長による恣意的な収奪など国府の眼の届かないところで問題が起きている。次に越前国は広大で統治が困難な場所である。つまり、加賀郡に固有の問題と越前国全体の問題、二つの問題を解決するために立国がなされたということになる。

加賀立国について先行研究は、何を明らかにしてきたのであろうか。国司の収入を目的とする国の新設であると考える説、「難治」地域の切り捨てと考える説、郡司・郷長の非法への対策であるとする説、越前国は十分な財政負担能力があり、加賀地方を分離独立させても全国中位以上の能力の可能性が高く、分立後は二国あわせて越前国一国の時よりも国家財政上貢献するものと判断されたとする説などが出されている[1]。

先行研究は、いずれも弘仁一四年の太政官奏を丁寧に読み込んでいるが、太政官奏それ自体は、あくまでも立国を推し進めようとしている為政者の論理である。その一方で、立国という出来事が、地域社会に生活する百姓や地域社会を基盤として活動してきた郡司等有力者にとってどのような意味を持ち得ていたのか。この点については、ほとんど明らかにされていない。

そこで小稿では、まず、立国以前の状況について、弘仁一四年の太政官奏以外の史料を参照して、長いスパンで分析する。次に立国以降、律令制国家が進めた政策が地域社会にとってどのような意味を持っていたのか、この点について考える。

一　加賀立国以前の加賀地方の情勢

1　律令制国家成立以前の加賀地方

「国造本紀」（『先代旧事本紀』巻一〇）によれば、律令制国家成立以前の加賀地方において、北加賀に二国造、南加賀に一国造が存在していた。

加我国造
泊瀬朝倉朝御代、三尾君祖石撞別命四世孫大兄彦君定㆓賜国造㆒。難波朝御代隷㆓越前国㆒、嵯峨朝御世弘仁十年、割㆓越前国㆒分為㆓加賀国㆒。

加宜国造

難波高津朝御世、能登国造同祖素都乃奈美留命定二賜国造一。

江沼国造

柴垣朝御世、蘇我臣同祖武内宿禰四世孫志波勝足尼定二賜国造一。

北加賀の二国造のうち、加我国造は、近江の三尾君と系譜上結びつく。一方、加宜国造は能登国造と系譜上結びつく。「国造本紀」を検討する限りでは、律令制国家成立以前に加賀地方には大きく三つの政治勢力が存在し、それぞれ能登、越前、近江の政治勢力と関係を結んでいたことが推測できるのである。

従来、北加賀の国造については、道君と考える説が一般的であった。しかし、道君については、北加賀の二国造とは異なる形で台頭してきた可能性が高い。ちなみに、『日本書紀』欽明三一年（五七〇）四月乙酉条では、道君は「国造」ではなく「郡司」と表記されている。これは『日本書紀』の編者が道君を「郡司」とは認識していても、「国造」とは認識していなかったことの反映であろう。道君は、国造制以降に台頭する氏族であると考えられる。

2　江沼郡・加賀郡の成立と道君の台頭

次に律令制国家成立以降、地域社会に国郡制が施行された後の状況について検討してみたい。天平三年（七三一）に作成された「越前国正税帳」（『正倉院文書』正集二七）に記された郡司の名を参照すると、

江沼郡司

主政…外従八位上勲十二等膳長屋

主政…外大初位下勲十二等江沼臣大海

主帳…外少初位上勲十二等江沼臣入鹿
主帳…无位財造住田
加賀郡司
大領…外正八位下勲十二等道君
主政…外従七位下道君「五百嶋」
主政…外従八位下勲十二等大私造「上麻呂」
主帳…外少初位上勲十二等道君「安麻呂」
主帳…无位丸部臣「人麻呂」

その一方で、天平五年（七三三）閏三月六日に勘造された「越前国郡稲帳」（『正倉院文書』正集二八）には、江沼郡の大領として「江沼臣武良士」の名が見える。このように検討していけば、地域社会における政治権力の結集のあり方は、北加賀においては道君を頂点に、南加賀においては江沼臣を頂点としているかのように見える。

しかし、果たしてそのように断ずることはできるのであろうか。ここで、「越前国加賀郡司解案」（『正倉院文書』続々修四三―三）に注目したい。

加賀郡司解　申年料舂米事
（中略）
更解　従㆓江沼郡㆒来稲二万束
雑用二千四百十五束四把四分
敦賀津定米七百卌二石六斗九升白因（田カ）長官宅料

この文書は、正倉院文書群の中に収められていた「越前国雑物収納帳」の一部で、本来、越前の国司によって中央政府に報告されるために用意されていた公文書の草案であり、天平勝宝七年（七五五）三月二一日に加賀郡司が貢進した年料春米等貢進額が記されている。

注目されるのは、「更に解す」以下の部分である。この部分によれば、江沼郡から大量の頴稲が加賀郡に移送され、そこからさらに敦賀津に運ばれて到着した時は春米に変わっている。このような事実が、加賀郡司解案に登場するということは、江沼郡の頴稲を加賀郡に逆送するということに加賀郡の郡司が深く関与していることを意味している。

ちなみに、『続日本紀』天平宝字五年（七六一）二月戊午条によれば、「越前国加賀郡少領道公勝石、出㆓挙私稲六万束㆒、以㆓其違勅㆒、没㆓利稲三万束㆒」とあり、越前国加賀郡少領である道君勝石が私稲六万束を使って私出挙を行い違勅罪で利稲三万束を没収されている。

天平二年度の越前国正税帳によれば、加賀郡の公出挙の総額は「陸万参仟参伯柒拾束」、つまり六万三千束余であるから、道勝石の行った六万束という私出挙の規模はそれに匹敵する分量である。『続日本紀』天平九年（七三七）九月癸巳条によれば、このような違勅罪を犯せば、国司や郡司は解任されることになっていた。ところが、この史料を見る限り、三万束の稲が没収されたことはわかっても、道君勝石が郡司を解任されたとは書かれていない。道君は郡司を解任されなかった可能性がある。

3　王臣家の開発と荘園

さて、道君が活発な経済活動を展開する一方で、加賀地方では王臣家による荘園が各地に分布している点が注目される。これらの荘園の多くは東大寺に施入された。たとえば、「東大寺諸荘園文書目録」には、江沼郡幡生荘が見え、同様の事例として、「酒人内親王施入状」には加賀郡横江荘の名が見える。また、三善清行の意見封事十二箇条によると、かつて越前国加賀郡に大伴家持の墾田が百町余り存在した。

ここで注目すべきは、越前国加賀郡大野郷の範囲内に位置する畝田・寺中遺跡から出土した木簡の中に「右大弁史田家」と書かれたものがあるということである。

・右大弁史田家牛賀部宮万呂

この木簡については、「右大弁史田家」に属する牛賀部宮万呂が出した貢納物の付け札と解されている。[2]

この「右大弁史田家」の人物名は特定できないが、右大弁史という役職に就任していた人物が個人的に所有する田家が、越前国加賀郡大野郷にあったことを示すものであろう。

さて、ここで注意すべき点は、この越前国加賀郡大野郷が道君の本拠地の一つということである。『日本三代実録』仁和元年（八八六）一二月己卯条によれば、「節婦加賀国加賀郡大野郷人道今古、授二位二階一、免二戸内田租一、表二其門閭一、以旌二貞節一也」とあり、大野郷に道今古という人物がいて、貞節を褒賞されている。この大野郷には、『延喜式』神名帳によれば、加賀郡十三座の一つとして「大野湊神社」が存在していた。この点を踏まえると、かつてここに「大野湊」と呼ばれる場所があったことが推測できる。

ここで言う「湊」とは、港湾施設というよりも河川が海に注ぐ河口付近を意味する言葉であるが、そういった場所には当然港湾施設ができる。事実、大野郷のエリア内、金沢市西部の畝田・寺中遺跡からは「津司」や「津」と書かれた墨書土器が出土しており、戸水C遺跡からも「津」と書かれた墨書土器が出土している。加賀地方の港湾施設と言えば、『延喜式』に記された「比楽湊」や『白山之記』に見える「安宅湊」や「安宅渡」、さらには半井家本『医心方』の紙背文書に見える「都幡津」の存在が文献史料において確認できるが、それと共に「大野湊」の存在も重要であると考える(3)。

先に道君が加賀地方の頴稲をすべて、加賀郡に集め舂米に変えて敦賀津へ移送することに深く関与していたことを指摘した。このような点を踏まえるならば、これらの港湾施設にも道君は深く関与していた筈である。そしてこういった港湾施設を拠点に王臣家による開発が進んだとするならば、そこにも道君が深く関わっていたと見るべきであろう。このように考えていけば、加賀地方における王臣家の経済活動も道君が構築した経済活動の延長線上にあったと思われる。

4 立国以前の地域社会

このように加賀立国以前の加賀地方にあっては、加賀郡の郡司である道君が多大な影響力を発揮していた可能性を指摘した。

このような状況を見るだけならば、弘仁一四年の太政官奏に引用された越前守紀末成解のごとく、「郡司郷長、意に任せて侵漁す。民、冤屈を懐えども、路遠く訴えること無し。深酷に堪えずして、逃散するもの衆し」といった事態に立ち至っていると言えなくもない。

しかし、果たしてそのように断定できるのであろうか。『日本霊異記』下巻一四縁によれば、越前国加賀郡の浮浪人長が、御馬河里で優婆塞の小野朝臣庭麿を捕らえ仏罰を受けている。この説話に登場する小野庭麿については、「為二優婆塞一、常誦二持千手之咒一為レ業。展二転彼加賀郡部内之山一而修行」とあり、加賀郡の山林が仏道修行の習得や実践の場として位置づけられていたことがわかる。一方、浮浪人長については「駆二使雑徭一、徴二乞調庸一」と記され、浮浪人を検括し、調庸の収奪を行うことを任務としており、国衙業務の一部を分担する存在であった。このような浮浪人長に対して、仏罰が降り掛かるようにと祈った優婆塞の庭磨は、調庸を収奪する立場からすれば、国家権力に公然と抵抗する存在であろう。加賀郡の山林は、そのような存在をも肯定し得るような空間だったのである。

では、そのような環境を、都からやって来て修行している優婆塞に提供しているのは誰か。それは道君以外に考えられない。金沢市南東部、富樫山地の北側、野田山丘陵に位置する三小牛ハバ遺跡は山岳寺院として、奈良時代に遡る銅板鋳出仏、灯明皿の他、鉄鉢形土器や水瓶など宗教的色彩の濃い遺物が出土しているが、出土した墨書土器の中に「三千寺」と記されたものがある。この「三千寺」は、「みちでら」と訓むべきであり、道君に関わりを持つ寺院と考えるべきであろう。

この三小牛ハバ遺跡において、注目すべき点は、このような「三千寺」の墨書土器だけでなく、二百点に及ぶ転用硯や写経用定木が出土していることである。これについては仏道修行に伴う写経との関連性が指摘されている(4)。

加賀地方は、決して紀末成の言うように、郡司や郷長が意に任せて民を苦しめているだけの場所ではなかった。弘仁一四年の太政官奏は、あくまでも立国を推進しようとしている為政者の論理を語ったものに過ぎないのである。

二　加賀立国の断行

1　立国以後の動き

では、加賀立国以後、加賀地方はどのように変わっていったのであろうか。立国以降に出された一連の政策を見ていきたい。

『類聚三代格』巻一四　弘仁一四年（八二三）五月三日付太政官符によれば、越前国と加賀国が、中央政府である太政官に官舎の修理を申請し、そのための費用として正税四万束が支出されている。弘仁一四年の太政官奏に引用された越前守紀末成等解において、加賀立国以前においては、加賀地方は越前国府から遠いため巡検できず、官舎の損壊に対して十分な対策を講ずることができない点が問題とされていた。この太政官符は、立国直後にそのような問題点を解決するためにとられた政策であり、加賀地方において破損していた官舎の修理などが行われたと考えられる。

それと共に越前守紀末成の指摘した二つ目の問題点、越前国は広大なので、難治であること。その問題点を立国以降に解消しようとした政策はどのようにして実現したのであろうか。『日本紀略』弘仁一四年（八二三）六月丁亥条によれば、越前国丹生郡から今立郡が、加賀国の江沼郡から能美郡が、加賀郡から石川郡がそれぞれ分離したことが書かれ、その理由を「以二地広人多一也」と記す。

このようにして加賀立国に先立ち弘仁一四年の太政官奏において問題になった点をすべてクリアした上で加賀国は中国から上国へと昇格した。『類聚三代格』巻五　天長二年（八二五）正月一〇日付太政官符は、立国直後に中国であった加賀国の等級を、上国に格上げすることを命じている。律令制下の諸国においては、大国・上国・中国・下国の四つの等級があり、それに応じて国司の定員が定められていたが、加賀国の場合、中国から上国に格上げされたことによって、弘仁一四年の太政官奏に記された定員の他に新たに介が加わったことになる。

加賀国の場合、立国時の段階で、すでに国司に異例の配置がなされていた。小稿の冒頭に掲げた弘仁一四年の太政官奏によれば、すなわち、令制の中国に存在しない筈の大目・少目が設置されていたのである。すでに立国当初から、国の等級に応じた国司の定員配置といった原則からは逸脱しているわけであり、中国から上国への格上げは、立国時からすでに予定されていたと見るべきである。

2　立国と地域社会

では、この加賀立国は地域社会にとって、どのような意味を持っていたのであろうか。こういった問題を考える手がかりとなるのが、石川県河北郡津幡町の加茂遺跡から出土したいわゆる「牓示札」と称されている郡符木簡である。

郡符。深見村諸郷・駅長并諸刀彌等、
応二奉行一壹拾条之事。
一　田夫、朝以二寅時一下レ田、夕以二戌時一還レ私状。
一　禁下制田夫、任レ意喫中魚酒上状。
一　禁下断不レ労二作溝堰一百姓上状。
一　以二五月卅日一、前可レ申二田殖竟一状。
一　可下捜中捉村邑内竄宕為二諸人一、被レ疑人上状。
一　可下禁中制无桑原、養レ蠶百姓上状。
一　可下禁中制里邑之内故喫二酔酒一、及二戯逸一百姓上状。
一　可レ慎二勤農業一状。件村里長人申二百姓名一。
検二案内一、被国去正月廿八日符偁、勤二催農業一
有二法条一。而百姓等、恣事二逸遊一、不二耕作一喫二
酒魚一、殴乱為レ宗。播殖過時、還称二不熟一。只非二
疲弊耳一。復致二飢饉之苦一。此、郡司等不レ治レ

田之期、而豈可レ然哉。郡宜二承知一、並口二示
符事一。早令二勤作一。若不レ遵二符旨一、称二倦懈
之由一、加二勘決一者、謹依二符旨一、仰二下田領等一、宜下
各毎レ村屡廻愉上。有二懈怠一者、移レ身進レ郡。符
旨国道之裔糜羈進レ之、牓二示路頭一、厳加レ禁。
田領・刀彌、有二怨憎隠容一、以二其人一為レ罪。背不二
寛有一。符到奉行。

大領錦村主　　主政八戸史
擬大領錦部連真手麿　　擬主帳甲臣
少領道公夏麿　　副擬主帳宇治
擬少領勘了

嘉祥二年二月十二日

二月十五日請田領丈部浪麿(5)

この木簡は、加賀郡司から深見村の郷長・駅長・諸刀祢に対して発信されるという書式である。ただし、実際に郡司の命令を受けて、郷長や駅長、刀祢に伝える役割を果たしていたのは田領である。その内容は、勧農に関わる禁令であった。郡司は国司から勧農に関わる命令（＝国符）を受ける形で郡符を作成し、田領に伝えたのである。

この木簡の宛先について考えてみよう。ここでは、深見村と郷、駅との関係が問題となる。すなわち、加茂遺跡付近には、深見村（深海村）、英太郷、井家郷、深見駅が存在したが、深見村の中に英太郷や井家郷、深見駅があった

という理解、英太郷の中に深見村があったという理解、深見村と英太郷は並列していたという理解、深見村は「郷や駅よりも上」でもなく行政区画でもない。「英多郷および井家郷を包括しているもの」ではなく、両郷の戸を含む深見駅一帯の地域であったとする説が出されている[6]。

村と郷の関係については、史料によってさまざまな用例があり、これを単純に帰納法的に整理しても、漠然とした結果に終わってしまう危険性がある[7]。

ここで注目すべきは、『類聚三代格』巻一六　寛平八年（八九六）四月二日付の太政官符において、「今大川原有二市鹿鷺等郷一百姓口分并治田家地多在二此山中一。因レ茲人民之居各逐二水草一。瀕レ河披レ山群二居雑処一。子々孫々相承居住。推二其年紀一。及二百余歳一」と記されていることである。諸郷の百姓が、山中に口分田や開墾田を持っていたため、山中に居住するようになり、「群二居雑処一」という状態になったと書かれていることに注意したい。「村」の本質は、この「群居」にあるのではないか。

つまり、「村」は、権益や景観ではなく一義的には人間集団を示す概念なのである。その人間集団としてのまとまりが大きくなれば、それは時に国境や郡境をまたぐ存在にもなり得るし、小さければ郷レベル、あるいはそれよりも小さい村になったりもする。この人間集団の村を課税の対象として編戸したのが郷なのではないか。

村と郷や里の関係についてそのように考えた時、先行するのはどちらか。これについては、村から郷が生ずる場合もあるだろうし、複数の郷から村が生ずる場合もあるだろう。しかし、深見村と英太郷、井家郷の場合、深見村がこれに先行すると考える。

深見村を舞台とした越前掾大伴池主と越中守大伴家持の歌のやり取りに注目したい。『万葉集』巻一八—四〇七三〜四〇七九の題詞「越前国　大伴宿祢池主来贈歌三首」に添えられた文章によれば、「以二今月十四日一、到二来深見村一、望二拝彼北方一」とあり、大伴池主が越前国の深見村へおもむき、「彼の北方を望拝」している。この部分にのみ注目するならば、深見村は加賀国と越中国との国境付近に位置する村ということになるだろう。

ところが、深見村については、もう一箇所『万葉集』に登場する。『万葉集』巻一八―四一三二～四一三三の題詞「更来贈歌二首」に添えられた文章によれば、「依下迎二駅使一事上、今月十五日、到二来部下加賀郡境一、面蔭見二射水之郷一、恋緒結二深海之村一」とある。ここで深見村の表記として「深海村」と書かれている点に注意したい。これは、「現在とは異なり満々と水をたたえていた河北潟」に関わる地名と考えてよいと思われる。(8)

このような点を踏まえ、深見村（深海村）は、河北潟に面し、そこから、越中国との国境付近まで広がっていたと考えたい。時間的推移からすれば、まず河北潟に面して、深見村（深海村）が成立し、その中から五十戸ずつ再編成される形で英太郷や井家郷が成立した。深見村（深海村）が河北潟に面して存在していた村だとすれば、そこでは生業として漁業が営まれていた筈である。

加茂遺跡からは土錘が出土している。(9) この事実に関連して加茂遺跡から出土した以下の木簡の存在は大変重要である。

・謹啓　丈部置万呂□□　献上人給雑魚十五隻
□□〔伯姓カ〕消息後日参向而語奉　无礼状具注以解
・『勘了』　七月十日　潟島造□主(10)

この木簡の発信先は、加茂遺跡以外の某地点である。その某地点にいた「潟島造□主」から、加茂遺跡にいた丈部置万呂に向けてこの木簡は送られ、加茂遺跡で廃棄されたと考えられる。そのメッセージの中で、「人給雑魚十五隻」

を献上する旨が記されている。この木簡に見える「人給」とは「供御」の対概念であり、上位者からの給物である事が指摘されている(11)。

それでは、加茂遺跡の周辺で行われていた重要な行事とは何か。これを知る手がかりとなるのが、木簡の分かち書きの左側の「伯姓消息後日参向而語奉」という文言である。「潟島造口主」は「丈部置万呂」に対し、「百姓の消息については、後日参上した時に報告します」というメッセージを発している。この「百姓消息」については、国司の部内巡行における百姓の状況の視察であると考えられる(12)。

天平九年度（七三七）の「但馬国正税帳」や天平一〇年度（七三八）の「周防国正税帳」や天平九年度（七三七）の「豊後国正税帳」により、国司の部内巡行において「百姓消息」を問うことは、かなり一般的に行われていたことがわかる。献上された「雑魚」は、国司の部内巡行の際に加茂遺跡で行われた宴会の場において消費された可能性が高い。

このように深見村（深海村）においては、潟湖を舞台とした漁業が生業として重要な位置を占めていたことが判明する。ところが、そのような深見村に八世紀後半以降、新たな動きが始まった。石川県かほく市宇ノ気町指江地区内の丘陵裾部に位置する指江B遺跡では、八世紀後半以降、四面庇建物が現れ、遺物が増大する。その中には、畿内系土師器・赤彩土師器・灯明痕を持つ土器・鉄鉢形須恵器・多足机・漆器・漆液容器・銅製品・硯などがあり、出土文字資料については、墨書土器として「羽咋郡」、木簡の中に「大国別社…」とか「江沼臣…」、「段百廿／段七十九歩」といったものが発見されている。

指江B遺跡は、神社や寺に関わる祭祀の場であると同時に、広範囲にわたる物資や情報、それに伴う人の移動があり、それらを管理する機能を果たしていたとの指摘がなされている(13)。

指江B遺跡の出土遺物を見る限り、河北潟東部の丘陵裾には、令制国の国や郡の枠を超えて多くの人々が集まってきている。彼らはどのような目的で集まって来ているのか。それは丘陵部の開発であろう。では、こういった開発を主導しているのは、誰か。道君以外に考えられない。

加賀地方におけるこのような状況に注目した律令制国家は、立国を行い郡や郷をもとに勧農政策を進めることを企図した。このようにして加賀国は立国され、多様な生業を営む地域社会の人々に対して、農業を基本とする国家による教化が行われたのである(14)。

弘仁一四年の太政官奏では、郡司や郷長が意に任せて収奪を行っているといった点が問題にされてきた。それは一見すると加賀郡司である道君に対する批判にも思える。ここで、先に取り上げた加茂遺跡の郡符木簡に記されている郡司の署名を見ると、天平三年の「越前国正税帳」と比較して、加賀郡の郡司に道君以外の氏族の名前が多数見える。このことからすれば、立国以前のように、道君が加賀郡において突出した形で経済活動を行っているような状態ではないことがわかる。

ただし、この木簡の記述から、道君が没落したと考えるのは早計である。この木簡のオリジナルである郡符には、擬大領錦部連真手麿と共に少領道公夏麿の名があるからである。つまり道君は郡司として一定の影響力を保持していたと考えざるを得ない。

律令制国家は、道君が加賀地方に築いた経済的基盤を完全に破壊したわけではなかった。むしろ、それを利用して加賀地方を一つにまとめ、同時に地域社会に対する影響力を強めていこうとしたのではないか。一方、道君もそのような動きを敏感に察知し、時代の流れに併せて生き残りの策をとったのではないかと思われる。加茂遺跡の郡符木簡は、このような立国以降の加賀国の中のさまざまな状況が集約されている。

おわりに

以上の検討の結果、加賀立国について、越前守紀末成が指摘した「郡司や郷長が意に任せて侵漁する」といった事柄は、あくまでも立国を正当化する「良吏」の論理に過ぎなかったことが明らかになった。地域社会においては、加賀郡司である道君が構築した経済的基盤をもとに、王臣家や社寺の開発などが進んでおり、越前国において加賀郡は独自の発展を遂げていた。律令制国家は、それを否定することなく、利用する形で越前国から加賀郡と江沼郡を分離させ、加賀国を立国し収奪を強化しようとしたのである。道君はこれに抵抗することなく、むしろ国家権力をバックに地域社会に影響力を残すことを図った。そこに道君のしたたかさを見出すことができる。つまり、加賀立国とは、地域社会から確実に税を収奪しようとする国家と地域社会において影響力を保持し続けようとする有力首長層との利害が一致する共同作業だったのである。

註

（1）加賀立国の先行研究としては、遠藤元男「加賀国の成立事情について」（『北陸史学』六　一九五七年）、米沢康「平安初期における北陸在地の政治的情勢」（『北陸古代の政治と社会』法政大学出版局　一九八九年）、森田悌「加賀立国の前後」（『日本古代の政治と地方』高科書店　一九九八年）、林陸朗「加賀立国の史的背景」（國學院大學文学部史学科編『坂本太郎先生頌寿記念　日本史学論集』上　吉川弘文館　一九八三年）。

（2）平川南「古代港湾都市論―犀川河口と河北潟沿岸遺跡群出土文字資料から―」（『律令国郡里制の実像』下　吉川弘文館　二〇一四年）。

（3）出越茂和「内水面と古代水上交通」（金沢市文化財紀要一九六『大友西遺跡』Ⅲ　金沢市埋蔵文化財センター　二〇〇三年）。

（4）戸澗幹夫「遺跡・遺物が語る白山信仰の軌跡」（『白山の歴史と文化』石川県立白山ろく歴史民俗資料館　一九九二年）。

（5）釈文は『津幡町加茂遺跡』Ⅰ（石川県埋蔵文化財センター　二〇〇九年）を参照。

（6）平川南「古代における里と村」（平川、註（2）所収）。同「牓示札—文書伝達と口頭伝達—」（『古代地方木簡の研究』吉川弘文館　二〇〇三年）。藤井一二「加茂遺跡出土「牓示札」の発令と宛先」（『砺波散村地域研究所研究紀要』一八　二〇〇一年）、同「大伴池主・家持と「深見村」—万葉集と加茂遺跡木簡を中心に—」（『越の万葉集』高岡市万葉歴史館論集六　笠間書院　二〇〇三年）、同「「加賀郡牓示札」と歴史的環境」（『金沢星稜大学経済研究所年報』二五　二〇〇五年）、鈴木景二「加賀郡牓示札と在地社会」（『歴史評論』六四三　二〇〇三年）。金田章裕「古代の郡・郷と村についての覚え書き」（『日本歴史』六六八　二〇〇四年）。

（7）律令制下の「村」や「里」の問題については、吉岡眞之「郡と里と村」（『日本村落史講座四　政治一　原始・古代・中世』雄山閣出版　一九九一年）を参照。

（8）石川県埋蔵文化財センター編『発見！古代のお触れ書き—石川県加茂遺跡出土加賀郡牓示札—』（大修館書店　二〇〇一年）。

（9）註（5）に同じ。

（10）この木簡の釈文については、かつて拙稿「出土文字資料から見た北加賀の古代—加茂遺跡出土の木簡を中心として—」（『市史かなざわ』三　一九九七年）で提示したが、現段階では、註（5）前掲書に提示された釈文に従っておく。

（11）吉野秋二「「人給所」木簡・墨書土器考」（『日本古代社会編成の研究』塙書房　二〇一〇年）。

（12）拙稿、註（10）前掲論文。後に平川、註（2）も同様の指摘を行っている。

（13）石川県埋蔵文化財センター『宇ノ気町　指江遺跡・指江B遺跡』（二〇〇二年）。

（14）小林昌二氏は、「村」が教化の対象であることを指摘する。小林「日本古代における『村』と村首・村長」（『日本古代の村落と農民支配』塙書房　二〇〇〇年）。

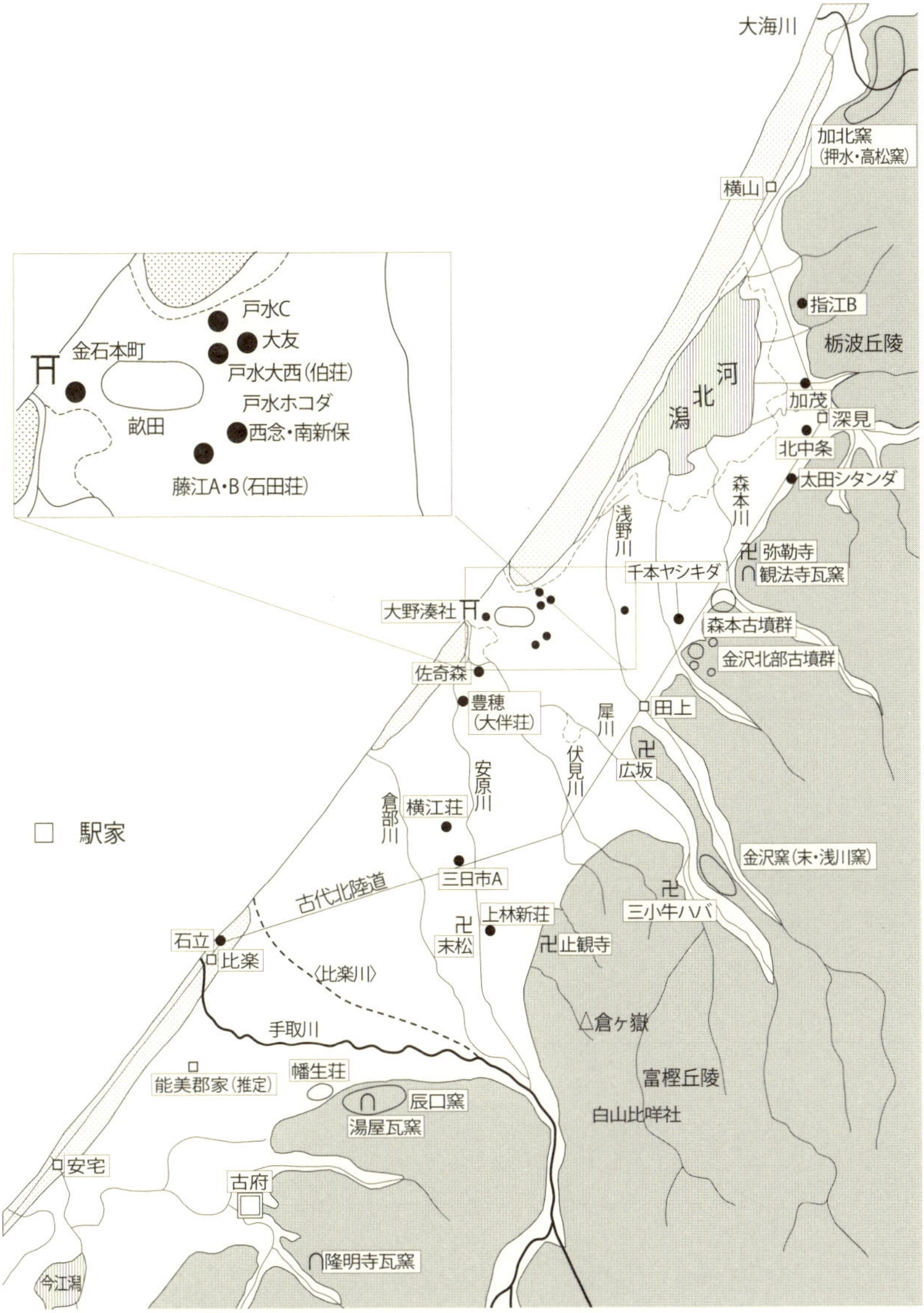

【図】　北加賀の古代遺跡と北陸道
白山市教育委員会『加賀横江荘遺跡』（2013 年）146 頁、吉岡康暢氏作図を改変。

戦国期加賀国の非真宗寺院について　―山代荘慶寿寺と一向一揆・本願寺―

石田文一

はじめに

戦国期の加賀国を考える場合、在京の荘園領主、あるいは在地勢力と一向一揆・本願寺教団との関係に主軸を置いて、その研究が進められてきたが、その一方で、しばしば「百姓の持ちたる国」という印象的な史料文言から、ある種のバイアスのかかった「民衆による自治共和国」的なイメージで語られることも少なくなかった。しかしながら、現在では本願寺と幕府権力との親和性が明らかにされつつある。(1)同時に神田千里の指摘(2)のとおり、白山本宮や法華宗・禅宗寺院等をめぐる自治体史等の研究成果(3)から、戦国期の加賀において他宗派の存在が困難であったかのような誤った理解は概ね克服されたと言ってよいだろう。

ところで、かつて「一揆の基層」の解明を課題として示した浅香年木の提唱(4)を承け、在地構造研究の深化が課題とされてきたが、そのなかで一向一揆の具体像が呈示されたとは必ずしも言い難い現状も否定できないように思われ、なお具体的な事例研究により成果を積み重ねていく必要がある。

本稿では、そうした課題意識に基づいて、これまで未検討であった永正初年（一五〇四年頃）の加賀国山代荘慶寿寺の住僧とその本寺である京都梅津長福寺間の相論に、山代荘の荘民が関係した紛争についての史料[5]を取り上げ、五山系禅宗末寺の在地における存在形態や役割の一端に触れるとともに、山代荘の「総社」に集う住民（「三郷の衆」）と慶寿寺住僧の関係を明らかにすることで在地の様子を析出し、本願寺による加賀支配が強固になる享禄～天文期（一五三〇～四〇頃）以前において一向一揆を構成した「百姓」の実態に迫りたいと思う。

さて本稿で取り上げる加賀国江沼郡山代荘[6]は、現在の石川県加賀市山代温泉付近から弓波町・南郷町を結ぶ沖積平野西半部からその南の丘陵部に比定される一帯をその荘域とし、山代本郷・忌浪郷・南郷（「山代三郷」）などから構成された。

『和名抄』に現れる古代郷の「山背郷」を継承し、郷内には国史現在社の「山代大堰神」（『日本三代実録』貞観一八年七月二〇日条）、および『延喜式』神名帳所載の服部神社・忌浪神社等が鎮座したと思われる。また平安時代末期に原形が成立したとされる白山加賀馬場の縁起書『白山之記』には「白山五院、柏野（中宮末寺、）・温泉寺・極楽寺・小野坂・大聖寺、或八院之内五院、余三院後建立云々、五院山代庄之内歟、」と見え、現存する『白山之記』が書写された室町時代には荘域内に白山系の五つの寺院が所在していたという認識があったようで、現在でも加賀市山代温泉の薬王院を「温泉寺」の後身と見る説[7]もある。

「山代荘」の史料上の初見は、『外記日記』弘安一〇年（一二八七）八月一七日条であり、「右衛門督基顕以下、下向賀州山代荘云々、」と見え、鎌倉時代後半には中世荘園として成立していた。ここに現れる「基顕」とは、藤原北家中御門流園家の二世にあたり、戦国期に園家は「山代三郷」のうち忌浪郷を領有している。

南北朝時代の観応三年（一三五二）「山代庄二分方地頭職」が守護富樫氏春に与えられたこと[8]から領家分が「山代半済」、「山代本郷半分」と呼ばれた。やがて山代半済は幕府料所となり、応永二五年（一四一八）、足利義持から北野社に寄進された後、一旦没収されたものの長禄二年（一四五八）、北野社に還付され[9]、以後概ね同社領として展開した。なお在地の寺社として「敷地天神（菅生社）」が、山代荘に隣接する北野社領福田荘に鎮座しており、近隣の山代半済・富墓荘（領家職）・福田荘がいずれも北野社領であるところから、「敷地天神」は北野社領の惣鎮守的機能を担ったとみられる。

その一方で山代荘には、本願寺の有力末寺であった「河崎専称寺」があり、享禄四年（一五三一）の錯乱後、同寺門徒「河崎衆」は本願寺直参化していた。また山代荘に近接する東福寺領熊坂荘には「荻生願成寺」があり、河崎専称寺同様、早い時期から本願寺門末に連なり、享禄の錯乱以後、「荻生衆」も直参化している。さらに元高田派であった「新郷専光寺」は、越前国河口荘新郷より同荘に移転し、やはり享禄の錯乱後「新郷衆」は直参化していた。こうした在地有力門末の分布を基礎に、本願寺蓮如の系譜（蓮誓―顕誓）に連なる「山田光教寺」が「賀州三か寺」の一として江沼一郡の与力を得て、一家衆寺院として成立していたことが知られている。これらのことから山代荘一帯は一向一揆・本願寺の勢力が比較的早い時期から広範に浸透していた地域とみることができる。

このような状況下で山代本郷は、京都北野社の所領「山代半済」として戦国期を通じて存続したことが知られ、戦国後期の永禄年間（一五五八～七〇）にも「山代の半銭」と見え、本願寺の旗本とみられる黒瀬掃部が代官を務めていたことが窺われる[10]。

北野社による山代半済の所領経営については、概ね年貢収納を請け負った代官が京都から現地に下向して行われたが、例えば長享三年～延徳四年（一四八九～九二）にかけては請負代官として京都から下向した「歓喜寺」が在地の「名主百姓中」の支持を背景に、年貢を押領し続けることもあった[11]。こうしたこともあり、明応二年（一四九三）、北野社は代官下向にあたり、本願寺実如に在地への下知状を求めることもあった[12]。北野社による所領経営は、一向一揆と本願寺教団の影響下にあって、必ずしも容易な状況ではなかったと思われる。

一　山代荘慶寿寺と京都梅津長福寺

慶寿寺は、京都梅津長福寺（臨済宗南禅寺派。京都市右京区梅津中村町）の末寺である。

しかしこれまで慶寿寺については、特段注意が払われた形跡はなく、本願寺証如の『天文日記』天文七年（一五三八）九月条の二つ記事（【史料1】参照。二日、一九日）が知られるのみであり、『越登賀三州志』・『加賀江沼志稿』・『山代志』・『加賀志徴』等の近世～近代に著された地誌類や『加賀市史』等の自治体史にも記載がなく、その創建から廃絶についての詳細が不明なこともあって、全く看過されてきた存在であったといわざるを得ない。したがってその存在に言及するだけでも地域史研究の進展に幾ばくかの寄与もできると思われるが、以下に史料を掲げ、逐次検討を試みてゆきたい。[13]

【史料1】天文日記　天文七年九月二日条・一九日条[14]

二日、《九月》

（中　略）

一、京西梅津長福寺末寺加州江沼郡山代庄内慶寿寺住持死去候間、只今又住持下候、国《加賀》之寺領なとも雖無別儀候、折紙所望之由候、

十九日、

（中　略）

一、先日申候梅津長福寺事、北野《山代半済》のにハ、一向各別之由、余申候間、一札下させ候、文章にハ、為慶寿寺住持牧雲軒《長福寺塔頭》被差下候由候間、一筆令申候と此通申下候、

【史料1】によると、天文七年（一五三八）九月二日、京都の梅津長福寺の末寺、すなわち加賀国江沼郡山代荘にあった慶寿寺の住職が死去したため、後継住職が下向することになった。その下向にあたり「寺領」については格別の事情もないけれども、長福寺は「折紙」の発給を本願寺証如に求めて来たのであった。

これに対し証如は、同月一九日、北野社領（＝山代半済）とは全く別だと長福寺が主張するので「一札」を下した。その文章は「慶寿寺住持として、牧雲軒差し下され候間、一筆申せしめ候」と申し下した、と記している。

天文期に本願寺証如が幕府や在京領主の知行安堵（「知行申付」）の要請を受けこれに応じていたことは、『天文日記』等本願寺側の諸史料から明らかであり、【史料1】の行為もこれに相当するものということができる。(15)

また史料文言中に「北野のにハ一向各別の由、余りに申し候」とあることから、慶寿寺が北野社領山代半済（山代荘）の直中に所在したことがわかり、当然ながらその存続には在地動向が無視できなかったことが推測できる。山代半済への北野社代官下向も必ずしも順調とは言えなかったことも前節で触れたが、長福寺が、慶寿寺の新住職下向にあたっての保証を本願寺に求めたことは円滑な着任を企図したためと言えよう。

さて【史料1】から知られるように、山代荘慶寿寺が京都梅津長福寺の末寺であることは歴然としている。しかし、慶寿寺関係史料を網羅的に収録した『長福寺文書の研究』では触れられることはなく、慶寿寺が加賀所在の末寺であることは、『加能史料戦国X』編纂過程で再確認できたものである。

さて慶寿寺の史料的初見は、次の【史料2】の文明一〇年（一四七八）九月二七日付の桃源寿洞等連署請書である。

【史料2】桃源寿洞等連署請書(16)

（端裏）「就慶寿寺（江沼郡山代荘）香銭・開浴銭自富春院（長福寺塔頭）之状 文明十戊戌九月廿七日、」

慶寿寺香銭・開浴銭事、自戊戌至丁未（文明十九年）歳拾ヶ年間、毎年壱貫五百文可致其沙汰、但十ヶ年相過者、可致如元沙汰者也、

万一自国（加賀）有無沙汰之儀者、為当院（富春院）而可進候者也、仍状如件、

文明十戊戌年九月廿七日

正仙（花押）〇最長寿寺、

寿文（花押）

寿洞（桃源）（花押）〇富春院納所、

侍真禅師

清涼院（長福寺塔頭）

【史料2】は、長福寺の塔頭富春院の納所桃源寿洞等が、同じく長福寺塔頭清涼院に対し、向こう一〇年間香銭・開浴銭一・五貫文を進納し、一〇ヶ年経過後は元の通りに進納する。もし「国」＝慶寿寺が無沙汰したならば、「当院」＝富春院等が弁済することを誓約したものである。充所の「清涼院」とは、長福寺文書にしばしば現れる塔頭で、多くの所領・銭貨の寄進を受け、集積された資産を元手に祠堂金融を営んでいたことが指摘されており(17)、長福寺内の財政運用に関係の深かった塔頭である。

【史料2】の文言に見られる「香銭」とは、仏前に香の代わりに供える金銭のことであり、「開浴銭」とは、浴室を開いて入浴する銭のことであるが、慶寿寺から恒常的にこれらの金銭が長福寺（清涼院）に進納されていたことが推測できる。このことから、慶寿寺が浴室からの収入を得て、これが長福寺に進納されていたことがわかり、いわゆる「山代温泉」が禅宗寺院によって経営されていたことを示唆する史料ということができる。その意味から「山代温泉」

の初見史料ということができよう。

いずれにしても、地方末寺慶寿寺の収入が長福寺の財政に寄与していたことがわかり、末寺の経営は本寺に影響を及ぼすことから、末寺住持の役割が重要であったことも推測できる。さきに触れた【史料1】は、本願寺の在地への影響力がより鮮鋭に反映されるようになった時期のものであり、新住持となる牧雲軒が本願寺証如の「折紙」を携えて加賀に下向しようとしたのは、本願寺と一向一揆の影響の大きかった在地との親和的関係を築く必然性を見出すことができる。

二　慶寿寺をめぐる相論

さて【史料1】でみたように、天文期に至って本願寺による加賀支配が強まり守護権能を行使するようになる。これは周知のように享禄四年の錯乱の結果、本願寺の意向がより鮮鋭に反映されるようになったからである。それ以前においては、在地に強い影響力を持っていた、本願寺蓮如の子や孫が住職を務めた一家衆寺院（「賀州三カ寺」）や石川郡の吉藤専光寺・河北郡の木越光徳寺等の在来の大坊主勢力が一向一揆を主導していたとされるものの、享禄四年の錯乱以前の加賀一向一揆の様相は必ずしも明らかになっていない。冒頭で触れた浅香氏の提言＝「一揆の基層」の解明とは、まさにこの点を指してのものと思われる。

その意味で、以下に掲げる【史料3】～【史料7】は、「一揆の基層」について直截的に語る史料ということができる。ほとんどが年紀を欠き、いずれも厳密な成立年代の確定はできないものの、概ね永正元年（一五〇四）を含む前後の時期に成立したものとみることができる。なお掲出した「慶寿寺相論関係図」は、【史料3】～【史料7】から看取される相関関係を示したものであるので、あわせて参照されたい。

【史料３】紹鶴申状(18)

（前　欠）

一、名代罷下候間、当月五月三日、山代（江沼郡）五郷の総社ヰイノ宮（山代大堰神社）にて、三郷の衆綺（寄）合衆七八十人の中にて、棟蔵主（禅棟）ト名代ト対決仕候処、この《最》初ニハ棟蔵　主□（切取）高声ニ候ツルガ、最後ニ名代ニツメラレ候而、赤面シ、コトバモナクマケラレ候ト承及候、此時ハ連々我々か申事ハ真是歟真非歟、仍粗申入候状如件、

永正元年甲子夏五月日

紹鶴（長福寺祠堂方奉行、維那）（花押）

清涼院

侍真禅師侍司下

右条々、仮名又ハ片仮名ニテ申候事ハ尾籠之至候へ共、久在国（加賀）候て、文字をも廃忘仕候間、如此認候、返々御免あるへく候、此旨御意得候て、御評定之次ニ御と、け候て被下候へく候、驪七花八裂而被付与丙丁童子と候、畏入候、

一、去年十月ニ到来候御奉書一通、貴寺へ案文一通、引遣ト申候注文一通、以上三通通春蔵主ニ渡申候、慥可有御請取候、国ニハ永代不可入候、上使ハ堅御辞退候へ共、我々か在所ニハ不入候、慶寿寺中ニも不可入候物にて候間、平ニと申候て上せ申候、

紹鶴（花押）　○紙継ぎ目ニ紹鶴ノ裏花押アリ、

【史料４】年未詳　禅棟書状(19)

尚々申上候、可然様ニ御披露所仰候、急御返報奉待候、書状之躰恐入候、

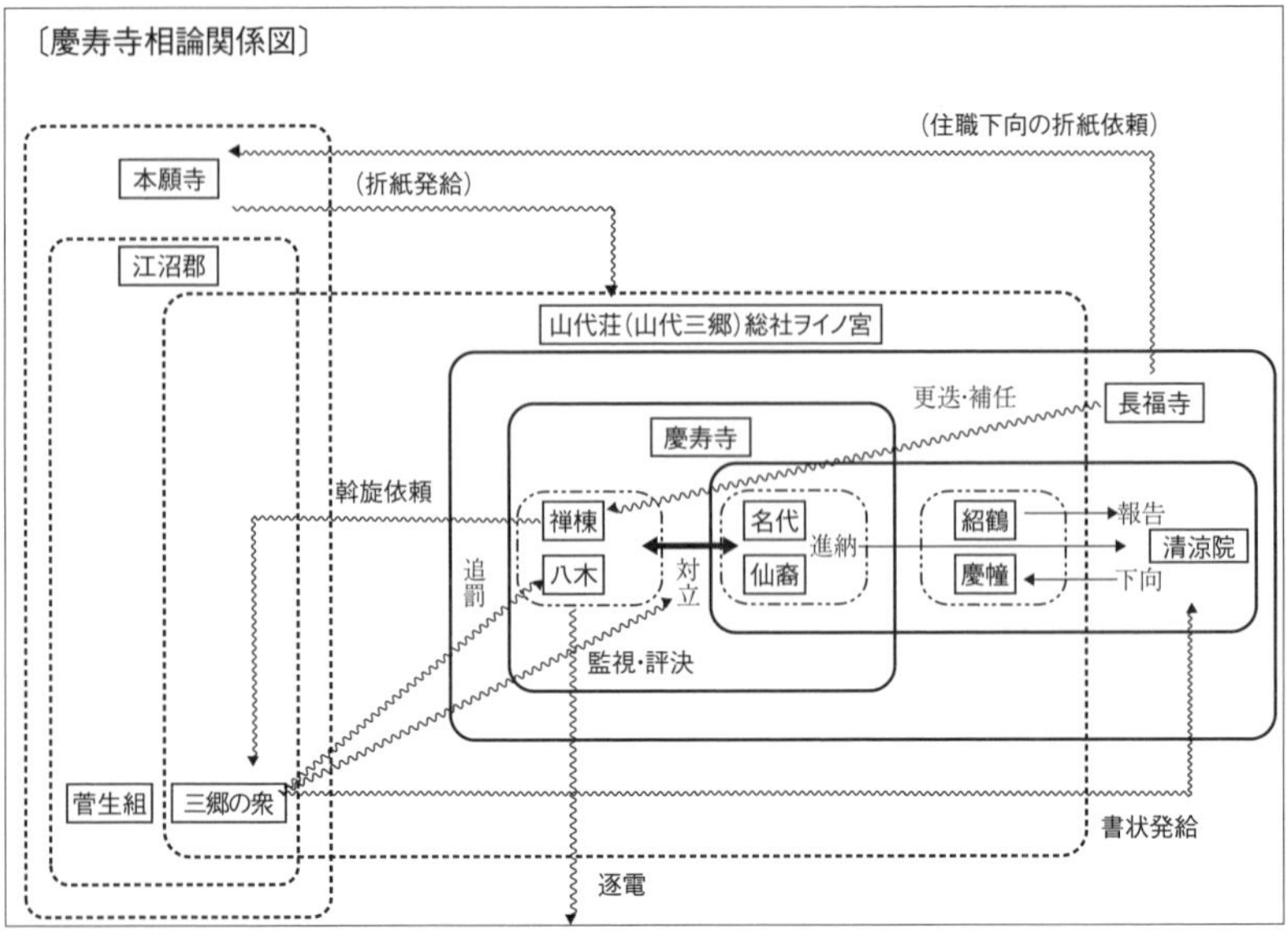

【図】　慶寿寺相論関係図

態書状以申入候、仍付慶寿寺之儀ニ、前々本寺（長福寺）幷公儀以雖被申下候、承引不致処に、以連々此子細申分候、随而各散田之御百姓中聞分候て、仙裔方へ口入仕候間、今月二日に慶寿寺へ帰寺申候、急平（評）定衆へ此旨御披露所仰候、将又従百姓中之書状候、御心得奉憑候、巨細之段者以後信可上申候事候、恐惶敬白、

七月三日　従山代 禅棟（花押）

清涼院

侍者御中

【史料5】年未詳　紹鶴書状[20]

（前欠）候と此方の人ニ被申候、言語道断の事候、幸ニ行円力者罷上候間、堅御糺明候て可有御尋候、加様の申す事にて、一お以て万を御察あるへく候、事余期後信候、恐惶謹言、

七月七日　紹鶴（花押）

清涼院

侍者御中

右に掲げた【史料3】は、長福寺の維那で祠堂方奉行の紹

鶴が清涼院に上申した書状である。おそらく山代荘に下向し、慶寿寺をめぐる情況を報告したものであろう。「恐惶謹言」という書止から、清涼院管下の寺僧とみることができる。【史料4】は年紀がないが、おそらく同年七月三日に禅棟が認めた清涼院に対する弁明の書状である。禅棟は「各散田之御百姓中」に釈明して仙裔（名代）への斡旋を求めたことがわかる。一方、七月七日付の紹鶴書状（【史料5】）も長福寺への経過報告のものであったとみられる。

【史料3】によると、永正元年五月三日、長福寺から下向した「名代」が「山代五郷」の「総社ヲイノ宮」において、「三郷の衆」七〜八〇人が寄り合うなかで、「棟蔵主」（【史料4】の発給者「禅棟」）と「対決」したのであった。

ここに見える「名代」とは、長福寺文書全体の用法[21]から「長福寺の所領（名）の下地を請負う年貢納入責任者」と考えられることから、ここでは長福寺の使僧と思われ、それは【史料4】に現れる「仙裔」なる人物がこれに相当すると考えられる。一方の禅棟は、【史料4】の「今月二日に慶寿寺へ帰寺候」、「従山代」などの記載から、当時山代荘に在住した慶寿寺住持であったことがわかる。

名代（仙裔）と禅棟との対立関係は、前年の文亀三年（一五〇三）に遡り、【史料4】の「前々本寺幷公儀を以」ってという文言から長福寺だけではなく、両者の相論には幕府の介入もあったようであるが、紹鶴は三通の支証となる文書（【史料3】の「御奉書一通」「貴寺への案文一通」「引遣ト申注文一通」）を、通春蔵主を介して清涼院に提出し、在所や慶寿寺中への上使（幕府）入部を堅く辞退したのであった。

「対決」とは、鎌倉・室町時代の訴訟手続きの一つで、三問三答後に理非が決まらないとき、訴人・論人を召喚し口頭弁論を行うこと、もしくは「二者が相対して正邪を決する」ことであり[22]、ここでは名代（仙裔）と禅棟は「三郷の衆」の看視のなかで「対決」し、名代（仙裔）が慶寿寺住持たる禅棟を論破したのであった。

すなわち「三郷の衆」は、名代（仙裔）と禅棟の主張を吟味・評決する中立的な立場にあったと思われ、その「対決」の場となった「総社ヲイノ宮」は「対決」に相応しい「公」の場であったとみることができる。

「ヲイノ宮」とは、先に触れた国史現在社の「山代大堰神」の後身とみられ、「総社」という文言から山代荘全体の総鎮守的存在であったものと推測される。『江沼郡山代大堰神社之図』[23]によると、近世後期の弘化年間（一八四四〜四八）において同社の面積が「社地坪数千歩計」とある。千歩とは約三三〇〇㎡であり、戦国期にもこれと同程度の規模を想定したならば、「三郷の衆」七〜八〇人が集うに充分な広さを持っていたと考えられる。本願寺と一向一揆の影響力が強かった戦国期の加賀国において在来の鎮守が「総社」として存続し、且つ「公」的な役割を担っていた点は大いに注目すべきであろう。

【史料6】慶幢書状[24]

追而、申上候、吉祥院・本覚院江事心得申候、
尊札謹拝見仕候了、抑八木方事、三郷（山代荘）として追罰候之間、行方不存候間、以先祝着存候、雖然借物等事未定一途候之間、涯分可致調法候、左候間、慶寿寺之住持事、可然御方を可被下申候、上使・出管（官カ、以下同ジ）同道申上洛仕、巨細を可申上由申候処、先御書之旨ニまかせ、田舎ニ候て国（加賀）之調を注進申候へと、出管被申候間、堪忍いたし候、先立罷下候時、色々国方へ調法を仕候を、いま致了簡候、委細出官可被存候、此了簡事ハ京都ニて大中庵（長福寺塔頭）へ凡物語候へ共、一道見へ候ハす候間、和尚様（長福寺）江ハ不申上候、於已後ニ候ても寺中ニて者可有御隠密候、如何様罷上可申上候、恐惶敬白、

十二月十五日　　慶幢（花押）

長福寺上方

侍衣禅師

【史料7】某書状[25]

なを〳〵けいしゅ寺《慶寿寺》の御ことめてたく、よき御ことにて御座候、しかるへきやうに三かう《郷》ゑも御返事候へく候、
けいしゅ寺の事につけて、三かうより人をたて候ほとに、文をまいらせ候、あまりにやきた《焼田》候うへ、けいしゅ寺
の寺りゃうこと〳〵くとりうりして、いまはふつく・とうみやうもたいてんするやうに候ほとに、さりは御てら
もたへ候へきとて、三かうの百しやうともたんかうして、この月四日にやき候ところ、おし申候やうにハかうし
候、さほとにをひうしない候、このうゑはうりすてゝ候寺りゃう、こと〳〵くとりかゑし候ハゝ、けいしゅ寺へ
もとのことくにまいらせ候へきよし、三かうの百しやう申候ほとに、いかほとめてたく御うれしく存候、やかて
〳〵しか〳〵と候ハんする御かたをくたしまいらせ候へく候、返々思なからかやうに心に入候ハゝ、われ〳〵
まてもめてたく御うれしく候へく候、あなかしく、

さて【史料6】は、おそらく長福寺の使僧とみられる慶幢がその後の経過を長福寺に報告した書状である。史料中に見える「八木方」とは慶寿寺住持禅棟方に立つ人物であろう[26]。これによると、八木方は「三郷として追罰」されたことにより逐電している他、住職交替や負債処理にも「国之調」が関与しており、天文期以前において「山代三郷」が検断権を自律的に行使していることが注目できる。

一方、【史料7】もおそらく同時期に発給された書状である。「やきた（焼田）」という文言に注目すれば、稲収穫後の時期に書かれた書状であろう。発給者も不明だが、おそらく長福寺の高位にあった僧侶とみられる。【史料7】では慶寿寺の経済状態が記されており、寺領売却が仏供・灯明料退転をもたらし、畢竟寺廃絶の危機に瀕していることが記されている。こうした中にあって「三郷の百姓ども談合して」田焼するというように、「山代三郷の衆」が慶寿寺存続のため援助を行っており、売却した寺領の回復をも提案していることが知られる。相論において「対決」を評決し

た「三郷の衆」は、必ずしも慶寿寺に対して中立的、あるいは第三者的立場に終始していた訳でもなく、おそらく寺壇関係になかった慶寿寺に対し、寺の維持・存続のための助勢も行っていたことが看取できる。これにより一向一揆が他宗派に対し排撃的であったという認識が誤りであることも、慶寿寺の相論史料から確認することができるのであり、むしろ五山系禅宗の長福寺と山代三郷の百姓の親和的関係を想像するに難くないといえよう。

おわりに

永正初年頃は、加賀一向一揆が越前九頭竜河畔にまで乱入した、いわゆる「永正三年の一向一揆」直前の時期に相当し、いわば一向一揆の最盛期であったとみてよい。その時期に起こった山代荘慶寿寺をめぐる相論と「三郷の衆」の関わり方から、天文期以前の一向一揆影響下の加賀について考えて本稿を結びたい。

この慶寿寺をめぐる相論において、「三郷の衆」は山代荘の「総社ヲイノ宮」に集結し、相論を評決し、さらには「国之調」に則って、自律的に検断を行っていることを確認することができた。すなわち「国之調」とは、守護公権に由来する「遵行権」に他ならないと思われ、したがって「三郷の衆」が守護公権を行使していたのであった。

これまでの研究で、享禄~天文期以前においては、「郡中」あるいは「郡一揆」がかかる守護公権を行使していたことが明らかにされてきたが、その議論の過程で山代荘と同郡内所在の中院家領額田荘における文明年間の事例から遵行権行使の主体たる「郡」が、「守護制下の組織」であるか、「本願寺制下の組織」であるかが問われてきた[27]。この議論は文明年間(一四八〇年代)の情況を念頭において交わされてきたもので、当然ながら一向一揆の諸段階で、「郡中」・「郡一揆」等の性格変化も想定しなければならない。

本稿で取り上げた慶寿寺相論においては、戦国期加賀国の本願寺・一向一揆の組織として知られる「郡」や「組（与）」[28]は現れてこなかった。ここで守護公権に属する遵行権を行使したのは山代荘の「三郷の衆」であった。

この「三郷の衆」は山代三郷の百姓衆七〜八〇名の荘民であり、史料上からは本願寺による組織・統制は看取することはできないが、本願寺門末が多く内包されていたであろうことは充分に予想できる。おそらく本願寺の意向を背景にしつつ「三郷の衆」が自律的に遵行権を行使していたとみるべきではなかろうか。領主側（この場合慶寿寺本寺の長福寺であるが）からみれば、遵行行為が実効性を持つことこそが重要なのであり、利害は一致しているといえる。

翻って【史料1】に再び注目すると、長福寺は慶寿寺新住持の牧雲軒下向にあたって、本願寺に書状発給を求めており、証如はその要請に応じている。本願寺が発給した書状がいかなるものであったかは現在原文書が伝わっていないことから推測するしかないが、江沼郡山代荘の本願寺門末に充てられて発給されたものであろう。そしてその書状を携えて下向した牧雲軒が、山代荘慶寿寺において証如の書状を呈示した相手は、まさしく「山代三郷の衆」であったはずである。

慶寿寺の事例ではないが、天文三年（一五三四）二月、本願寺が北野社領福田荘・富墓荘・山代半済等四カ所に対し、内衆の下間頼盛をして知行安堵の申付を行ったところ、在地がこれに服さず、再び同年一一月一八日、下間頼盛によって山代半済方に対し、奉書の形で二通の書状が発給されたことが知られる。[29]この両通の充所は、一通（①）が「江沼郡御中」（本願寺・一向一揆の組織）であり、いま一通（②）は「山代半済方御百姓中」（山代荘の荘民一般＝「山代三郷の衆」に相当）となっている。内容は①が「山代半済方百姓中」が証如の申付を承引しないため、申付を徹底させることを命じており、②では年貢・諸公事物の納所を厳命している。そしてこの両通が北野社から加賀に下向する上使によって在地に呈示されたと思われるが、この事例は慶寿寺新住持着任時の上記推定を補強すると考えられよう。

以上、本稿では長福寺末慶寿寺の相論関係史料をとりあげ、享禄～天文期以前の加賀の情況を検討してきたが、永正初年の慶寿寺相論を看視・評決し、遵行権を行使した「山代三郷の衆」は一向一揆を構成した在地の百姓衆であったとみて大過ないものと考えられ、史料に現れた「三郷の衆」こそが、まさに「一揆の基層」を構成する者たちに相当するということができるだろう。

註

（1）例えば木越祐馨「政治権力と蓮如」（『日本の名僧⑬民衆の導師蓮如』吉川弘文館、二〇〇四）。

（2）神田は「一向一揆と他宗派の宗教者」（『金沢市史会報』ＶＯＬ11、二〇〇一）のなかで、「加賀一向一揆は通常「宗教一揆」とされる。この言葉は、ともすれば他の信仰に非寛容な集団というイメージをともないやすいため、戦国時代の加賀で他宗派の存在は困難、と考えられがちである。（中略）だがこの時代の加賀に関する史料を少しでもみれば、こうしたイメージがおよそ実態とかけ離れていることはすぐに気がつくことである。本願寺門徒の支配が他の信仰を弾圧するようなものではなかったことは、いまや周知のことといっても差し支えないだろう。」と指摘している。

（3）総論的には神田千里『日本の中世11戦国乱世を生きる力』（中央公論新社、二〇〇二）一六五～七頁の記述による。

（4）浅香は「一向一揆の展開と加賀国大野荘」（『北陸史学』三〇号、一九八一。のち『中世北陸の社会と信仰』法政大学出版局、一九八八）において、「加賀の一向一揆の本質をどのように理解するにせよ、一揆の基層が百姓層によって構成されている以上、その諸段階には、常に「百姓の一揆」としての側面が想定されねばならない。（中略）要は一揆の基層の析出、基層と表層の接点の解明」の必要性を提唱された。なお浅香のいう「百姓」がいかなる性格のものであったかはさらに厳密に規定されなければならなかったと思われる。

（5）本稿で使用する長福寺関係史料八点は石井進編『長福寺文書の研究』（山川出版社、一九九二。以下『長福寺文書』）

に収録されており、うち七点はその後『加能史料戦国X』（石川県、二〇一二。以下『加能戦国X』のように略し、刊行年のみ記す）に再録されたものである。また同史料のうち東京大学文学部日本史学研究室所蔵「長福寺文書」閲覧の便宜を図って下さった村井章介氏・有富純也氏のご厚意に謝意を表したい。

（6）以下の山代荘の概括的記述は、概ね『日本歴史地名大系17石川県の地名』（平凡社、一九九〇。以下『石川県の地名』）に依拠した。

（7）浅香年木「白山五院と三箇寺」（『加賀市史通史編上巻』加賀市、一九八八。以下『加賀市史』）。

（8）「如意宝珠御修法日記紙背文書」所収足利義詮下文案（『加能南北朝Ⅰ』一九九三、五二四頁）。

（9）「北野社家引付」延徳元年九月一八日条（『加能戦国Ⅲ』二〇〇三、一七九頁）。

（10）「加賀国御領中京家領注文」（本願寺文書、『金沢市史資料編2中世二』（金沢市、二〇〇一）三七六頁）。

（11）「北野社家引付」延徳三年六月二日条（『加能戦国Ⅲ』三五〇～三五二頁）、同年一〇月九日条（『加能戦国Ⅲ』四六四頁）など。なお『加賀市史』四五二～四五三頁では、ここに現れる「歓喜寺」に能美郡野代荘大垣内の勧帰寺（真宗大谷派勧帰寺がその系譜を引く）を比定するが、京都所在の歓喜寺とする『石川県の地名』（「山代庄・山代本郷」項）の説が妥当である。

（12）「北野社家引付」明応二年八月二三日条（『加能戦国Ⅳ』二〇〇四、一四七頁）。

（13）これまで「慶寿寺」について言及されたものは、例えば北西弘編『石山本願寺日記上巻索引』（清文堂出版、一九六六）に「慶寿寺（加賀江沼郡）」と立項されているが、「（きよ－きよ）」に採られていることから、編者は「きょうじゅじ」と訓じていることが推測される。また前掲註（6）『石川県の地名』では「山代庄・山代本郷」項において「天文七年には梅津長福寺（京都市右京区）の末寺慶寿寺があった」とのみ触れられている。一方、前掲註（5）『長福寺文書』所収論文の新田一郎「長福寺文書に登場する固有名詞―文書析出の手がかりとして―」は、長福寺文書を研究する上で地名・人名・寺庵塔頭名について概観した貴重な論考であるが、「慶寿寺」あるいは「山代」等についての言及はなく、長福寺末寺としての慶寿寺は見過ごされてきた可能性が強い。

（14）『天文日記』の翻刻については、従来『石山本願寺日記』（清文堂出版、一九三〇。一九六六復刻。）所収本と、『真宗史料集成第三巻一向一揆』（同朋舎、一九七九）所収本があり、自治体史等でもそれらが引用されてきているが、本稿では『加能戦国X』天文七年九月二日条収録に依拠した。

(15)「知行申付」については、本願寺の加賀支配権と一揆の構造（主に「郡」・「組」の権限・機能）の関係から論じられてきており、先行諸研究のなかでも、神田千里『一向一揆と戦国社会』（吉川弘文館、一九九八）では、「守護公権の系譜」（二一五〜二二六頁）として、一向一揆の「郡」が本願寺門徒の組織として守護公権を掌握する経緯を検討され、本願寺が永正三年〜同一〇年（一五〇六〜一三）代以後、世俗領域への本願寺による「郡」への申付が行われるようになったとされ、また「「郡」が「国中一揆」の保持していた守護公権を掌握すると、本願寺は「郡」の棟梁として守護公権の行使を命令すると共に「郡」による守護公権の行使を、本願寺の名において承認し権威づける役割」を果たしたとして、本願寺を事実上の加賀守護の立場に擬すと思われる。一方、金龍静『一向一揆論』（吉川弘文館、二〇〇四）では、「知行申付」（同書一〇二〜一〇四頁）について「守護権などの公的責務とは無関係であることを示唆する」あるいは「本願寺が、（中略）守護か否かといった論点をはるかに超えた、いわゆる戦国期的な権力体となっている」などと論じ、本願寺が加賀の事実上の守護であったことには否定的である。

(16)「尊経閣古文書纂十六長福寺文書」（『長福寺文書』一〇一二号）。

(17)前掲註（13）新田論文。

(18)東京大学文学部日本史学研究室所蔵「長福寺文書七」（『長福寺文書』一一三〇号。『加能戦国X』七六頁）。

(19)東京大学文学部日本史学研究室所蔵「長福寺文書二」（『長福寺文書』一一三二号。『加能戦国X』七八頁）。

(20)東京大学文学部日本史学研究室所蔵「長福寺文書八」（『長福寺文書』一一三一号。『加能戦国X』七七頁）。

(21)『長福寺文書』一〇〇四号・一〇六四号・一〇六五号・一〇六九号・一一二五号等を参照されたい。

(22)『日本国語大辞典第二版』。

(23)石川県立図書館所蔵森田文庫四二三号（架蔵番号K一七五―四一）。『加能戦国X』八一頁を参照されたい。

(24)「尊経閣古文書纂一七長福寺文書」（『長福寺文書』一一三三号。『加能戦国X』七八頁）。

(25)東京大学文学部日本史学研究室所蔵「長福寺文書四・八」（『長福寺文書』一一三四号。『加能戦国X』七九頁）。この史料は、元来続紙であったものが二枚に分かれて伝蔵されたとみられ、『長福寺文書』において一通の書状として翻刻された。なおこの史料の『加能史料』収録にあたっては、基本的に『長福寺文書』の翻刻に依拠したが、東四柳史明・中西美紀両氏とともに読解を試み、一部『加能史料』独自の翻刻を採用したことをお断りしておく。また東京大学文学部日本史学研究室において、佐藤進一氏の筆写原稿も拝見させていただいた。前掲註（5）同様、村井・有富両氏のご配慮に深く感謝したい。

(26)ここに現れる「八木」なる人物については不詳だが、例えば、永享元年（一四二九）、相国寺林光院領横北郷の未進に係わった「八木入道」（「永享元年日記」六月二三日条。『加能室町Ⅱ』二九一頁）、あるいは同年、中院家領額田荘の徳丸名の田地を売却した「八木盛実」（「中院家文書」。『加能室町Ⅱ』二九三頁）という人物が確認される。横北郷・額田荘はいずれも山代荘に隣接する荘園であることから、ここに現れる「八木」との系譜的連続を想定するならば、在地の有力名主層と理解して大過ないのではなかろうか。

(27)神田千里・石田晴男両氏間の議論で、神田の総括的意見（神田前掲註（15）一七～一九頁）に対し、石田の反論（「文明　九年二月の中院通秀の「書状」について—額田荘で何が起こっていたのか、または「郡中」は本願寺門徒の組織か—」（『加能史料会報』一二号、二〇〇〇））が呈示されている。なお同時期の「郡」理解の諸説については、木越祐馨「文明・長享期の加賀における「郡」について」（『講座蓮如第一巻』平凡社、一九九六）を参照されたい。

(28)江沼郡内の「組」については、「菅生組」（東京大学史料編纂所所蔵謄写本『天文日記』断簡（『加能戦国Ⅸ』二一七頁）と、「東組」（「三月十日付江沼郡中宛本願寺証如書状案」（証如上人書翰草稿。『加能戦国Ⅸ』二一九頁））が知られているに過ぎず、他三郡（河北・石川・能美）と比較して、郡内の一向一揆組織の情況については不明な点が多い。

(29)北野神社文書「天文三年引付」（『加能戦国Ⅷ』三六四頁）に記された二通の写であり、全文を以下に掲げる。

①就北野神領之儀、先度山代半済方百姓中江差下折紙候之処、無承引之由候、不可然候、急度可申付旨被仰出候間、堅可致申付事肝要候、恐々、

十一月十八日　　　　頼盛《下間備中守》在判

江沼郡御中

②就当所北野社領之儀、先度差下折紙候之処、無承引之由候、不可然候、急度可申付旨被仰出候、年貢・諸公事物等、如先々可有納所事肝要候、於無沙汰者可為曲事候、恐々、

十一月十八日　　　　　　下間備中守頼盛

山代半済方御百姓中

また北野神社文書「天文三年引付」（『加能戦国Ⅷ』三六一〜三六五頁）によれば、天文三年一一月、北野社祠官松梅院禅光は、江沼郡福田荘百姓の違乱につき、本願寺内衆の下間頼盛に成敗を求め、頼盛が江沼郡を与力とする一家衆寺院光教寺の内衆下間頼乗に福田荘公用と山代半済方の上使下向について指示している。またこの間、山代半済方では在地が北野社の意向を踏まえず代官を補任する一方で、河崎助左衛門尉という百姓から要脚二貫文が進納されるなど錯綜した情況を看取することができる。

戦国期能登七尾城下町と湊町
―能登畠山氏の戦国期の政治拠点について―

善端　直

はじめに

七尾市は、能登半島（以下「半島」と略す）の基部西側に位置し、日本海や半島内浦の沿岸地域を往来する海上交通と、奥能登や北陸道方面との陸上交通の結節点となる七尾港を窓口に発展してきた。

七尾港の南側数km圏内には、古代の能登国府、中世の能登府中や七尾城下町（戦国期）、近世初頭の小丸山城下町といった歴代の能登国の政治拠点が移動しながら所在していたことから、七尾は古代から中世までの地域拠点の歴史と変遷が解明できる地域であるが、その実態は必ずしも明らかでない（【図1】）。

本稿は、近年の発掘調査により実態が垣間見られてきた

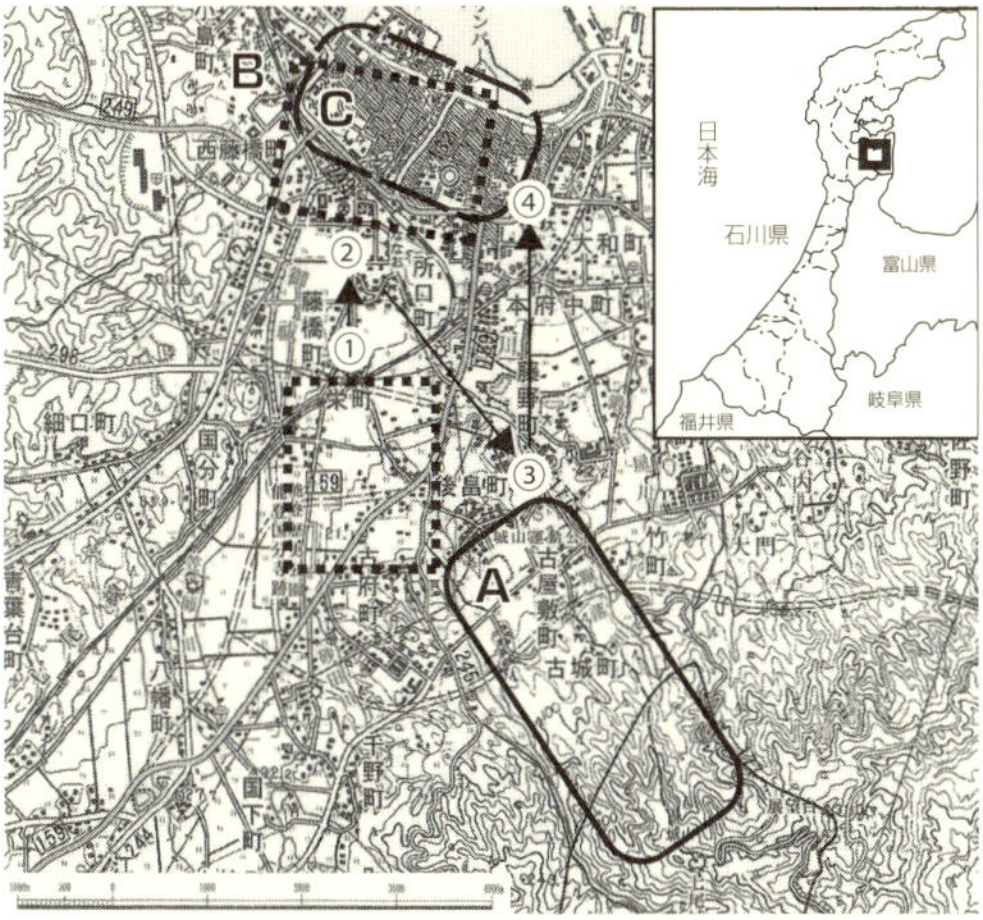

【図1】　能登国の政治拠点推定地（①～④）と報告遺跡位置図（A～C）

①能登国府 ②能登府中 ③七尾城跡下町 ④小丸山城下町
A七尾城下町遺跡　B小島西遺跡　C小島遺跡

能登畠山氏による戦国期の政治拠点である七尾城下町とその湊町について検討し、七尾に残る地域拠点の解明に向けた課題の提示を目的とする。

七尾城下町（以下、「城下」と略す。）は、室町時代後期から戦国時代に能登国の守護を務めた能登畠山氏（一四〇八—一五七七）が、一六紀前半に能登府中（守護所、【図1】—②）に代わる新たな領国支配拠点として七尾港の南約５㎞の石動山系の要害に築いた七尾城の麓に形成されている。

城下の様子については、七尾に招かれた京の禅僧が天文一三年（一五四四）に筆録した「独楽亭記」[1]から、国内外の物資を扱う店舗などが軒を連ね、その町中を多くの人々が行き交う活況あふれる戦国都市の光景が読み取られていたが、実態は長く推論の域にあった。

発掘調査によって城下の実態に迫る成果が得られたのは、七尾市が平成三年（一九九一）に行ったシッケ地区（【図2】—①）での緊急調査[2]で、これ以降七尾市や石川県による七尾城下町遺跡の発掘調査が継続され、城下の実態を探る考古学の成果が蓄積している。[3]

以下では、七尾市や石川県が実施してきている七尾城下町遺跡の主な発掘調査成果から、城下の町割りなどについて検討してみたい（【図2】）。

一　七尾城下町遺跡の発掘調査

No.1（シッケ地区）　城下の北端に位置し、道路跡と屋敷地の遺構群や多種多量の遺物群が発掘されている。道路跡は両側に石組み側溝を伴う路面幅３ｍの南北軸で、道路跡の西側からは、道路に面して間口を開く短冊型屋敷地が３

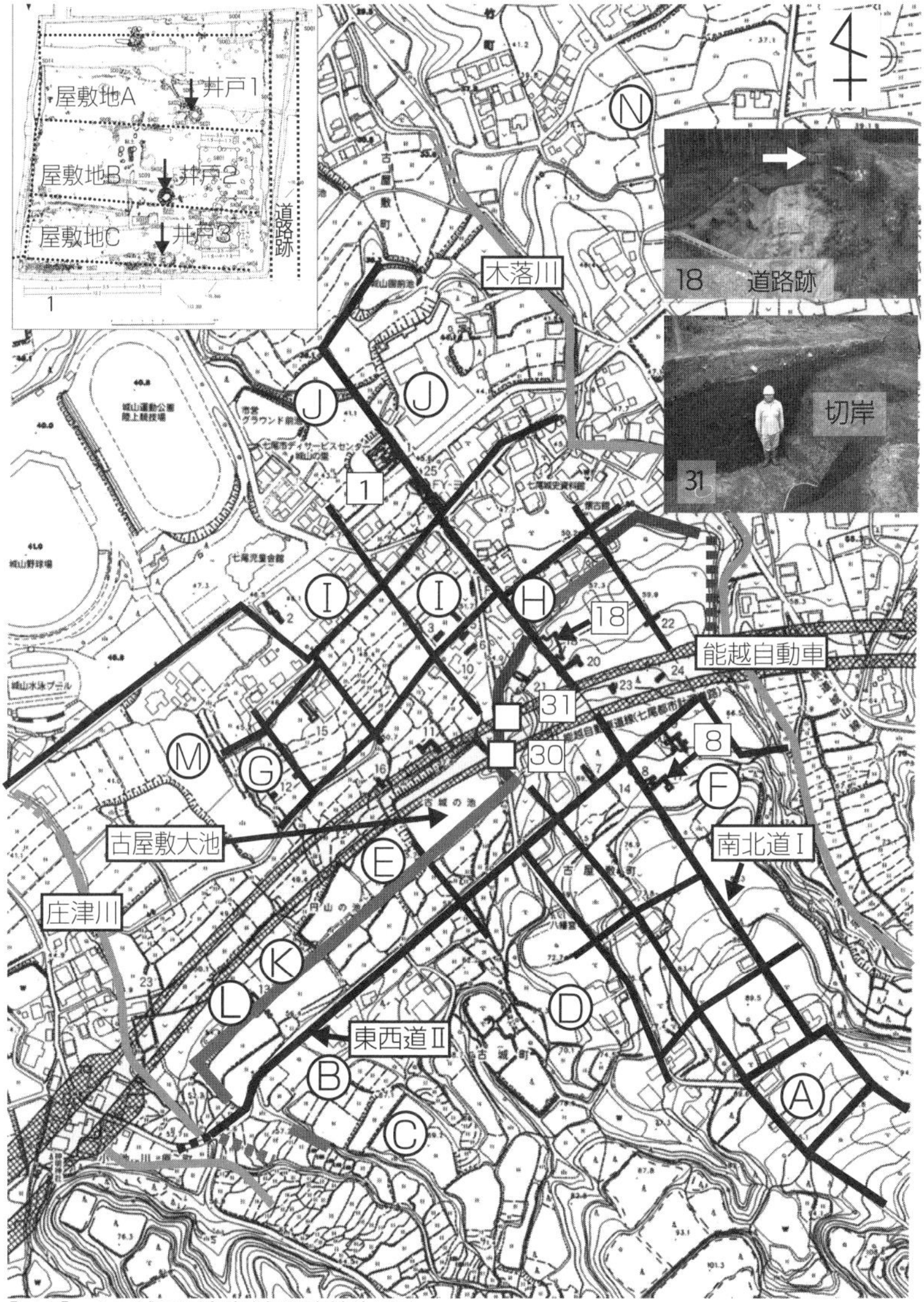

【図２】 七尾城下町遺跡発掘調査地位置図

城下の主な地名

Ａ高屋敷　Ｂ又右衛門屋敷　Ｃ円屋敷　Ｄ大工町　Ｅ鍛冶畠　Ｆ大念寺　Ｇ西光寺
Ｈ門の高　Ｉ与次郎畠　Ｊラントウ　Ｋ首切場　Ｌホリの畠　Ｍ東沼田　Ｎ龍門寺

区画（屋敷地A～C）連なって発見されている。屋敷地Cからは、和鏡の粗型や坩堝、漆液容器などといった鏡師や塗師に関連する遺物群が発見されたことから、シッケ地区の一画は鏡師や塗師の工房であった可能性が高いと考えられている（【図2】―①）。さらに、発掘された道路跡は、大手道と伝えられている現農道の南北道Ⅰ（【図2】―①）と重複し、屋敷地も現地形に沿って形成されていたことから、現状の地割が戦国期の状況を反映している可能性が考えられ、城下解明の手法として、各地で実施されている地籍図や小字名を対象とした歴史地理学からのアプローチの必要性が新たに示された[4]（H3・市教委調査）。

№8　№1の南側（山側）約400mの山麓で、南北道Ⅰと重複する道路跡と屋敷地を検出している（【図2】―⑧）。

道路跡は、№1の道路跡と一連の石組側溝を伴う南北道で、路面幅を3mから6mに拡幅している。屋敷地は、間口を道路に向け、石垣や石組溝によって区画されたもので、町屋とみられる短冊型屋敷地と大型の屋敷地が混在していた。

こうした本調査成果から、城下は、東西南北軸の主要道路による町割りに基づいて計画的に形成されたもので、現状の土地の利用形態も往時の状況をよく踏襲している可能性が№1の調査成果とあわせてより高まった。（H7～9・市教委調査）。

№18　№1と№8の中間地点、南北道Ⅰと総構えが交差する小字「門の高」（【図2】―Ⓗ）で、出入口とみられる道路跡などの遺構群を検出している（【図2】―⑱）。

道路跡は、№1や№8と一連の南北道で、矢印付近でいったん西側に屈曲して南側に延び、路面幅も2.3mから3.5mに拡幅している。さらに、屈曲部（矢印付近）を境にした北側では、道路に沿って折れ曲がる幅約4m、深さ約2mの薬研堀を東側に、基底部幅約1.5mの土塁と石組溝側を西側に伴う構造で、高い防御性が観取された。これに対して、屈曲部から南側（山側）では、№1や№8と同様の形態をなす道路跡や屋敷地の遺構群となっていた。

こうした道路跡などの状況から、本調査区の遺構は、城下中央部を東西に横断して築かれたとみられている総構えと一連の遺構で、調査前に想定した総構え構築後の城戸の内と外を分ける主要な出入口であることが確認できた。（H10・市教委調査）

No.30　総構えの堀跡を検出している（【図2】―30）。堀跡は、庄津川方向から東西方向に横断し、古屋敷大池東側で屈曲して北側に延びる北端部とみられ、上幅約7m、底幅約5.8m、深さ1.3m以上の箱堀である。この堀跡の山側となる東岸については、人工的に異なる土を交互に突き固めた「版築」工法により深さ4mに形成されている。

さらに、堀跡は、埋土の状況から人為的に短期間に埋められていることが確認されることから、今後の出土遺物の分析により、城郭を含めた城下の廃絶時期についての資料が提供されると考えられる。（H19・県調査）。

No.31　総構えの切岸を検出している（【図2】―31）。切岸は「門の高」から西に延び、No.30の手前で南側に屈曲する高さ約2mの断崖であるが、本来は3m〜4mほどであったとみられる。

総構えとなるNo.30の堀と、No.31の切岸はつながらず途切れることから、この空間も出入り口（虎口）とみられ、総構えはこの出入り口の西側が堀と切岸、東側が切岸であった可能性が考えられた。（H19・県調査）

城下の検討

これまでの七尾市や石川県による七尾城下町遺跡の発掘調査成果から、【図2】に示した南北道Ⅰが戦国期の七尾城下の道路を踏襲していることを確認した。南北道Ⅰは、近年まで七尾城山麓の古城町の住民が「旧道」と呼ぶ生活道路であったが、戦国期においても城下の大手道にあたる主要な道路であったとみられる。

城下の範囲については、農道から復元される地割やその周辺の小字名を検討した結果、南北道Ⅰや東西道Ⅱと軸を揃える農道によって正方形や長方形状の整然とした地割が復元できる木落川（東端）から庄津川（西端）までの東西700ｍ、南北１㎞の範囲が城下域と推定され、発掘調査により城下の遺構群も確認されている。但し、戦国期の遺構群は、城下域の境界とした東西両河川を超えて拡がっていることも確認されており、城下の変遷に伴いその領域も変化していると考えられることから、本報告での城下推定域については今後の再検討を前提としている。

城下の変遷については、城下推定域における現在の古城町と古屋敷町の町境が高さ数ｍの断崖になっていることが従前より確認されていが、この断崖が城下再編に伴って構築された総構えの痕跡で、おおよそ古屋敷大池の東側が切岸、その西側が堀と切岸（一部土塁を伴う）から形成される異なる構造であることが確認できた。

城下の存続時期については、一六世紀前半（永正〜大永年間）〜一六世紀末（天正年間）頃で、一六世紀後半頃に総構えを築いて城下を再編したと考えているが、現在石川県が城下を横断して継続している緊急調査の報告を待って再検討し、見直す必要がある。あわせて、七尾城についても「独楽亭記」などから、城下と連動して巨大な城郭が整備されているとみられることから、七尾城の動向も視野とした城下検討の視点も新たな課題であると考えられた。

二　小島西遺跡の発掘調査

小島西遺跡は、天正九年（一五八一）に入府した前田利家が七尾城に代わる新たな拠点として天正期に築いた小丸山城の北西約400ｍ、海岸線に並行する整然とした町割りが今も確認できる七尾市街地の西側の桜川を挟んだ旧海岸汀線に所在している（【図３—１】）。

発掘調査は、石川県が道路建設に伴って実施したもので、古墳時代中期から中世初頭に行なわれた祭祀に伴う多量

の遺物群や戦国期の湊町の一画とみられる整然とした遺構群が発掘されている。(5)

戦国期の遺構

戦国期の遺構は、調査区内で最も安定した地盤となる旧河道の南側に集中している（【図3―2】）。SB59は、1間×5間（4.5m×11.1m）、面積約50㎡の掘立柱建物で、本建物周辺が最も安定した地盤となっている。同建物は、SD187、SD306などの素掘り溝や塀による一辺20m×25m前後の区画の中心建物とみられ、大型井戸（SK288）が附随する。

SB60は、身舎2間×6間（6.3m×14.0m）、面積88㎡の庇付きの掘立柱建物で、庇を含めた面積が119㎡となる大型建物である。北西の庇面には出入り口とみられる2間分の張り出しがある。同建物は、SB59の建て替え建物で、区画も踏襲している。

SD171・187・188・252・253はL字状に屈曲する素掘り溝で、溝と溝の間は道路であったと推察される。SD171とSD253の間は、心々で幅9.5mを測る。

遺物は、「かわらけ」を中心に出土している。こうしたかわらけについては、成形技法などの特徴から、七尾城下町遺跡や小島遺跡と同類で、一六世紀前半から中頃の所産とみられる。

小島西遺跡の検討

古墳時代中期（五世紀中頃）から中世初頭まで（一二世紀）の間、本遺跡近辺では郡、津などの官衙が関与する祭祀が行われていた可能性が人形や斎串などの大量の木製祭祀遺物群から考えられている。

【図 3】 小島西遺跡

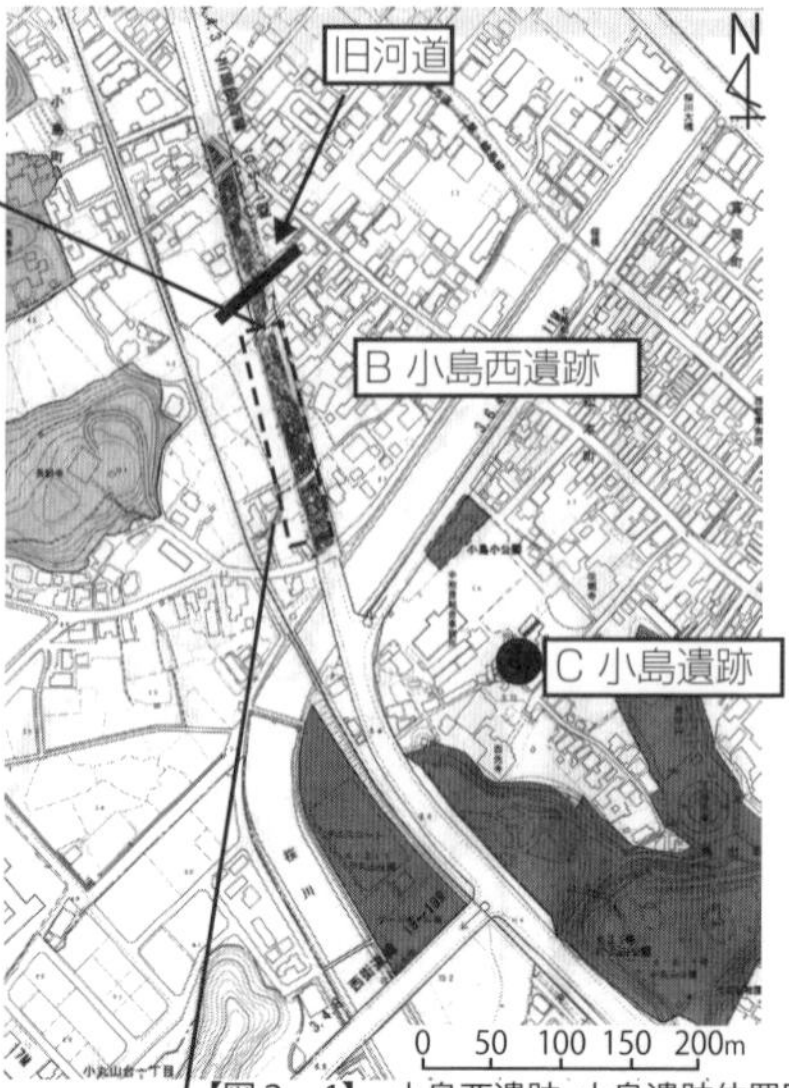

【図 3 ―1】 小島西遺跡、小島遺跡位置図

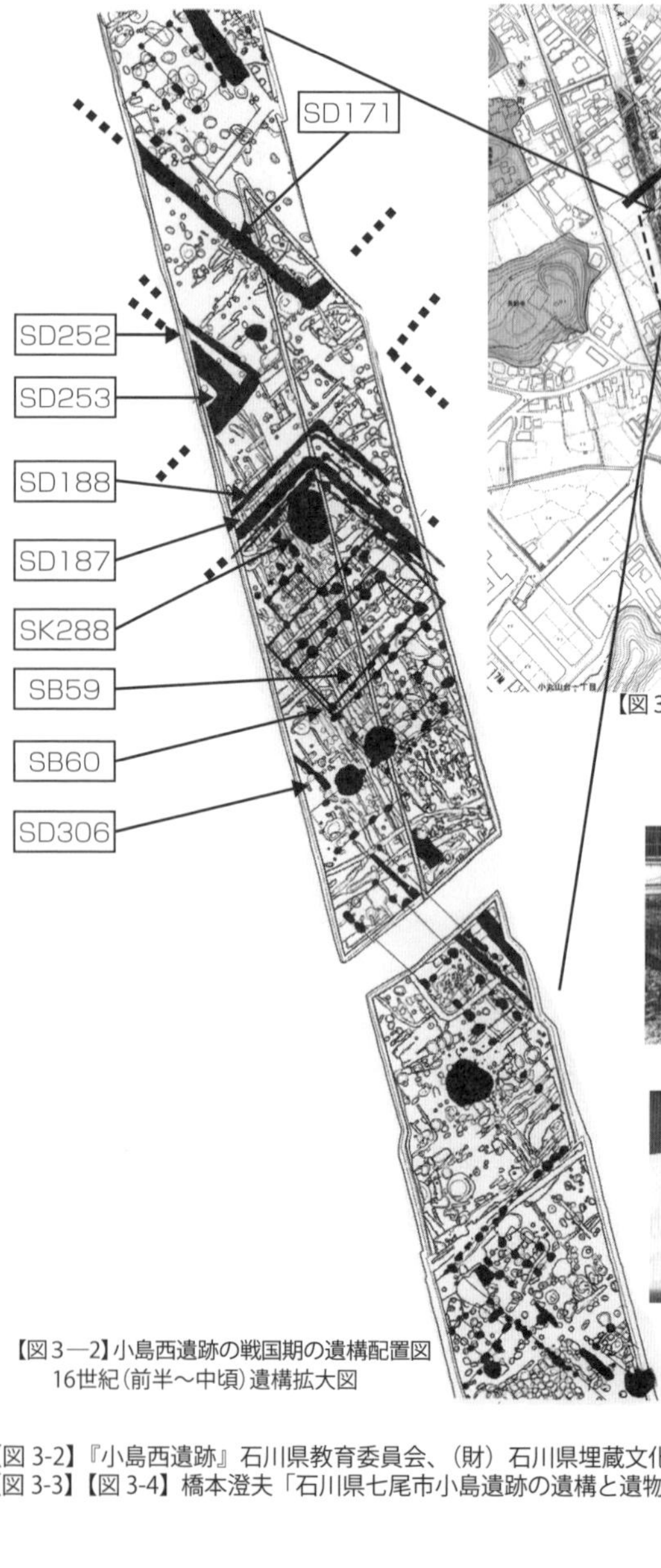

【図 3 ―2】小島西遺跡の戦国期の遺構配置図
16世紀(前半～中頃)遺構拡大図

【図3―3】 小島遺跡 南北溝 I

【図3―4】 小島遺跡出土遺物

【図 3-2】『小島西遺跡』石川県教育委員会、(財) 石川県埋蔵文化財センター 2008 年より転載・改変。
【図 3-3】【図 3-4】橋本澄夫「石川県七尾市小島遺跡の遺構と遺物」『古代学研究』53 1968 年より転載。

一三世紀から一五世紀にかけては停滞期で、一六世紀前半に至り大型建物を中心とした戦国期の整然とした遺構群が出現し、一六世紀後半までには廃絶する。

一六世紀後葉から末には再び停滞期となるが、一六世紀末から一八世紀にかけては、本遺跡背後の丘陵に七尾城下町から移転してきた寺院からなる「山の寺寺院群」に関連するとみられる遺構群が確認される。

本遺跡周辺の現桜川河口地域一帯は、能登畠山氏の安定支配期にあたる一六世紀前半〜中頃に七尾城下町と連動して湊町の西縁を発展拡大して整備されたと考えられている。さらに、本遺跡で確認した道路跡などの遺構群の主軸が現市街地の町割（街区）に並行することから、戦国期の町割りの伝統を継承している可能性も指摘されている。

一方で、七尾の湊町の実態については、本遺跡と小島遺跡例から戦国期の一風景が垣間見られたにすぎず、古代から現代までの湊町の変遷を視野とした検討、解明のアプローチが必要であると考えられた。

三　小島遺跡の発掘調査

小島遺跡は、小丸山城の北西約100m、小島西遺跡の対岸となる桜川東側の沖積地に所在している（【図3―1】）。

発掘調査は、昭和三七年（一九六二）年に個人病院増設工事に伴い、橋本澄夫氏らによって実施されている。以下、橋本氏の報告に基づいて記述する。(6)

遺構は、地表下約1.2m〜1.6mの腐食土や粘質土を取り除いた岩盤面から発見されたもので、建物の柱跡を思わせる小穴7基と溝跡数条を検出している。

こうした遺構群のうち、調査区中央部の南北溝Ⅰは、上面幅3.3〜4.3m、下面（底）幅1.3〜2.4m、深さ1.3〜1.5mを測る箱堀状の大溝で、14.8m検出している（【図3―3】）。

遺物は、南北溝Ⅰの底部と同溝西側から数個から十数個かたまって出土しているが、製塩土器を除いた全てがてづくねによるかわらけで、陶磁器が含まれない特徴が確認されている。かわらけは三二一点確認され、法量が「大」（口径15cm前後）、「中」（口径11cm前後）、「小」（口径8cm前後）の三種に大別される特徴が確認出来る（【図3―4】）。

こうしたかわらけの形状や成形技法などの特徴から、七尾城下町遺跡や小島西遺跡出土のかわらけと同類とみられ、一六世紀前半から中頃の所産とみられた。

小島遺跡の検討

昭和四三年（一九六八）に考察された橋本氏は、南北溝Ⅰの規模や掘削労力、立地環境やかわらけの年代観から、南北溝Ⅰは「中世における臨海小運河であるとするものであり、遺跡中に見られる小規模な溝状遺構や柱穴状遺構は、海運業務に関連する構築物の存在を示す」との試案を示されている。

こうした橋本氏の指摘については、七尾城下町や小丸山城下町に関わる発掘調査例をはじめ、全国的にみても類例が少ない状況下における「七尾城下町とその湊町の二元性」の指摘は、今日に繋がる先見的な指摘である。

一方で、戦国城下町遺跡の調査例の増加に伴い、出土陶磁器の組成に住人の階層性が反映されていることが指摘されてきている。(7) 一乗谷朝倉氏遺跡における城下内のかわらけの出土比率について検討した結果、朝倉館以外が五～六割であることに対し、朝倉館では九割以上を占めることが確認されている。その理由としては、朝倉館などの戦国居館では伝統的な儀式や宴席が行われ、こうしたハレの場のハレの器（使い捨て）としてかわらけが使用され、廃棄されたためと考えられている。

本遺跡溝Ⅰのかわらけの出土状況は、戦国居館における一括廃棄を想定させ、南北溝Ⅰの西側のみに所在する遺構の状況は、館の内と外の状況を反映しているのではないかと考えられる。つまり、本遺跡については、「小運河」に加えて、居館をめぐる堀の可能性が新たに考えられる。

おわりに

七尾城下町遺跡と小島西遺跡、小島遺跡の発掘調査成果から、戦国期における能登国の政治拠点である七尾城下町と湊町について、

① 七尾城下町は、一六世紀前半から後半まで存続し、その間に総構えを築いて再編している。

② 城下の町割りについては、地籍図から概観が復元出来、総構えを境として、北側（外側）が正方形、南側（内側）が長方形状をなしている。

③ 地籍図から復元される城下の町割の形状の違いは、城下再編の状況を反映していると推察され、総構えのラインが現在の町境となっている。

④ 小島西遺跡、小島遺跡の発掘成果から、現七尾港の西側が七尾城下町と連動して形成、廃絶した湊町の一画と推察され、七尾城下町とその外港となる湊町の二元性を想定した。

以上のように考えられたが、実態は推論の域にあり、今後、古代からの能登の政治拠点と湊町の動向を視野としながら解明してゆきたい。

註

（1）能登畠山氏の重臣温井総貞の招きで下向した禅僧の彭叔守仙（前東福寺住持）が、七尾山（城）内の総貞の小庵「独楽亭」を讃えた漢詩文。天文一三年（一五四四）筆録の『猶如昨夢集』所収

天文十三年（一五四四）三月独楽亭記

「・・・・[A]懐太守之恵、而移家山下者、千門万戸、与城府相連、殆一里程余、呉綾・蜀錦・粟米・塩鉄、有行商、有坐賈、山市晴乱、大念・安国、鐘声互答者、烟寺晩鐘也、・・・・・

・・・・・[B]此山最上之一峯、走入画障者、太守之殿宇翼如也、重丹複碧、梯空架雲、寔匪蓬莱之仙居、・・・・・」

東四柳史明「七尾城の光芒と落日 〜山市青嵐の城下町〜」『図説 石川県の歴史』河出書房新社 一九八八

（2）『七尾城跡シッケ地区遺跡発掘調査報告書』七尾市教育委員会 一九九二

『新修 七尾市史 7』七尾城編 七尾市役所 二〇〇六

（3）『新修 七尾市史14』通史編Ⅱ 七尾市役所 二〇一一

中屋克彦「七尾城下の発掘調査から見えるもの」『七つ尾』第29号 七尾城址文化事業団 二〇一一

（4）金子拓男・前川要［編］『守護所から戦国城下へ』名著出版 一九九四

内堀信雄・鈴木正貴・仁木宏・三宅雅美［編］『守護所と戦国城下町』高志書院 二〇〇六

千田嘉博・矢田俊文［編］『能登七尾城 加賀金沢城』新人物往来社 二〇〇六

（5）『小島西遺跡』石川県教育委員会・（財）石川県埋蔵文化財センター 二〇〇八

（6）橋本澄夫「石川県七尾市小島遺跡の遺構と遺物」『古代学研究』53 古代學研究會 一九六八

（7）小野正敏『戦国城下町の考古学』講談社 一九九七

Ⅱ　加賀・能登・金沢の地域展開と〝伝統〟

中近世移行期における能登の寺社勢力と地域社会

塩崎久代

はじめに

本稿のねらいは、地域の政治・経済・文化の中心的役割を担っていた寺社が、中近世移行期にどのように変質していったのかという問題について、能登を事例に明らかにすることにある。

本稿の前提となる研究として、中世後期における寺社の機能とネットワークに関する研究がある。近江国を事例に地方有力寺社が地域の政治・経済・文化と密接に関わっていたことを明らかにした宮島敬一氏の研究[1]、室町期の若狭国を事例に地域秩序は在地寺社の地域的ネットワークに支えられた一国祭祀によって保持されていたことを明らかにした榎原雅治氏の研究[2]などがある。これらの研究により、中世後期の地域において寺社が重要な存在であったことは実証できたといえるが、それではこれらの寺社が近世にどのように変質し、再編されていったのかという問題が浮上してくる。中近世移行期の寺社について、『日本佛教史』を著わした辻善之助氏[3]は統一政権による武力弾圧により宗教勢力の力が大きく衰退したとし、朝尾直弘氏[4]は一向一揆を統一政権にとって打倒・克服すべき勢力の一つと位置づけた。最近では伊藤真昭氏[5]のように、統一政権と寺社との関係を必ずしも対立的に捉えず、寺社によっては統一政権側に働きかける姿も見られたことも指摘されている。

以上のような先行研究をふまえ、本稿では寺社勢力と武家政権という二項対立的な捉え方を克服し、移行期村落論(6)で注目されている中間層や一向一揆など地域の実態に目を向けながら、寺社勢力の再編過程を分析したい。具体的には、能登一宮気多社・石動山とその周辺地域の再編過程を中心に検討することで課題に迫っていく。

一　戦国期能登の寺社勢力と地域社会

ここでは、戦国期の一宮気多社（現在の羽咋市寺家町に鎮座する気多神社・通称気多大社）の活動内容を分析し、地域で果たしていた機能・役割について考察する。

1　一宮気多社と地域寺社・村落

気多社は、国府・守護所の置かれた所口から離れた能登半島の外浦側の付け根に位置し、瀧（竹津）という港を擁していた【図1】。同じ羽咋郡には曹洞宗の永光寺、日蓮宗の妙成寺、浄土真宗の本念寺、鳳至郡には曹洞宗の総持寺など鎌倉時代以降に在地に根付いた寺院も存在していた。また、社領は能登全域に広がっておらず、邑知潟周辺や七尾府中へ抜ける東往来・西往来沿いの村々を中心に分布していた【図2】。気多社本殿は海に向かって建っており、背

【図1】　能登国の主要な寺社

後には地蔵山（社叢「入らずの森」）といわれる山があり、知識米勧進で石動山の山伏とも交流を持っていた。嘉永三年（一八五〇）に作成された一宮・寺家村の絵図【図3】には、気多社に立ち寄った藩主や御供の休息所、気多社周辺の地理的な情報が記載されている。南側の浜辺に立つ大鳥居から神社の境内まで一直線に参道が伸び、参道の西側が一宮村、東側が寺家村である。浜辺に「濱町」という町が確認され、中世に一宮東町・西町と出てくるのは参道の東

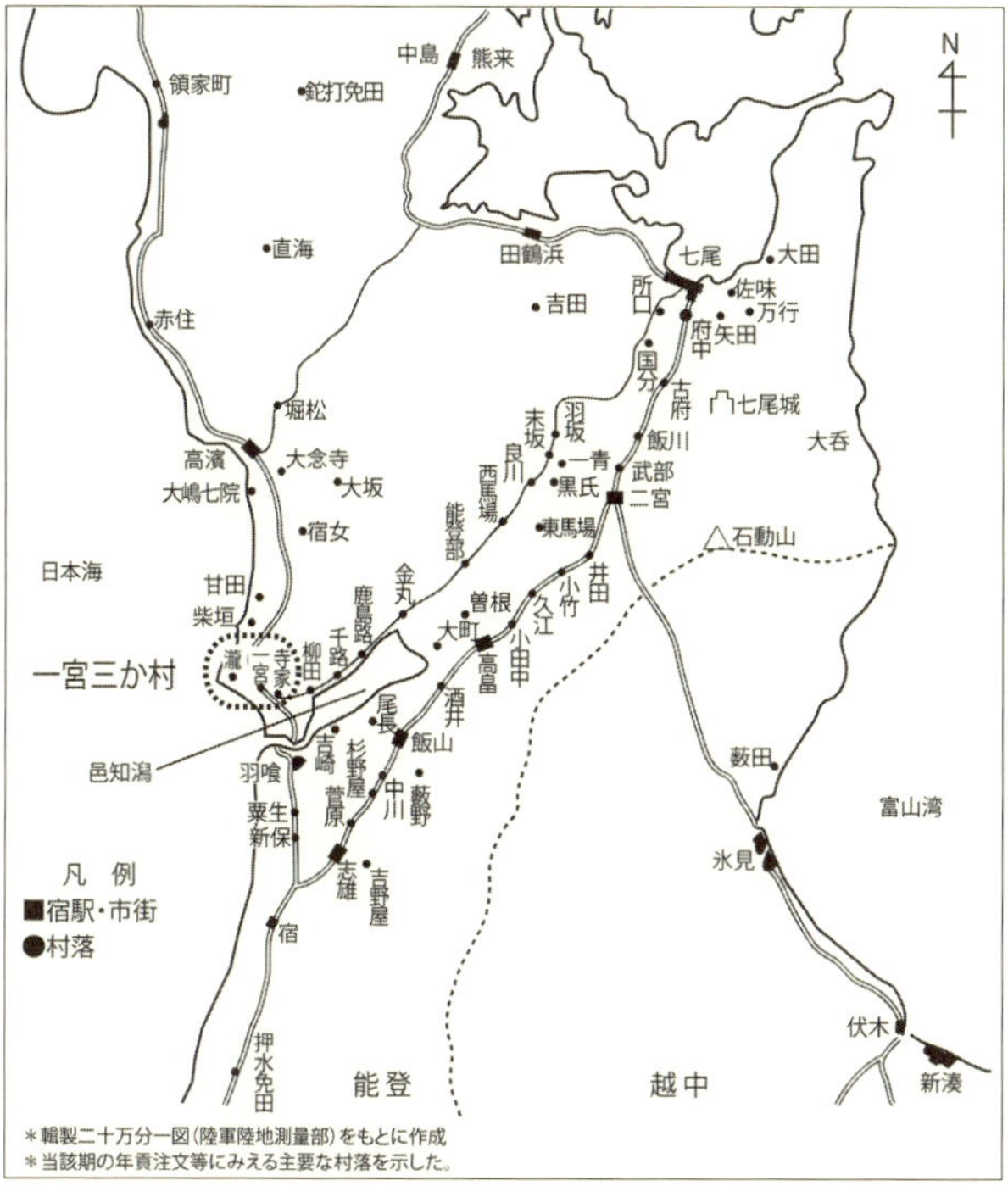

【図2】　16世紀後半における一宮気多社の社領分布

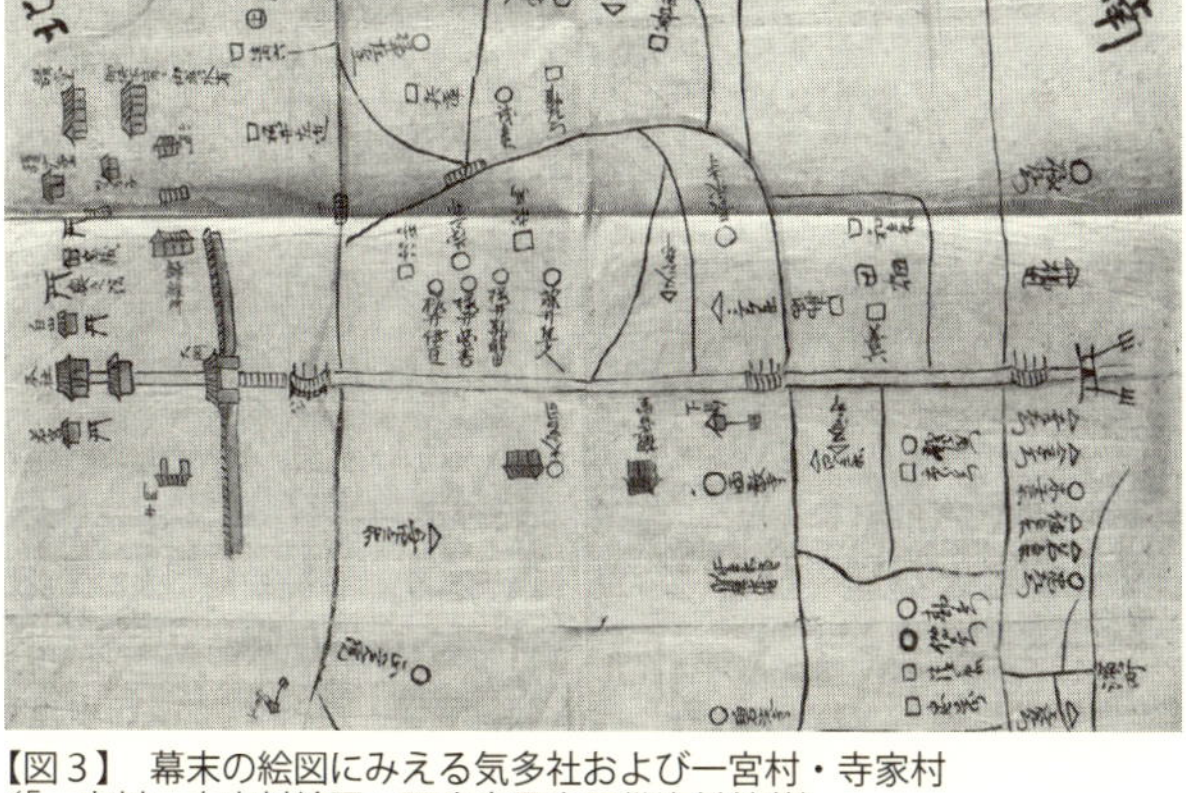

【図3】　幕末の絵図にみえる気多社および一宮村・寺家村
（「一宮村・寺家村絵図」羽咋市歴史民俗資料館蔵）

側・西側にそれぞれ形成された町場ではないかと想像される。また、宗教施設（本社、白山社、若宮社、講堂、護摩堂など）は北側に集中し、気多社に奉仕する神官・社僧、神人、百姓などは一宮村・寺家村に居住していた。本稿の分析対象とする時代の絵図は現存しないので、あくまでも参考として掲げておく。

「気多社年貢米銭納帳」[7]は大永六年（一五二六）と享禄四年（一五三一）に写された気多社の年貢台帳で、五年間に起こった年貢負担者の変化などが読み取れる。そこには年貢負担者として、百姓、職人、商人、宗教者など多様な人々がみえ、一宮や羽咋、志雄などの町場も確認できる。この記録にみえる社領年貢が気多社の主要な経済的基盤であった。また、気多社の院家の一つである薬師院は、守護畠山氏より住持職と買得免田を安堵されており、個別の社家・寺家がそれぞれに土地を経営し、経済力を保持していたことがわかる。このようにして集積された米銭は、気多社の神事・祭礼に用いられており、「八講田」・「御神楽田」[8]のように用途に合わせた名称がつく田地もあり、猿楽役者への支払い記録[9]も残ることから、気多社が地域の文化的な場であったこともうかがえる。

守護が一宮を保護する理由の一つに、一宮が地域社会にとっての政治的守護神であり、一国規模、さらには中世日本国にとっての国家的守護神であったということが挙げられる。[10]能登一宮気多社でも、「国家」＝能登国のための仏事・神事・祭礼を行っており、三大業（灌頂会・大師講・三十講[11]）や国分寺僧参内をはじめとする年中行事の存在が史料から知られる【表1・2】。祭礼以外にも造営に際して守護畠山氏がこれを主導し、家臣団もこれに参加・出資する体制がとられていた。[12]

こうした仏事・神事・祭礼を支えていた院坊の多くは気多社および周辺地域（羽咋郡・鹿島郡一帯）に存在していた。[13]とりわけ、石動山衆徒と気多社の神官・社僧・衆徒との関わりは深く、両者の間でしばしば作職の売買が行われ、血縁関係のあった例も確認される。[14]知識米勧進や山伏出成神事のように、両者が共同で行う行事もあり、気多社

【表1】　気多社の年中行事（寺家方ヵ）

	行事内容 ＊(　)は執行日
正月	勅使奉幣・正月神事（19日）、七草粥（7日）、鳥居神事・釿始・年中行事の役人定め（11日）、修正会（4～14日）、小豆粥（15日）
2月	大御供神事（巳日）、祈年祭（午日）、七尾御幸（未日～戌日）、仁王経読（亥日）
3月	桃花の奉献・流鏑馬神事（3日）、山伏出成神事・三十講論議（4日）、花鎮祭・稚児舞（5日）、柳田神事（28日）
4月	大穴持神事（1日）、仏生講（8日）
5月	贄魚三十六尾の白山廣前への奉献（1日）、菖蒲祝（5日）
6月	艶酒の奉献（7日）、灌頂会（8日）、祇園会（15日）、名越神事（晦日）
7月	楮葉の奉献（1日）、受臘神事・盂蘭盆読経（8日）
8月	萩華の奉献（1日）、放生会（15日）
9月	菊華の奉献（9日）、白山贄の奉献（15日）
10月	法華八講・如法経書写（15日）
11月	新嘗会（巳日）、館居神事・鵜祭（午日）、大師講（24日）
12月	穂神事・御床祓神事（晦日）

※寺家方による記録と考えられる「気多社祭儀帳」（享禄4年〔1531〕書写）より抜粋。この他、春秋二度の彼岸の大般若経転読や正・5・9月の読経所での護摩供養，日次御饌物六膳、月次祭（1・18・24日）などがあった。

【表2】　気多社の年中行事（一宮惣中）

	行事内容 ＊(　)は執行日
正月	勅使奉幣（19日）
2月	勅使参向・神事（2月初めの寅日～午日）、府中所口へ御幸（未日～子日）
3月	御祭礼（3日はしかく、4日は講堂へ御幸）、三十講（3日は社家御頭・5日は衆徒御頭）、山伏峰入・出成（4日）
4月	仏生につき講堂へ御神幸、勅使参内による官幣奉納・御神楽、国分寺僧による庭上でのおこない（8日）
5月	
6月	勅使参内（1日）、みつしほの御神事として名越のおはらい（晦日）
7月	講堂へ御幸・勅使参内・国分寺僧による庭上でのおこない（8日）
8月	
9月	
10月	勅使参内（1日）
11月	大嘗会・勅使参内（はじめの寅日～巳日）、鵜祭（午日）
12月	御床祓、神主參籠（晦日～正月15日）

※天正5年（1577）、一宮惣中が吉江信景に提出した「気多社書上」より抜粋。

の神官・社僧・衆徒の出自は在地に求められる。

また、戦国期に入ると「一宮ノ大坊主」いう軍記の記録[15]のほか、先に紹介した米銭納帳等に念仏者・寺庵の存在が目立つようになる。実態は不明であるが、能登においても羽咋本念寺といった主要な寺院を核にした一向一揆勢力が形成されていたことを示唆するのではないだろうか。気多社周辺もその例外ではなかったようである。

2　「一宮惣中」と院坊の実態

戦国期の気多社の運営を担っていたのが「一宮惣中」（以下、惣中）である。その構成員や人数は天正五年（一五七七）では寺家五名と社家五名の計一〇名[16]であるが、天正一七年（一五八九）には寺家七名と社家七名の計一四名[17]、慶長三年（一五九八）には寺家三名と普門坊、社家九名、地下人八名の計二一名[18]に変化した。基本的には寺家方・社家方双方の代表が「社法」・「惣法」に基づいて合議する機関であり、大宮司は惣中を超越した別格の存在と位置づけられていた。

惣中は、守護畠山氏や上杉氏、織田氏との対外交渉の窓口であり、知識米徴収、社内検断、役の補任、物有財産の管理、仏神事の執行など気多社運営の中核を担う組織であった。惣中は地域の指導者層であり、社内の問題には守護といえども介入できない、いわば地域の自治組織であったといえる。

惣中を構成する社僧・衆徒の中には、武力を保持した者がいたことが「薬師院殿原衆[19]」、「正覚坊けらい分[20]」などの史料から確認され、屋敷田畑を保持していたことも確認できる。直接的には見えにくいが、戦時の武力として守護・国人たちも彼らに期待を寄せていた。気多社や石動山といった古くからの寺社勢力だけでなく、鳳至郡の一向一揆の拠点寺院である阿岸本誓寺も温井・三宅・神保氏など畠山氏家臣に一味馳走する関係であったことが確認されるので、[21]戦国期には戦時における寺社の動きが能登の政治情勢を大きく左右したと推測できる。

戦国期の能登においては、一国祭祀を行うための気多社領が邑知潟周辺を中心に広がり、気多社は一宮や志雄などの町場も包摂しながら経済的基盤を固めていった。こうした統治が可能だった背景には、社領を経営していた神官・社僧・衆徒が能登国内の寺社との地縁・血縁という在地性を大いに発揮していたことが挙げられる。また、一方で守護も期待するほどの武力を保持する院坊が確認されることから、まさに戦国期の一宮気多社は能登の寺社勢力と称すべき存在といえる。[22]

二　寺社勢力の再編　―復興と変革―

ここでは一宮気多社が中世から近世へ移行していく中で最も劇的に変化した時期を扱う。同じ能登の比較事例として、石動山の事例を簡単に紹介しておきたい。石動山は能登・越中の国境に位置する山岳信仰の霊場である。[23]南北朝の動乱などに関与したため、たびたび戦火で焼失しているが、最も大きな打撃になったのは天正一〇年（一五八二）の石動山合戦である。戦国期には、越後の上杉謙信が石動山の「大施主」とみえ、[24]石動山の大宮坊・火宮坊が上杉方についていた。石動山合戦は、本能寺の変を受けて上杉景勝と結んだ旧畠山家臣が勢力挽回をはかって挙兵し、石動山衆徒もこれに加担したため全山焼き討ちされた出来事で、敗戦から一五年間、衆徒たちの帰山は許されなかった。この間、天皇の綸旨が出されたことにより復興の方向に進むが、石動山の所領は没収、前田家の統治下に置かれ、三代前田利常の時代には縁起も新たに作成された。

1　前田家による一宮気多社の復興

一宮気多社の復興・再編は石動山合戦の直後に行われ、前田利家によって社領安堵、制札の付与がなされた。このとき出された禁制の内容は、神林小松の伐採禁止、社中武家人居住の禁止、社中への立入狼藉禁止であった。[25]御神幸や鵜祭りなど気多社の祭礼も徐々に復興され、その一方で利家の鷹狩を行うための新たな規定が出されるなど統制が進んでいった。[26]こうした気多社の再編の窓口になったのが大宮司桜井基威という人物である。天正一〇年頃から対外的窓口として「一宮惣中」よりも頻繁に史料に登場するようになり、礼物の上納などを重ね、利家とのパイプを強めながら復興政策を推進していった。

2　気多社内の身分統制

このような状況の中で行われた気多社内の身分統制に落僧処分がある。「落僧」とは戒律を守らない肉食妻帯の僧を指し、戦国大名や織田政権の武将によって使用されていた、この時期特有の言葉であると考えられる。[27]「落僧」という言葉自体は天正一〇年（一五八二）一〇月の気多社の文書にすでに見えるが、[28]まとまった形で史料に見えるのは天正一二年（一五八四）六月のことである。ここで、落僧処分に関する一連の史料を掲載する。

A　今度一宮成敗人之坊主等之所務分、大明神へ相付候間、誰之領成共、無残所可相納候、并跡屋敷以下可為同前、
且堂宮之可有修造者也、仍如件、
天正十貮
六月朔日　利家

大宮司
　　監物丞殿参[29]

B　當社々僧之儀、如先々可為清僧、向後於亂行者、可為曲事、仍今度成敗人跡之事、大明神へ令寄進候、一廉可加修理、
并屋敷之儀、監物ニ預置候間、竹木以下猥不伐取様ニ堅可申付候、仍如件、
　天正拾弐
六月十六日　　　　　　　　　　　　利家（黒印）
　一宮
　　大宮司殿[30]

C　（端裏書）「社僧中一筆坊主分」
氣多社寺僧之儀、如先規之可為清僧之旨、利家様被仰出、此度落僧共被相拂候之儀、忝次第ニ候、就其掟誓文状
之条々、
一、御神前之勤行、宿直番、同國家長久御祈禱之儀、無懈怠可執行仕事、
一、御神之普請等并一切神役法度を相破儀有之間敷事、
一、神前之出仕ニ、落僧同座参會、自今以後於末代ニ仕間敷事、
一、於後日、落僧之存分、何方より申事雖有之、落僧ニ無一味、如先規之旨、清僧として可申定事、
一、惣儀ヲ破、社内傍輩之領地を望、一切表裏虚言ヲ企、武家へ指出申一儀有間敷事、

右、此条々一言も於相背者、梵天帝尺四大天王、惣者日本國中大小神祇・大師明神、殊者當氣多大明神之神罰可
蒙者也、仍状如件、

天正十二年六月十九日

社僧中
薬師院　宝元（花押）
地蔵院　藝尊（花押）
※文殊坊以下五名は省略

大宮司殿
惣中　参[31]

D
（端裏書）
「清僧無望落僧中證文」

今度御國之御下知を以、當社之落僧分、悉被相拂、如前々清僧之所ニ被仰定候ニ付而、我等之儀、當分清僧を面々
立申事不罷成候間、我等之坊職所務分、一圓ニ惣中へ上申候、於末代落僧として一坊之のそミ有之間敷候、此上者、
社内ニおかれ、似相之御用可被仰付事、所仰候、仍為後日如件、

天正十二
六月廿四日
仏蔵坊　玄守（花押）
落僧衆　成勝坊（花押）
普門坊　玄祐（花押）

在廳
惣中
公文殿　参[32]

以上の一連の史料にあるように、落僧処分とは前田利家が気多社の僧を「清僧」に限定し、落僧の所領・跡屋敷を

「大明神」に寄進したものである。史料Dに見える仏蔵坊等のように落僧の中は社内で似合いの御用を勤めることを惣中に誓い、社内にとどまる者もいた[33]。落僧処分について注目されるのが、第一に利家が単独で行ったのではなく、大宮司や惣中による社内自治、「気多大明神」の権威を利用しながら実行された点が挙げられる。また第二に、神前行事や普請執行は社家・寺僧が「扶持人」[34]として勤めるよう規定された点が挙げられる。能登に入部して間もない利家が、地域の既存の組織を利用しながらも新たな寺社のしくみを導入しようとしている様子がうかがえる。天正一〇年からすでに実施されていたと考えられる落僧処分であるが、天正一二年の末森合戦の直前に至ってもまだ警戒の余地があったため、再度気多社の落僧を一掃しようとした可能性が高い。

ところが、気多社内の落僧を一掃するには多くの時間を要したようである。慶長六年（一六〇一）段階に至っても魚や鳥を食べ、酒を人に振る舞い、若い女性を抱え置くなど戒律を守らない僧が存在していたことが史料からうかがえる[35]。このような記録はその後確認できないので、落僧の多くは気多社僧として存続することができず、真言宗寺院や真宗寺院、石動山衆徒等として存続したと考えられる[36]。

3　一宮周辺および社内の混乱

落僧処分とほぼ同時進行で、一宮周辺の混乱状況が続いた。社内の混乱については、後から回想して記した記録が多いが、天正一〇年以降神前での盗難事件[37]や「薬師院殿原衆」によるお宮での乱取、「三十番神十羅刹女乱取衆」による法華経一部乱取[38]、地蔵院宝元・不動院智見らによる祈祷妨害[39]などが相次いだ。

これらの運動が下人・百姓の逃散、さらには一揆へと発展した様子は、慶長四年（一五九九）九月に大宮司桜井基威が三輪藤兵衛・大井久兵衛の両奉行へ宛てた一一ヶ条の申状[40]から知ることができる。このうち、三条目では「むかし一万俵計之社領之時之下人・百姓ハ越後乱已後ハ、たいさん仕候」とあり、上杉謙信の能登侵攻以来、気多社の下人・百姓が退散したことがわかる。こうした気多社内および周辺住人の抵抗運動は、前田利家の死後に活発化し、気多社復興の立役者の一人であった大宮司は「くかい（公界）」の訴えによって失職に追いやられた[41]。その後も混乱は続いたが、一七世紀半ばまでには大宮司を筆頭とする社家と寺家（長福院・正覚院・薬師院・地蔵院）による気多社の運営体制が整った[42]。

以上のように、気多社の復興は石動山合戦後、前田利家と結びついた大宮司の主導のもとで進められた。その際、社領寄進・検地とともに最優先されたのが、社内住人の限定であった。このとき気多社から排除されたのは、「武家人」、「落僧」、女性であり、神官と「清僧」が、前田家から認められた社領を基盤に仏神事・祈祷・修造を行うようになり、しだいに気多社は寺社勢力ではなく前田家および藩の祈願所としての道を歩み始めた。

またこれと並行して、鷹狩に関する規定も出されるようになり、前田家の統制が多方面に及ぶようになった。こうした一連の改革への反発は一宮を追われた坊主等を指導者とする一揆、すなわち子ども・下人・舟守なども含む住民の抵抗運動に発展し、大宮司が失職に追い込まれる事態を招いた。これは、それまでの惣中による一揆体制から前田家と大宮司による新体制へ変革される過程で起こった一揆側の反動的抵抗運動であったといえる。

三　寺社勢力の存立基盤の変容

ここでは、寺社勢力の存立基盤の変化を経済基盤であった社領および社領に存在した一向一揆の拠点、村の指導者の動きを押さえておきたい。

1　検地による一宮気多社領の給人知化

前田利家による能登検地は天正一〇年に始まった。気多社でも天正一〇年九・一〇月に社領検地が行われ、天正一七年（一五八九）検地では二免四分打出が実施された[43]。文禄四年（一五九五）には、羽咋郡邑知七五村のうち一宮周辺の二三六〇俵が給人知となったことが確認される。こうして、一宮の社領は徐々に給人知と化していくことになった。

2　一向一揆指導者の再編

前田利家の能登入部以降、一向宗の道場に対する人質の催促や坊主特有の役儀（箸の上納、掃除坊主）が課されるようになる。このような状況を受け、元和二年（一六一六）には道場屋敷検地が行われ、能登の主要な一向宗寺院が「何共めいわく」しているということを訴えている[44]。史料Eは、前田利好が田地を持つ坊主に田地の役を負担することを義務づけた三ヵ条の支配状である。

E　尚以三ヶ国道場坊主衆何も右之通之旨候間、自然又申分於有之者、罷出可相理候、聞届可申付候、并国役之事も田地の高下ニ相随可申付事候条、何も可成其意候、以上

急度申遣候、仍最前其地坊主衆役儀之事申遣候、相届候哉、

一、田地相拘候坊主、田地の役儀仕間敷と申候坊主於有之者、堅可申付候事、

一、坊主分者別ニ役儀在之付而、むね帳ニ者付候、又役を何も御除候事候間、田地ニかゝらさる役儀申付候事有間敷候、

一、坊主衆召使候者迄百姓同前ニ役儀申付候通、左様之儀者非分之事候、
　右何も国中在々並ニ有之候条、諸事可為惣並者也、
　　慶長九年九月十二日　　　　播磨守　（花押）
　　　　　　　　　　　　七十五村
　　　　　　　　　　　　　二口　新兵衛
　　　　　　　　　　　　　菅原　行永
　　　　　　　　　　　　　中川　太郎右衛門(45)

農村内の身分統制のため、坊主分の役儀については棟帳に記載し、農村内の坊主身分と農民身分の差別化がはかられている。羽咋本念寺の例を挙げたが、能登の一向一揆の拠点寺院には、同様の記録が残っており、一向宗坊主・門徒への役負担による身分の明確化と統制が行われたことがわかる(46)。

羽咋郡志賀町の西来寺は戦国期から近世初頭まで末吉道場として存在していた(47)。嘉永三年（一八五〇）の「由緒略記」によると、開基は能登末吉城主であった高野遠江守兼吉の弟吉房という人物で、出家して真言宗金剛院として寺務を務めていた。ところが、蓮如の信心者となり、小堀（崎ヵ）に草坊を建立したのが道場の始まりである。その後も小坊を建てて数代を送り、延宝五年（一六七七）に乗誓が木仏と寺号「西来寺」を下付されたという。

末吉道場の例は、草坊・道場の開基が城主クラスの在地有力者であった事例として興味深い。あくまでも由緒の伝える内容ではあるが、同寺の門徒の家には天正八年（一五八〇）の法名状が伝わっており、また同寺には慶長元年（一五九六）の「尼入惣中」「尼入志中」の懇志受取状が複数伝存していることから、戦国末期にも道場として活動し

ていたことが確認される。

中近世移行期の能登について考える際に重要な存在として初期扶持百姓[48]がある。初期扶持百姓とは、天正年間に前田利家に奉仕・協力することで扶持を受けて村落を統治していた長百姓のことで、とくに能登の沿岸部で確認されている。扶持百姓の任務として、軍事行動への奉仕、船裁許と隠密、子弟の武家奉公、逃散百姓の帰村還住の督促、荒地回復と開墾の奨励、夫役の徴収、山の管理、租税収納の督促、蔵米の管理と搬出などがあった。史料Eにみえる中川村太郎右衛門は初期扶持百姓の一人である。かつて気多社の社領であった中川村の有力者が、前田家の命令を受けて新しい坊主身分の役負担のあり方を村落に浸透させる役割を果たしていることがわかる。初期扶持百姓の全てが一向一揆の指導者であったかどうかは確認できないが、かつて気多社の支配を受けていた村落の有力者がしだいに前田家の統制下に置かれていった様子がうかがえる。

以上見てきたように、天正一〇年（一五八二）以降、能登では気多社の存立基盤であった社領の検地が行われ、村落の指導者層も寺庵・道場主や扶持百姓として再編されていった。気多社の社領は大幅に削減され、寺社や村ごとに検地が行われると、長百姓を通じた農村統制が進むことになった。また、坊主身分についても田地所持の有無によって役負担の差別化がはかられていった。

おわりに

戦国期の能登において、一宮気多社や山岳信仰の霊場・石動山といった寺社勢力は、国家の統治機能の一端を担うため広範囲に及ぶ地域支配を展開し、地域の政治・社会に大きな影響を与える存在であった。

ところが、天正一〇年（一五八二）の能登検地開始、石動山合戦における能登の在地勢力の敗北を境に次第に寺社勢力の基盤ともいえる寺社領、衆徒とその武力の存在が否定されるようになった。前田利家によって寺社の復興がなされるものの、武力と在地性は喪失せざるを得なかった。また、祭礼を通じて寺社勢力が果たしていた地域の経済・文化の中核としての役割も大きく後退し、気多社の影響力は周辺三か村（一宮・寺家・瀧）に限定されていった。武力弾圧を経て復興された石動山と大宮司を窓口として保護・統制を受けた一宮気多社の再編過程は対照的であるが、いずれも藩の祈願所化していく点では共通している。

以上の考察から、中近世移行期における能登の寺社復興の過程で行われた変革として、大きくは寺社の活動を担う宗教者身分の再編成（武力・肉食妻帯の否定、役負担の有無による身分の明確化）、寺社領の大幅削減（経済的基盤の否定）の二つがあったといえる。また、寺社勢力の再編と同時に能登半島沿岸部や邑知潟周辺などの主要な村落の指導者、一向宗道場の再編も行われていたことが能登の地域社会の再編過程における重要な特質であったということを一つの展望として示し、結びにかえたい。

註

（1）宮島敬一「戦国期における地方寺社の機能と役割」（『佐賀大学教養部研究紀要』第二二巻、一九九〇年）。
（2）榎原雅治「若狭三十三所と一宮」（『史学雑誌』九九巻一号、一九九〇年）。同「中世後期の地域社会と村落祭祀」（『歴史学研究』六三八号、一九九二年）。これに関連して、北陸における寺院の重層構造について分析した研究として、浅香年木「中世北陸の在地寺院と村堂」（『中世北陸の社会と信仰』法政大学出版局、一九八八年）がある。
（3）辻善之助『日本佛教史』第七巻・近世篇之一（岩波書店、一九五二年）。
（4）朝尾直弘「『将軍権力』の創出」（『朝尾直弘著作集』三、岩波書店、二〇〇四年所収。初出は『歴史評論』一九七〇～

一九七四年）。

（5）伊藤真昭『京都の寺社と統一政権』（法蔵館、二〇〇三年）。

（6）藤木久志『豊臣平和令と戦国社会』（東京大学出版会、一九八五年）、勝俣鎮夫『戦国時代論』（岩波書店、一九九六年）、稲葉継陽『戦国時代の荘園制と村落』（校倉書房、一九九八年）、池享『中近世移行論』（同成社、二〇一〇年）、池上裕子『日本中近世移行期論』（校倉書房、二〇一二年）など多数。

（7）『気多神社文書・巻一巻』社蔵文書五。大永六年（一五二六）写と享禄四年（一五三一）の合冊である。なお、気多神社文書の出典はすべて『気多神社文書』第一巻・第二巻（続群書類従完成会、一九七七・一九八〇年）によるが、本文書は「気多神社所蔵文書」と「大宮司櫻井家文書」に分かれているため、「社蔵文書」・「大宮司文書」と略記する。

（8）註7。

（9）文禄三年（一五九四）の「御神納物蔵入帳」（『気多文書・二』大宮司文書一六二）は、行事のためにかかる費用を年中行事の順に記したもので、「ちこのまい（稚児の舞）」、「御しゝ（御獅子）」など行事で演じられる芸能についても記載がある。猿楽への禄物を気多社の社務分から支払っていることや頭人が酒や「もり（盛か）物」の役を負担して神事が成立していたことがうかがえる。

（10）『中世諸国一宮制に関する基礎的研究』（岩田書院、二〇〇〇年）。

（11）『気多文書・一』大宮司文書三八にみえる「三大業」は、「永俊諸職注文」（同文書一三）等に併記されている灌頂会・大師講・御三十講を指すと考えられる。

（12）東四柳史明「戦国期能登畠山氏と一宮気多社の造営」（『社寺造営の政治史』思文閣出版、二〇〇〇年）。

（13）薬師院、不動院、地蔵院、西林院、長福院といった院家のほか、仏蔵坊、玉蔵坊、普門坊、座主坊、花蔵坊、大宮坊、般若坊といった五〇以上の坊が一六世紀後半の記録にみえる。これらすべてが一宮気多社内に存在していたわけでなく、石動山や金丸、福水、羽喰などに拠点を持っていたものも確認される。

（14）例えば、一宮の神官・桜井基輔は兄弟の一宮玉蔵坊智綱から譲られた屋敷を石動山西蔵坊永快に寄進している（『気多文書・一』大宮司文書六〇）。

(15)「朝倉始末記（賀越闘諍記二）」の「於諸口合戦之事并一揆敗軍之事」の項（『日本思想体系一七　蓮如・一向一揆』（岩波書店、一九七二年所収）に能登国の一揆の大将として「一ノ宮ノ大坊主、鈴（珠洲）ノ三崎ノ鬼次郎」が見える。
(16)『気多文書・一』大宮司文書七五。
(17)『気多文書・二』大宮司文書一三九。寺家七名が上段、社家七名が下段に連署している。
(18)『気多文書・二』大宮司文書二〇九。ここでも寺家三名は上段に連署している。
(19)『気多文書・二』大宮司文書三一四。
(20)『気多文書・二』大宮司文書一三二。
(21)『能登阿岸本誓寺文書』（清文堂出版株式会社、一九七一年）所収文書一一・一二・一三。
(22)寺社勢力概念について、黒田俊雄氏は「私がここで寺社勢力と名づけているのは、南都・北嶺などの中央の大寺社を中心に組織され、公家や武家の勢力とも対抗していた一種の社会的・政治的な『勢力』のことである。それは、ほぼ平安時代のなかごろから戦国時代の末まで、約六〇〇年ほど存続していたもので、中世とともに隆盛し中世とともに衰退した、中世の一つの顔である。」と述べている（黒田俊雄『寺社勢力―もうひとつの中世社会』（岩波書店、一九八〇年）。黒田氏の権門体制論については、同『日本中世の国家と宗教』（岩波書店、一九七五年）参照。
なお、本稿で扱う一宮気多社・石動山と黒田氏が分析対象とした寺社とは、全く同質とは言えないが、これらの寺社は古くから地域に根ざした政治的権力であり、能登国内に存在する他の寺社と比べて突出した存在であったことを示すため、寺社勢力と称した。
(23)石動山信仰は、天から石が降ってきて山が揺らいだという由緒をもつ信仰である。石動寺（のち天平寺）という寺院と『延喜式』にもみえる能登国二宮・伊須流岐比古神社とが存在し、鎌倉時代には朝廷の祈願所としてもみえる。最盛期の室町時代には、衆徒三〇〇〇人、院坊三六〇を擁する一大勢力であり、北国七ヵ国（加賀・能登・越中・越後・佐渡・信濃・飛驒）の勧進活動によって地域に影響力を持っていた。詳細は、『鹿島町史　石動山資料編』（石川県鹿島町役場、一九八六年）参照。
(24)「天平寺大衆大般若経転読巻数」伊佐早文書（永禄一二年九月吉日付）。『鹿島町史　石動山資料編』前掲註23に中世史料四三として掲載されている。

(25) 天正一〇年八月二九日付で付与されている(『気多文書・一』社蔵文書三〇)。「社領地内武家百姓」の抱置を禁止する禁制が天正一五年(一五八八)段階まで確認できる。

(26) 拙稿「近世初期における能登一宮気多社の再編―鳥獣保護政策との関わりから―」(『石川県立歴史博物館研究紀要』第二三号、二〇一一年)。

(27) 『日本国語大辞典』小学館、(一九七六年)の「落僧」の項には、「破戒放逸の僧。戒律を守れずに還俗した僧侶。破戒僧。」とあり、用例として「清僧落僧の隔てには、今の書立落堕僧達、妻帯役と申物を致とて」(『甲陽軍鑑』品四八の一節を挙げている。甲斐の武田氏の妻帯役については、坂本勝成「近世初頭における『僧侶の身分統制』についての一考察―特に武田氏の妻帯役について―」(『甲斐史学』二三号、一九八六年)参照。また、越前国丹生郡越知山大谷寺の「寺僧落堕人」(「越知神社文書」六〇、『福井県史　資料編5』中近世三、福井県、一九八五年)という類例がある。本文書は、織田政権が越前の一向一揆を殲滅させた天正三年の翌年、柴田勝家が大谷寺衆徒中に対し、今まで他所で活動していた「寺僧落堕人」が復帰して大谷寺を支配することを禁じたものである。

(28) 『気多文書・一』大宮司文書一〇五。

(29) 『気多文書・一』大宮司文書一一〇。

(30) 『気多文書・一』社蔵文書三四。

(31) 『気多文書・一』大宮司文書一一一。

(32) 『気多文書・一』大宮司文書一一二。

(33) 落僧のうち、普門坊玄祐は、気多社内で年貢算用の任にあたった。当初は任務を怠ったため大宮司に人質を差し出したこともあったが、「社内きもいり分」(『気多文書・二』大宮司文書一五八)、「惣代」(『気多文書・二』大宮司文書二〇六・二一〇八)、「下代」(『気多文書・三』大宮司文書一〇)としてみえる。これは一宮三か村の日記を記入する役であり(『気多文書・二』大宮司文書二〇〇)、気多社と前田家給人とのパイプ役でもあった(『気多文書・二』大宮司文書一八三･二〇〇･二二六･二二七)。
(34)『気多文書・一』大宮司文書一〇九。
(35)『気多文書・二』大宮司文書二五九。
(36)「三州寺号帳」(『加越能寺社由来』上巻、石川県図書館協会、一九七四年)。能州波着寺触下寺院として見える座主坊・文殊坊・一乗坊などが気多社と関係する衆徒と考えられる。また、仏蔵坊や延命院、花蔵院(気多社の文書では坊)、東林院(気多社の文書では坊)など年貢納帳に見えるいくつかの坊は、石動山衆徒として記録されている。一方、愛染院のように、能登部上村で知行地を保持していた例もあるので、村落に根付く道もあったと考えられる。愛染院の例については、木越隆三『織豊期検地と石高の研究』(桂書房、二〇〇〇年)三七〇頁参照。
(37)『気多文書・二』大宮司文書一三九・一四〇。
(38)『気多文書・二』大宮司文書三一四。
(39)『気多文書・二』大宮司文書二〇九。
(40)『気多文書・二』大宮司文書二二七。
(41)大宮司が失職にいたる経緯については、前掲拙稿参照。
(42)慶長六年(一六〇一)には、前田利長によって社領二〇〇石の配分(社頭修造并祭祀料一二〇石、大宮司・正大宮司四〇石、寺家中・社家中・神人神子已下四〇石)が定められ、与えられた高の範囲内で運営することが決定づけられた(『気多文書・二』大宮司文書二四七)。さらに明暦三年(一六五七)に前田利常より一五〇石が加増され、新たな配分(御供祭祀料五〇石、大宮司弐人六五石、神人一九人神人一人一四〇石、長福院六五石、正覚院一〇石、薬師院一〇石、地蔵院一〇石)が定められた(『気多文書・一』社蔵文書七六)。
(43)検地の詳細については前掲註36著書参照。二免四分打出については、気多社が二免四分の打出分を納めなかったとして給人とトラブルになったことがわかる(『気多文書・二』大宮司文書一六九)。
(44)『羽咋市史』中世社寺編(羽咋市役所、一九七五年)所収本念寺文書七に翻刻掲載されている。『正覚院・本念寺史料調査報告書』(羽咋市教育委員会、二〇〇七年)では、本念寺古文書一三として目録掲載されている。

(45) 前掲註44報告書に本念寺古文書五として目録掲載されている。

(46) 大桑斉「能登における坊主身分編成序説」（隼田嘉彦編『北陸における社会構造の史的研究―中世から近世への移行期を中心に―』研究報告書、一九八九年）。木越祐馨「天正後期、前田両国の本願寺派について」（『市史かなざわ』第一号、金沢市、一九九五年）。

(47) 小泉義博「能登末吉西来寺の成立」（同『本願寺教如の研究』下、法蔵館、二〇〇七年）。

(48) 若林喜三郎『加賀藩農政史の研究』上巻（吉川弘文館、一九七〇年）。貞享二年（一六八五）の十村由緒書上を収録した「加越能里正由緒記」の記載・和嶋俊二氏の収録史料を基に初期百姓四四家が検出されている。

中世・近世の地域支配と和歌・連歌の奉納 ―白山比咩神社奉納『白山万句』を中心に―

鶴崎裕雄

はじめに

二〇一三年度地方史研究協議会大会は石川県金沢市で開催された。共通論題は『〝伝統〟の礎』であった。加賀をはじめ能登・越中三国に発達した伝統文化・伝統工芸に相応しいテーマである。私自身、このテーマを拡大解釈して神社仏閣への奉納、特に和歌・連歌の奉納を取り上げてみた。和歌・連歌の奉納も文化の伝統という範疇で考えたからである。私の発表は石川県白山市の白山《しらやま》比咩《ひめ》神社に現存する『白山万句』[1]を中心に、中世・近世の寺社への和歌・連歌の奉納の目的・意味、その史料的価値を考察したものであり、本稿はその発表に基づいている。

『白山万句』は慶長一一年（一六〇六）一一月から翌一二年一一月にかけて加賀国金沢藩の家臣二二〇余人が加賀白山社（白山市鶴来三宮町、白山比咩神社）に奉納した万句連歌である。

連歌は、歌垣や記紀歌謡に淵源が見られ[2]、中世以降、特に室町時代から近世初頭にかけて大いに流行した言葉遊びである。数人から十数人の詠み手（連衆《れんじゅ》）が一堂に会して五・七・五の長句（和歌でいう上句）と七・七の短句（和歌でいう下句）を交互に詠み続ける。百句続けるのが原則で、百句の連歌を百韻《ひゃくいん》と呼んだ。これが神社仏閣への奉納や祈祷、故人への追悼、戦勝祈願、新城完成の祝賀などとなると百句を一〇座詠む千句連歌、さらに百韻を百座詠む万句連歌が行われた。もっとも百韻を百座連ねる万句連歌ともなるとさすがに希有なものとなる。この希有なものを加賀金沢の武士たちは敢行した。

和歌が古代以来の伝統を持つ文芸であるのに対し、連歌は中世に盛んとなった文芸である。和歌が公家社会の文芸を代表するものとすれば、連歌は武士に持て囃され、武士の間で広まったといってよい。もっとも二条良基のように連歌に勝れ、連歌論書『筑波問答』を著し、『菟玖波集』を編んだ公家もおれば、宗祇に古今伝授を授けた東常縁《とうのつねより》一族のように鎌倉幕府以来、歴代が歌を詠む武士の家もあり、江戸時代の松平定信のように歌詠みを誇りとした幕府の要人もいた。しかし、大体において、和歌は公家社会で、連歌は武士社会で持て囃されたと考えてよい。

連歌は、和歌のように一個人が五・七・五・七・七を詠んで完成させるものではない。一堂に会した連衆が百句続けて完成するもので、宗匠や執筆《しゅひつ》に従って詠み続ける。百句の百韻連歌だけでなく、四四句の世吉《よよし》連歌、三六句の歌仙《かせん》連歌もあるが、何しろ詠み続ける。そのためには連衆は己の感情を殺し、自分を押さえなければならない。和歌にも連歌に似た続歌《つぎうた》という形式の文芸があるが、これは後に見ることとする。

連歌は複数の連衆が一つの作品を完成させるため、連衆は全体の中に身も心も置かねばならない。そして作品が完成する。これが人々の心を一つにする一揆の心を培う。一例を連歌師宗牧の紀行『東国紀行』に見よう。

一　天文一三年（一五四四）連歌師宗牧の『東国紀行』

天文一三年（一五四四）から一四年にかけて、白河の関一見のため東海道を下った連歌師宗牧の『東国紀行』を見ると、近江の六角氏や尾張の織田氏・駿河の今川氏・相模の北条氏のように大大名の許では、宗牧たちは国守や守護の居城に参上し、その家臣たちとも交えた宴席や連歌会に臨む。しかしこうした国守や守護クラスの勢力が及ばない地域、例えば、北伊勢の員弁川流域（三重県いなべ市）や同国の三重郡（四日市市）、三河国の西郡（愛知県蒲郡市）では、その地域に勢力を持つ国人たちが集まって宗牧たちを歓迎し、連歌会を開き、勢力の及ぶ所まで見送った。(3)

『東国紀行』中、北伊勢の員弁川流域を見ると（以下、大阪天満宮文庫本による）、天文一三年（一五四四）一〇月晦日、宗牧一行は近江国多賀神社（滋賀県犬上郡多賀町）から鞍掛峠を越えて伊勢国白瀬（三重県いなべ市）に着く。

十月晦日、北伊勢しろせといふ里まで下りし。田熊村兵部少輔一宿の事申つけられしとて、飛那井弾正方より坂口まで迎来り。高宮より兼日申されたる事は、しかしながら厳重の事也。朔日は高ねおろしはげしくて、出立がたければ、沼田松雲軒明日一座議定のよし使有。あまりきふき興行にやとおぼえたれど、程もちかければ、晴間に馬にて着たり。

跡や雪しまき横きる笠やとり

まことに笠もとりあへぬもの也。田熊村殿迎がてらとて、眼阿同道してわたり給へり。亭主祝着。さらば又明日沼田六郎左衛門尉一座のよしあれば、

木枯の中にいくむら岑の松

此城山の木末の様也。四日、大泉まで。此も程ちかく、河つらの道もおもしろくて着たり。やがて興行。

白糸をむすふやいく瀬朝氷

清瀧川の心ちし侍り。風瑞軒にして、

むら雲にはなれて寒し夕月夜

瑞雲院、

呉竹の園もてはやす霰かな

院主竹を愛せらる、由、内者申たるを、かごとばかりのあられなり。木唐斎、

霰ふる庵や春みし花の露

本歌の心をとりかへたるばかり也。寒嵐の声行方もはるかなれば、一座をさへ故障し侍りしに、四百韻連続。

兵部少輔近年一段執心なれば、をの〳〵此時を待えたるふるまひにてあれば也。

旧暦の一〇月、雪の峠を越えて員弁川上流の白瀬に着くと、田能村氏の申し付けで飛那井氏に迎えられた。田能村氏は員弁川流域の国人たちの中心的な人物のようだ。群書類従本をはじめ大阪天満宮文庫本も、『東国紀行』の写本には誤写が多い。田熊村とあるのは田能村（種村とも）の誤写である。次に見られる沼田も治田の誤りである（いなべ市北勢町治田）。一一月朔日には白瀬より下流の治田松雲軒の館に移り、翌日には連歌会が催されて田能村氏も参加する。さらに次の日も治田六郎左衛門尉の所で連歌があり、さらに下流の大泉の田能村殿の館で連歌会があり、田能村氏と同族であろう風瑞軒・瑞雲院・木唐斎と連歌を続け、員弁川に沿って伊勢湾岸へと旅を続ける。この員弁川流域に「北方之諸侍」とか「伊勢国北方一揆」と呼ばれる国人集団があった。

それは「醍醐寺文書」[4]八二二「伊勢国内十ヶ所人数注文」（折紙）に、「きた方いつき人数　おうき　たなむら　たこ　そわら　うめつ　かやう　いさか」の名が見える。「おうき」は員弁郡東員町大木、「たなむら」は田能村・種村でいなべ市員弁町金井や東員町筑紫に多い名字、「たこ」は多胡でいなべ市員弁町笠田に多い名字、「そわら」はいなべ市員弁町楚原、「うめつ」はいなべ市大安町梅戸（梅津）、「かやう」は四日市市萱生町、「いさか」は四日市市伊坂町のように員弁川流域の地名または名字を当てることができ、さらに「醍醐寺文書」一一〇三三の「伊勢国北方一揆連署書状」に「多胡　宇佐美　田能村　大木　萱生　伊坂」の名が見える。これら北伊勢国人一揆の研究には飯田良

一氏の「北伊勢の国人領主―十ヶ所人数・北方一揆を中心として―」や「員弁郡の国人領主について」がある。[5]『東国紀行』の宗牧は、北方一揆の国人たちの連歌に加わりながら員弁川を下った。都の大宗匠宗牧が来たというので国人たちは誘い合わせて連歌会を催す。国人たちは宗牧を迎えた連歌会で一揆の精神を高めたであろう。国人たちには連歌が一揆の助長に役立つという意識があったかどうかは判らないが、戦国期、特に前期の国人たちの団結には連歌は役立った。

宗牧は、桑名より尾張国那古野（名古屋）に行き、織田信秀（信長の父）に会って朝廷より託された女房奉書を渡し、熱田社で連歌を巻いた後、再び伊勢国に戻って栗原（四日市市）の赤堀氏を訪ねる。[6]赤堀氏は上野・下野両国の出身という。室町時代中期に栗原に勢力を持ち、赤堀・浜田・羽津の三家に別れていた。俵藤太（藤原秀郷）の子孫という意識が強く、朔日には一族が集まって俵藤太が竜宮より持ち帰ったという太刀を祭る祭礼が行われた。その祭礼に宗牧も招かれて連歌が催された。しかも、琵琶湖の瀬田の唐橋再興の勧進聖も来合わせた。当時、瀬田の唐橋は壊れて不通で、宗牧一行も瀬田川を渡る時、石山から対岸へは舟で渡っている。

この他、『東国紀行』には三河国の西郡（蒲郡市）でも、国人たち鵜殿氏・松平氏の千句連歌興行の記事がある。[7]連歌師は行く先々で国人たちに招かれて連歌の席に連なり、国人の一揆の精神を助長したのである。

二　慶長七年（一六〇二）『亀岡文殊堂奉納詩歌百首』

越後の戦国大名上杉謙信の後継者景勝は豊臣秀吉とは良好な関係を保ち、朝鮮出兵にも出陣したが、慶長三年（一五九八）会津一二〇万石への移封が命じられた。上杉氏にとっては祖先伝来の本貫地を離れるのであるが、越後での九〇万余石より加増された新領であった。しかし上杉氏は慶長五年（一六〇〇）の関ヶ原合戦では石田三成に与し、奥羽で最上・伊達氏と戦い、敗者となって米沢三〇万石に移封された。四分の一の減封である。慶長六年一一月に家臣六〇〇〇人が会津より米沢に移住した。明けて慶長七年二月、家宰直江兼続を中心に上杉氏の有力家臣や上杉氏に縁の深い寺院の僧侶たち二七人が大聖寺文殊堂（山形県東置賜郡高畠町亀岡）に奉納したのが『亀岡文殊堂奉納詩歌百首』[8]である。

亀岡文殊堂のある大聖寺は出羽国の名刹で、平安時代初期、大同二年（八〇七）徳一上人によって創建され、松高山文殊堂と称されていたが、戦国末期から江戸時代初期の間に大聖寺と改名されたという。本堂の文殊菩薩は奈良県桜井市の阿倍文殊（崇敬寺）・京都府宮津市の切戸文殊（智恩寺）とともに日本三大文殊と呼ばれている。

兼続たちが奉納した詩歌百首は続歌《つぎうた》と呼ばれる形式の歌会で、数人、十数人の詠み人が集まる。詠み人は配られた短冊の上、三分の一ほどの所に書かれた歌題に従って歌を詠む。歌題が歌会の場で初めて知らされる「当座」の歌会と、前もって知らされている「兼日」の歌会の二つの様式があるが、この亀岡文殊堂の歌会はいずれの様式か判らない。続歌は百首詠む百首歌のほか、五〇首・三〇首といった定数を詠む形式の歌会で、主に公家社会で盛んであった。連歌が前句から連想して新しい句を付けるのと同じように、続歌は歌題から連想して歌を詠む。そのために詠者は制限された中で、複数の人に交ざって自己の感情を抑えて歌を詠む。連歌と同様の寄合の文芸である。

この文殊堂奉納の百首の続歌を「詩歌百首」と呼ぶのは、すべてが和歌だけでなく、百首の内、二一人が五・七・五・七・七の短歌六七首を詠み、六人が七言絶句の漢詩三三篇を詠むからである。例えば直江兼続は漢詩を詠んでいて、短冊には、

元日　楊柳其賓花主人　屠蘇挙盞祝元辰　迎新送旧換桃符　万戸千門一様春　兼続

とある。兼続の実弟である大国実頼は和歌を詠み、

瑞籬祝　　住よしの松のちとせをいくかへり　きみかありつるよにかそへまし　　実頼

とある。百首の歌題というのは、それこそ平安時代以来、歌い継がれた題である。春夏秋冬の四季の景物や様々な恋、雑に纏められる種々の事物である。『亀岡文殊堂奉納詩歌百首』の歌題を示しておく。

春　元日　立春　兼待子日　霞隔行舟　雪中鶯　蛙鳴苗代　梅有遅速　独摘若菜　行路柳　蕨未遍　帰雁
華未開　華盛　欲散花　故郷桃花　松上藤　折款冬　樵路躑躅　杜若写水　春月

夏　更衣　卯花遶家　郭公数声　馬上聞蝉　沼菖蒲　五月雨　瞿麦　螢入簾　深更鵜河　照射　百合草　泉為
夏栖　夏月　池蓮　家々夏祓

秋　風告秋使　七夕　野萩　刈萱乱籬　女郎花　浅茅露重　蘭香薫枕　荻声驚夢　夜鹿　雲間雁　槿花　翫月
三日月　駒迎　九月十三夜　揚衣声幽　虫声悲　菊花　雨後紅葉

冬　初時雨　落葉　枯野　寒庭霜　閨上霰　夜千鳥　松雪　氷上雪　浜寒芦　月前神楽　暮鷹狩　深山炭竈
閑居爐火　仏名　除夜

恋　未通詞恋　始曳恋　逢恋　後朝恋　未契恋　来不留恋　隠在所恋　絶後驚恋　片思　老後恋　待恋

雑　軒松　庭遣水　窓前竹　囲碁　行客休橋　薄暮煙　野亭風　海路日暮　山家　蕭寺　暁鐘　観無常　閑中
燈　往事如夢　餞別　旅行　夜鶴　船過江　眺望　瑞蘇祝

これらの歌題は古典的な詩歌の世界のイメージが湧く言葉である。歌会に参加した詠み人はこの言葉に浸りながら、詠歌に作詩に没頭し、百首の詩歌を完成させ、完成によって参加者は共通の心情を持つ。これが寄合の文芸である。同時に兼続たちは新領の寺院への参詣、つまり挨拶を行う。奉納は挨拶の一つの形態である。自他共に明白な挨

拶であって、残存する在地の旧勢力へも影響は大きいであろう。

三　慶長一一年（一六〇六）『白山万句』

連歌は、国人たちの一揆の精神の助長や団結心の向上に役立った以上に、他の芸能と同じく、神仏への奉納の目的が大きい。人々が喜ぶこと、楽しむこと、これを神仏へ捧げ、神や仏を喜ばし、楽しませる。これが奉納であり、法楽である。土地の豪族、国人たちは自分の土地の神々や仏たち、産土神や氏寺に加護を祈って和歌や連歌を奉納した。それは先祖から受け継いだ神仏である。しかし中世から近世への変動期、いわゆる織豊期には新領地の神や仏に改めて参詣して奉納を行う。勿論、戦国期、合戦による領土拡張などの新領地獲得後の神仏への参詣、例えば武田信玄の諏訪社参詣などがあるが、織豊期、信長や秀吉によって移封が命ぜられると、大名たちは新領地の神仏への参詣を行う。前節で見た上杉氏のように越後より会津へ、会津より米沢へといった移封であり、そこで新領地の神仏への挨拶が行われ、詩歌百首が奉納されたのである。

信長によって柴田勝家とともに北陸平定を任された前田利家は天正九年（一五八一）能登国を与えられ、賤ヶ岳合戦以後は秀吉に与し、金沢に居城を構え、天正一三年には越中の佐々成政が秀吉に降り、前田父子が加賀・能登・越中を領有した。天正一四年以降、利家はたびたび上洛し(9)、秀吉の許で京・大坂を守護した。その頃、家臣の一人北村三郎右衛門入道宗甫が或る夜の夢に「末の人かけ勧進してこそ」という句を感得した。後、慶長一〇年九月、宗甫はこの夢想句を脇起《わきおこし》にして鷹栖明宗と両吟千句を詠んだ。この両吟千句が契機となって藩を挙げての『白山万句』の奉納へと発展する。

宗甫・明宗の両吟千句の詞書を示しておく。

此千句は、ある夜の夢に、白山の神前におゐて千句の連□しく、「末の人かけ勧進してこそ」と申句を見奉しを、いろり《囲炉裏》のきえすみ《消え炭》してしやうし《障子》に書付侍りぬ。然処に、翌日、大納言利家卿御在洛之比、東の御方より「白山之堂社とも破壊しける事かなしひ《悲しび》にたへ給はす、いそき再興せよ」との御使ありしにこそあやしき夢想なりけれと人みな申されし。されは御奉加とも数をつくされし。しかはあれと、末の世の衆生えん《縁》をむすほしめんたよりにもやと、御あつかりの国〳〵、たかきいやしきをすゝめよとの事、波着寺安養坊空照法印に命せられ、いく程なく造立の事になりぬ。（略）則造畢せし。慶ひ長き元の年《慶長元年》丙申中之秋廿日あまり七日と申に、遷宮有し也。其折から、此事とりおこなひ奉るへかりしを、心ならす過しもてこしに、今度又夢のさとしめなとあるにより、人かすをあつむること〳〵しけれは、ひそかに鷹栖久左衛門尉明宗を□ひ□なる心〳〵を五百、二人のこと《言》の葉につゝり、御宝殿にこめ奉りぬ。かたはらいたき事共なれと、神慮にまかせ、嘲哢をもかへり見□ゆ□の御方御□穏にしてい□久の奇瑞ならん□也。

于時慶長十年乙巳九月廿七日

北村三郎右衛門入道

宗甫

右の大意は、或る夜、北村宗甫は白山社の神前で、「末の人かけ勧進してこそ」という句で千句連歌を始める夢を見た。「末の人かけ……」の句は七・七の短句で、短句から始める連歌を脇起《わきおこし》という。宗甫は囲炉裏の消し炭で障子に句を書き付けた。その頃、利家は京都や伏見にいることが多く、宗甫が夢を見た翌日、利家とともに在洛中の東の御方（利家夫人まつ）より白山社再興の造営を命ずる使いが下った。造営の使いが下った前夜に見た夢想句なので皆は「奇《あや》しき夢想」といった。白山社の造営は慶長元年（一五九六）に完成し、八月二七日に遷宮が行われた。白山社再興の造営を命じた「東の御方」は利家夫人まつ、後の芳春院である。例えば、『金沢古蹟志』(10)に、

小瀬太閤記に、慶応三年醍醐花見の次第、五番加賀殿利家卿の息女、六番東の御方利家卿女中。とありて、慶長十一年の白山奉加帳には、米五石ひがしの丸御うへさま、と載せたり。さればそのかみ東丸に居給ふにより東の御方とも、また東の丸上様とも呼び奉れるなるべし。

とある。かくて慶長元年には白山社造営は完成した。

その後一〇年、夢想句はそのままになっていたが、また夢の諭《さと》しがあったので宗甫は鷹栖明宗を誘って夢想句による両吟千句を張行し、慶長一〇年（一六〇五）九月二七日に巻き終えた。

『白山万句』の契機となった両吟千句の一人、北村三郎右衛門入道宗甫について、幕末から明治初年にかけて藩士が藩庁に提出した先祖歴代及び親族の書き付け「先祖由緒并一類附帳」(11)帙一三七に、

一、十世之祖父　　北村先故三郎右衛門

高徳院（前田利家）様尾州被為成御座候節被召出、天正四年於越前府中御知行百石真柄之庄之内を以被下置、其以後段々御加増拝領仕、都合千弐拾石被下置、瑞龍院様御代老年ニ罷成、法体被仰付、宗甫与申候、男子無御座候ニ付、湯原八丞二男八兵衛義聟養子被仰付、宗甫義ハ隠居被仰付置候、御知行之内七百石八兵衛江被下之、三百弐拾石宗甫為隠居料被下置候由ニ御座候、病死仕候、年号、実名相知不申候、

とある。利家が信長に仕えた初期、尾張にいた頃からの家臣である。明宗については、天保三年（一八三二）津田信成編纂の「諸士系譜」(12)に、

鷹栖氏　本国越前　朝倉太郎左衛門宗滴義景之伯父　刑部聟養子 朝倉太郎左衛門子　刑部　仕高徳公　加合五百五十石 慶長十八年死

とある人物に該当するか。かくして宗甫が夢想で得た句を幾年も後に明宗を誘って脇起で両吟千句を完成させた。大坂の陣の八年前の万句連歌の始まりである。

現存の白山比咩神社所蔵の『白山万句』の連歌懐紙は、一、慶長一〇年九月の宗甫・明宗両吟千句、二、慶長一一年七月の宗甫独吟百韻、三、慶長一一年一〇月から一二年一一月万句連歌である。万句連歌は百韻が百巻であるが、実際には八四巻と断簡が三巻残るだけで、一五巻ほど不足している。実はそれぞれの巻に奉納者の名が記されているが、それらには藩主前田氏一族の名は見当たらない。何らかの事情で、例えば、藩主前田氏一族の奉納の懐紙は別に保存されたか、白山社から城内に移されたか、江戸屋敷に移したか、そのためかえって紛失したとも考えてみた。今後、不足の一五巻ほどは発見されるかも知れない。

各巻の懐紙を見ると、冒頭に興行年月日、「万句内」、奉納者名、題（歌題と同じ、ただし四季の季語「雲雀」「氷室」「雁」「氷」など）、賦物《ふしもの》（「賦何路」など連歌の習慣的符丁）、発句、以下九九句、句上《くあげ》が記されている。賦物は同じ物が重出するが、題には重出はない。題は発句に詠み込まれている景物なので、何処かで、誰かが全体を計画的に管理し、進行を計っていたことが窺われる。

白山社の造営が終わった慶長元年は秀吉による第二次朝鮮出兵、慶長の役が挙行された年である。翌年、五大老が定められ、徳川家康・前田利家たちが任ぜられた。翌年の八月、秀吉が亡くなり、朝鮮出兵は終止符を打った。さらに翌慶長四年三月、前田利家が亡くなり、慶長五年（一六〇〇）九月、関ヶ原合戦が起こり、慶長二〇年（一六一五）五月の大坂落城、豊臣氏没落へと歴史の駒は進んで行く。『白山万句』奉納はまさに関ヶ原合戦と大坂冬・夏の陣の中間に位置する。この段階では歴史の駒の行方は不明である。徳川方、豊臣方いずれが優位か判らない。ここでまた『白山万句』は前田氏の地元寺社への挨拶とともに、家臣団の統一、一揆的精神の助長の意味が大きくなる。

『白山万句』の懐紙の一つに、奉納者名は記されていないが、一一年三月一五日の連歌の発句は「水すみて雲に生そふ根芹哉　松」とある。この「松」は当時、人質となって江戸にいた利家夫人、当主利長実母のまつ（芳春院）かと想像する。句は発句だけであり、奉納に当たって発句だけを江戸より送り届けたのかも知れない。

この他、主な奉納者を見ると、横山山城守長知《ながちか》・前田対馬守源夢ら有力家臣、波着寺空照・西養寺自笑ら大寺院住持、八丈島遠流《おんる》まで金沢藩に在住したという宇喜多氏家臣浮田休閑たちの名が見える。後、横山氏と並んで前田家の筆頭家老となる本多政重《まさしげ》はまだ前田氏に仕えていなかった。

四　享保八年（一七二三）柿本人麻呂に神位神号奉授

江戸時代中期、柿本人麻呂の没後一〇〇〇年といわれる享保八年（一七二三）、中御門天皇は祖父の霊元法皇の勧めで柿本人麻呂に神位神号を奉授することとなった。人麻呂は、住吉明神（大阪市住吉区の住吉大社）と玉津島明神（和歌山市和歌浦の玉津島神社）とともに和歌の道を守護する和歌三神として歌人たちに崇敬されてきた。特に、住吉大社と玉津島神社には寛文四年（一六六四）の後西上皇から天保一三年（一八四二）の仁孝天皇まで、七人の上皇と天皇の古今伝授終了後の廷臣たちとの五〇首和歌が奉納され、現存している。[13]

享保八年、柿本人麻呂没後一〇〇〇年といわれるが、現在では人麻呂の生没年は不詳とされ、誕生地・終焉地も不明である。しかし江戸時代には一般に人麻呂の没年は奈良時代の神亀元年（七二四）、終焉地は石見国高津（島根県益田市高津）とされていた。[14] 石見国高津には人麻呂を祀る高津柿本神社と別当寺（神宮寺）の真福寺があった（明治の廃仏毀釈により真福寺はなくなった）。一方、播磨国明石にも人麻呂を祀る人麻呂社と月照寺があって、ここは現在も柿本神社と月照寺が隣りあって存在する。明石の人麻呂社（月照寺）は、人麻呂の代表歌とする「ほの〳〵と明石の浦の朝霧に島隠れ行く舟をしそ思ふ」が詠まれたという明石海峡が眼前にあるので、平安時代以来、この地に祀られているのである。(15)

享保八年（一七二三）二月、明石と高津の人麻呂社の別当寺、月照寺と真福寺の僧が朝廷より召されて上洛し、法皇の御所に伺候し、次に武家伝奏の中院通躬邸で同じ武家伝奏の中山兼親同席のもと、人麻呂の神位神号の位記と官符が高津の真福寺に、女房奉書が明石の月照寺に伝達された。このことは上洛して神位神号の女房奉書を受け取った月照寺七世別仙が三年後の享保一一年（一七二六）に書いた「神号神位記録」に記されている。その一部、法皇の御所に伺候した時の記録に、(16)

一、十一日、院御所江被召。鳥山上総介・山本但馬守・藤木因幡守等ニ致対面。段々社内之様子、祭祠之儀式御尋ニ付、石州ニハ毎歳七月廿八日より八月五日迄神事有之、群集仕由被申上候。

一、拙僧返答ニハ相究り候。祭礼与申儀も無之、正・五・九月、従城主、武運長久・五穀成就之御祈祷并御湯被捧之候。所之面々、是を祭礼と申伝候由、申上候事。

一、御役人中御挨拶ニ神輿等茂在之候哉与御尋之処、石州ニハ従城主神輿・神具共ニ寄附被成、無不足由、被申上候事。

一、明石ハ如何与被仰候故、神輿も無御座由及御返答候処、神輿無之候而ハ祭礼らしく無之故、何卒神輿有度ものと御挨拶被成候。則当三月被及千年ニ候間、千年期之祭礼相勤、永々三月祭礼可相勤之事、尤於禁裏ニ茂御影供之祭礼与申、毎歳三月御儀式有之由、被仰候。其節御蒸菓子頂戴仕候事。

とある。神位神号の伝達の前日、明石と高津の二人の僧が法皇の御所に召され、御所の家司たちより祭礼について質問があった。高津の僧は毎年七月二八日より八月五日まで神事があり、城主より寄進された御輿や神具があると答えた。明石の僧、別仙は返答に困った。御輿もなく、祭礼らしいものもなく、年に三度、城主からの御祈祷がある程度であった。御所の家臣たちは三月には人麻呂千年の祭礼を勤めるように勧めた。

明石と高津の相違は津和野藩主と明石藩主の相違に大きく影響されたと思われる。高津の人麻呂社は石見国津和野藩にあった。領主亀井氏は元和三年（一六一七）以来明治維新まで続いた藩主である。殊に二代茲政《これまさ》は人麻呂社を現在地へ移築し、拝殿や楼門などを寄進した。(17) 一方、播磨国明石藩は元和三年（一六一七）譜代大名小笠原氏が入部して一代で移封、寛永一〇年（一六三三）松平（戸田）氏が入部して二代で移封、寛永一六年（一六三九）大久保氏が入部して一代で移封、慶安二年（一六四九）松平（藤井）氏が入部して二代で移封、延宝七年（一六七九）本多氏が入部して一代で移封、天和二年（一六八二）越前国大野より松平直明が入部して、以後、明治維新まで一〇代に渡って藩主を勤めた。このように元和三年より享保八年まで一一六年の間、津和野藩では同じ亀井氏で三代変わったが、明石藩では六氏九代も変わった。しかも江戸時代前期、譜代大名の中でも三河出身の大名の移封は頻繁である。自領の社寺と親密になる間もなく移封することとなった。藩主の寄進のない明石の僧、別仙は法皇の御所での答弁に窮したのである。

五　中世から近世への和歌・連歌奉納の変遷 ―結語にかえて―

以上の各節を要約しながら中世から近世への和歌・連歌奉納の変遷について考えてみたい。

一の天文一三年（一五四四）の『東国紀行』では、連歌師宗牧の紀行から、連歌には国人たちの団結心を高め、一揆の精神を助長するのを眺めた。特に伊勢国員弁川流域の国人たちが都の香り高い連歌師をいかに迎え、どのように連歌の座を運営したか詳述した。しかしここでは特定の神社仏閣への奉納は行われていない。伊勢国栗原の赤堀氏の連歌は先祖の俵藤太への奉納といった目的はあるが、むしろ一族の国人同士の団結が窺われる。

二の慶長七年（一六〇二）の『亀岡文殊堂奉納詩歌百首』では、家宰直江兼続を中心に上杉氏の有力家臣が大聖寺文殊堂に奉納した『亀岡文殊堂奉納詩歌百首』を取り上げた。これは関ヶ原合戦直後、敗北の憂き目を負い、一二〇万石から三〇万石に減封した上杉家臣団の奉納の続歌の和歌と漢詩である。続歌は連歌と同じく、一堂に会した詠み人の団結心、一揆の精神が必要となる。兼続は有力家臣たちの団結心の助長を期待したのであろうか。同時にそれは又、新領地の神仏への挨拶であった。ここに奉納の意義がある。

三の慶長一一年（一六〇六）から翌一二年の『白山万句』では、本稿の中心となる藩主前田氏の白山社造営とそれに次ぐ藩士二二〇余人の加賀白山社奉納万句を述べた。万句興行の一〇年前、慶長元年、前田氏によって白山社の造営が完成した。この造営が始まる前、北村三郎右衛門入道宗甫は夢想句を感得した。その夢想句を脇起に鷹栖久左衛門尉明宗と千句連歌を詠んだ。これを契機に『白山万句』が詠まれることとなった。白山万句はまさに新領の地元の社寺への挨拶と焦臭い大坂の陣を前にした家臣の団結を願う藩を挙げての万句興行であった。

四の享保八年（一七二三）柿本人麻呂に神位神号奉授の時、御所に呼ばれた明石の月照寺の七世別仙の記録「神号神位記録」を紹介した。法皇の御所では明石の月照寺の僧と石見国高津の真福寺の僧が家司たちから祭礼について質問を受けた。津和野藩領主亀井氏の寄進などがあった高津の人麻呂社と違って月照寺には祭礼がない。月照寺の別仙は答えに窮した。別仙の記録から、領主の相違が祭礼に影響したと考えてみた。近世、幕藩体制下にあっては、藩の財力、藩主の信仰心が地方の寺社に大きく影響するのである。中世の国人は本貫地と一体になって寺社に寄進し、奉納を行う。近世の領主は新領の社寺への挨拶として寄進をし、奉納を行うのである。[18]

註

（1）『白山万句』については、棚町知彌・鶴崎裕雄・木越隆三編著『白山万句―資料と研究―』白山比咩神社　昭和六〇年
（2）光田和伸「連歌の流れ」『日本文学史』6　岩波書店　平成八年
（3）拙稿『戦国の権力と寄合の文芸』序章第三節「『東国紀行』による地域的比較検討」和泉書院　昭和六三年
（4）「醍醐寺文書」四・九『大日本古文書』家わけ　第一九　東京大学史料編纂所
（5）飯田良一「北伊勢の国人領主―十ヶ所人数・北方一揆を中心として―」年報中世史研究9　昭和五九年、同「員弁郡の国人領主について」東員町埋蔵文化財調査報告2　昭和五九年
（6）『四日市市史』16巻　通史編　中世編　第三章　第三節「赤堀一族とその活動」四日市市　平成七年
（7）大塚勲「『西郡千句』連衆の家」鶴崎裕雄編『地域文化の歴史を往く』和泉書院　平成二四年
（8）『亀岡文殊堂奉納詩歌百首』については、遠藤綺一郎「亀岡文殊奉納詩歌百首について」山形県立米沢短期大学付属生活文化研究所報告15　昭和六三年、拙稿「直江兼続・大国実頼兄弟と寄合の文芸―『亀岡文殊堂奉納詩歌百首』の歴史的意味―」花ヶ前盛明監修『直江兼続の新研究』宮帯出版社　平成二一年　参照
（9）岩沢愿彦『前田利家』人物叢書新装版　吉川弘文館　昭和六三年、尾下成敏「前田利家の居所と行動」藤井譲治編『織豊期主要人物居所集成』思文閣出版　平成二三年
（10）森田平次『金沢古蹟志』歴史図書社　昭和五一年
（11）「先祖由緒并一類附帳」加越能文庫蔵　金沢市立玉川図書館
（12）津田信成編『諸士系譜』加越能文庫蔵　金沢市立玉川図書館
（13）鶴崎裕雄・佐貫新造・神道宗紀編『紀州玉津島神社和歌集』玉津島神社　平成四年、神道宗紀・鶴崎裕雄『住吉大社奉納和歌集』東方出版　平成一一年　に各々翻刻が載る。

(14) 神道宗紀「人麻呂終焉の地と津和野の人々―万葉集および高津柿本社奉納文書から―」鶴崎裕雄編『地域文化の歴史を往く』和泉書院　平成二四年
(15) 小倉嘉夫「近世朝廷と明石月照寺―月照寺文書に見る歌神信仰―」鶴崎裕雄編『地域文化の歴史を往く』和泉書院　平成二四年
(16) 鶴崎裕雄・神道宗紀・小倉嘉夫編著『月照寺明　石柿本社奉納和歌集』和泉書院　平成二三年
(17) 神道宗紀「人麻呂終焉の地と津和野の人々」前掲
(18) 中世的領主（国人）から近世的領主（藩主）への移行を如実に記したものに『家忠日記』（『増補続史料大成』19　臨川書店）がある。しかし国人的存在であった三河時代の記録に較べて、藩主的存在となる関東移封以後の記述は少なくなる。特に関ヶ原合戦を前に、家忠は伏見城を守備して討ち死にした。なお『家忠日記』の近年の研究には、盛本昌広『松平家忠日記』（角川書店　平成一一年）・久保田昌希編『松平家忠日記と戦国社会』（岩田書院　平成二三年）がある。

近世能登の職人について　―七尾大工とその周辺―

和田　学

はじめに

七尾町は七尾湾に面した湊町であり、古くから港を中心とした能登の要衝として発展してきた町場である。近世の七尾町は本町一八町、地子町二町で構成されており、一八六七（慶応三）年での戸数は一八九二軒、人口八四二五人で、町場面積は〇・九平方キロメートルと極めて狭い範囲を「七尾」と呼んでいた。「七尾」の地名は室町期に能登畠山氏が築いた山岳城「七尾城」にちなむとされており、前田利家が山岳城から七尾湾に近い小高い丘陵地の小丸山に城を移し、その城下を「所口」と称したことで、「七尾」と「所口」の町名が混同することとなった。加賀藩では名称の混乱を避けるために、一七〇二（元禄一五）年に正式に「所口」と決定した。

七尾大工は基本的には七尾町又は所口町を拠点として活動する大工職人を指す。七尾大工は、棟札などの銘文史料に「七尾」や「所口」の所在地を明記した大工職人を対象に「七尾大工」とした。また、同じ姓や屋号を名乗る大工職人についても、その一門大工として考え、組織的活動の展開を追うことにつなげてみた。史料には「所口大工」とも出てくるが、七尾の地名が明治期以降再び復活して現在に至っているため、ここでは「七尾」の地名を主として使用する。

一　七尾大工の先行研究

七尾大工の先行研究には、県内外に所在する石川県関係銘文史料をまとめた桜井甚一氏の『石川縣銘文集成』[1]があげられる。「中世金石文」や「近世初期金石文上・下」など全五冊が刊行されており、銘文史料研究の基本資料集として活用されている。研究論文では、浅香年木氏の「北陸における建仁寺流大工の展開—棟札を素材にした考察—」[2]があげられる。近世北陸における建仁寺流の伝播と定着の様相について棟札を中心に考察しており、七尾大工に関しては船木大工と船木神主、藩政後期の御大工井上庄右衛門と門人柴田大工との師弟関係を提示し、建仁寺流が地方へ浸透していく過程について述べている。また、荒木澄子氏の「金沢城二之丸御殿造営にたずさわる大工たち—『御造営方日並記』の記述から—」[3]では、一八〇九（文化六）～一八一〇（文化七）年に二之丸御殿造営に係わった地方大工を取上げている。遠所大工として七尾大工を含めた多くの大工が能登から出稼ぎに来ている実態を浮き彫りにしている。

建築遺構や技術的・歴史的に考察したものには、石川県教育委員会の『石川県の近世寺社建築』[4]があげられる。桜井敏雄氏を中心として県内の重要寺社の総合調査を記録した調査報告書であり、中世大工や御大工、地方在郷大工など幅広く取り上げて考察している。また、田中徳英氏の『加賀藩大工の研究—建築の技術と文化—』[5]では、近世初期から幕末までの加賀藩の作事方の成立と構成などその体制組織を中心に考察している。その中で大工の流派や由緒などにも言及し、加賀藩大工の総合研究史的要素が含まれている。このほかには、金沢城研究室の正見泰氏が「鶴丸倉庫の構造と意匠—平成一四年～一六年度建造物調査からの報告—」[6]ほか、金沢城の建造物の構造などを中心とした建築史や加賀藩の御大工の系譜に関する研究など、多数の論文を発表している。

二　七尾大工の動向

1　天正期～慶長期の大工

現在の七尾市域を概観すると、中世から連綿と続く有力な神社の造営に携わる大工集団が存在する。特に七尾市北西部に所在する中島町宮前の久麻加夫都阿良加志比古神社「一二八三（弘安六）年五月熊甲社神殿修造棟札」[7]には「大工僧長乗」が記されており、隣接する中島町藤瀬の藤津比古神社「一三一四（正和三）年八月熊野権現拝殿建立棟札」[8]でも大工頭の存在を知ることができる。

また、七尾湾に浮かぶ能登島の総鎮守である向田の伊夜比咩神社所蔵の中世棟札には多くの大工名を知ることができる。「一三〇六（嘉元四）年二月御殿一宇造立棟札」に「大工左近」、「一三六四（貞治三）年八月御宝前造立棟札」に「大工西川弥五郎（カ）」、「一三八七（嘉慶元）年十月八幡宮宝殿造営棟札」に「結縁長大工太郎兵衛尉藤原□」、「一四四三（嘉吉三）年八月伊夜比咩神社御宝殿上葺棟札」に「大工藤原朝臣」、「一四六五（寛正六）年二月神明社頭一宇再興棟札」に「番匠衛門太郎教家、鍛冶大工小次郎、番匠小工五郎兵衛・次郎三郎・衛門太郎・次郎太郎・左衛門太郎、京大工太郎」、「一四九六（明応五）年八月伊夜比咩神社造営棟札」に「大工太良二良」などが記されている[9]。これらの棟梁大工やその一門大工についての素性や江戸期への変遷などについては不明である。

それ以降の一五九二（天正二〇）年の伊夜比咩神社棟札[10]には、「藤橋近間理右衛門兼春」とあり、出身地名を付した大工名が確認される。藤橋は市内中心街の南側に位置し、隣接する所口村には「一三三六（建武三）年源頼顕下知状」や「一五五七（弘治三）年畠山義綱下知状」などを有する能登生國玉比古神社（通称気多本宮）[11]が所在する。同社が所蔵する一五九八（慶長三）年棟札には「大工四郎左衛門尉」（**【史料1】**）、一六一三（慶長一八）年棟札には「大工池釜二郎左衛門」の大工名が確認される。[12] また、市街地の東側に位置する大地主神社（通称山王神社）に所在する一六〇二（慶長七）年棟札には「大工吉峯二郎」、七尾城の山麓に所在する松尾天神社の一六〇六（慶長一一）年棟札には「大工藤原朝臣稲富八良左衛門尉吉次」の記載が見られる。しかし、これらの大工の出身地やその後の動向を窺うことは出来ない。

【史料1】慶長三年十二月　地蔵大菩薩気多本宮棟札（所口町　能登生國玉比古神社所蔵）

（表）（裏面記載なし）

慶長三戊戌年　　大工次郎左衛門

〔種子〕（地蔵菩薩）南　無　地　蔵　大　菩　薩　気　多　本　宮

十二月十三日　願主御上 大鶴丸 藤松丸

2　寛永期以降の七尾大工

寛永期以降では、水株・船木・島屋の七尾大工の活躍が多く見られる。これらは七尾市域や能登の有力神社の造営や再興などを手掛けている代表的な大工である。

はじめに水株大工は、七尾市古府町に所在する総社に奉納された一六三八（寛永一五）年の三番叟図額に、「能州鹿島郡矢田郷所之口、功匠水株勘左衛門、画工狩野長兵衛」と記されている。また、それを収める同年銘の宝物箱には「所口町棟梁右勘左衛門より四代水株勘左衛門吉貞」と記され、代々勘左衛門を襲名していることが知られる。[13] しかし、これ以降水株勘左衛門の棟梁名はみられない。その後の水株大工の形跡としては、一六五八（万治元）年の七尾市三引町に所在する赤倉神社講堂の造営奉加札[14]に、水株大工と推定される「佐次右衛門」「長左衛門」の名前がみられる。佐次右衛門は一六六三（寛文三）年の気多本宮社頭造立にも携わっており、「大工池谷藤原重吉、小工左次右衛門快信」とある。[15] 一六六六（寛文六）年には久麻加夫都阿良加志比古神社造営にも関っており、[16] 一六七〇（寛文一〇）年の輪島市鳳至町住吉神社史料[17]では佐次右衛門は重時を名乗る。先の快信とのつながりは不明なものの、水株佐次右衛門の襲名があるように考えられる。この造営では佐次右衛門以外で水株与四左衛門・同伝左衛門とあり、水株一門で携わっていたことが知られる。

また、長左衛門大工は、珠洲市飯田町に所在する春日神社の一六四六（正保三）年修造棟札（【史料2】）[18]には、「能州七尾大工水株長左衛門家吉」、一六八〇（延宝八）年穴水町川島の美麻奈比古神社史料[19]に「水株長左衛門尉藤原将清、水株佐次右衛門尉藤原重時」とあり、ここでも水株一門で造営に携わっている。長左衛門一門は、一七八七（天明七）年に水株長左衛門が羽咋市に所在する能登一ノ宮気多神社の造営で棟梁大工として参加している。[20] 長左衛門の由緒[21]によれば、長左衛門の父は、所口棟梁大工伝右衛門とあり、長左衛門には藩から切米五〇俵と一人扶持が与えられた。その後一七九七（寛政九）年に御大工となり、一八〇二（享和二）年に病死している。その後継者は倅の長蔵で、御扶持方御大工となっている。

この気多神社棟札に同じ棟梁大工として名を連ねた井上庄右衛門と渡邊伊兵衛も一七九七（寛政九）年に御大工になっており、[22] 清水次左衛門や安田伝兵衛といった加賀藩御大工衆が携わる有力寺社の造営に参加することで、その技量が認められたものと思われる。また、田中徳英氏によれば、水株長左衛門は気多神社のほかに金沢天徳院御霊廟や本光寺、京都芳春院などを手掛け、一七九六（寛政八）年には御大工頭を務めた四天王寺流系の安田家から「額彫刻之事」の相伝を受けている。この相伝が御大工昇進に大きく影響したとされるが、四天王寺流の手法は継承されなかったと指摘している。[23]

【史料2】正保三年六月　三間一面精舎修造棟札（珠洲市飯田町　春日神社所蔵）

（表）（裏面略す）

能州七尾大工水株長左衛門家吉　敬

奉修造三間一面精舎一宇　旹正保第三龍集丙戌六月廿五日　大願主葛原朝臣神主式部少輔真秀

同　小工秋山吉兵衛吉勝　白

次に船木大工は、一六八五（貞享二）年に珠洲市に所在する古麻志比古神社宮殿の屋根葺棟梁として、[24]「船木又兵衛家定、息子船木又兵衛信次」と記されている。また、同市の「一七三六（元文二）年春日神社社頭葺替棟札[25]」に「葺師棟梁所口船木甚兵衛道次、同与三右衛門」が見られる。

船木大工には七尾市域周辺で活躍する権左衛門一門があり、一六九九（元禄一二）年の気多本宮奥社再造棟札（【史料3】[26]）に船木権左衛門久忠とある。その後、一七五二（宝暦二）年の所口町松尾神社[27]や一七七三（安永二）年の田鶴浜町市姫神社[28]、一七八八（天明八）年八幡町八幡神社[29]、一七九七（寛政九）年気多本宮宝蔵、中門などの造営棟札に権左衛門がみられ、約百年間の間に何代かの代替わりがあったと考えられる。また、船木大工は代々権左衛門を襲名しているが、久忠以降の名前では寛政九年の倅与兵衛の名前がみられる。この船木大工は気多本宮の神官を勤める神職名と同名で、同族的関係が先の浅香論文で指摘されている。このような神職と大工の関係は、七尾市の南東部で富山県境に位置する山崎町阿良加志比古神社に所蔵される棟札[30]にもみられる。ここでは、大畠神職と同名の大畠大工が神社の普請に携わっており、その関係が注目される。

【史料3】元禄十二年六月　能登生国玉比古奥社再造棟札（所口町　能登生國玉比古神社所蔵）

（表）（裏面略す）

于時　元禄　十貳　暦　大工船木権左衛門久忠

所口神主船木豊前守

素盞鳴尊
大己貴命
奇稲田比咩

奉再造能登生國玉比古奥社　　願主大野五良右衛門義□

所口神主船木相模守

卯　六月　廿六　日　御遷宮唯一神道神主船木長門守修之畢

最後に島屋大工は、その屋号から能登島出身の大工とみられ、携わる神社も能登島所在のものが多い。島屋は宗右衛門を名乗り、一六八七（貞享四）年に能登島曲町の大宮神社[31]、一六九〇（元禄三）年に西三階町藤原比古神社[32]、一七二一（享保六）年と一七二六（享保一一）年には能登島向田町の伊夜比咩神社の相殿社造営[33]に携わっている。一七二六（享保一一）年の棟札には、「大工所口木町大島宗右衛門」とあり、島屋の宗右衛門家が大島姓を名乗っていたことが知られる。島屋はその翌年に瀬右衛門が先の大宮神社の造営[34]を、一七四〇（元文五）年には一本杉町の五右衛門が小島町長齢寺の須弥壇（【史料4】[35]）を、一八二〇（文政三）年には米町島屋佐助が馬出町宝塔寺見台（【史料5】[36]）を手がけている。

【史料4】元文五年三月長齢寺須弥壇銘（小島町　長齢寺所蔵）

（正面内側銘）

元文第五申天　　昌安貞久大姉

三月四日七代著波記之　為　　木町

圭林峰信女　菩提　山田屋仁左衛

寄附之者也

（右側内面銘）

一本杉町

大工

嶋屋五右衛門

【史料5】文政三年宝塔寺見台（馬出町　宝塔寺所蔵）

（底板裏）

当所米町島屋

施主　大工左助

文政□（三）辰年出来

十八代

【表１】　中世の棟札を伝える能登島地区の神社と御堂

	和　暦	寺社名・史料名など	所在地	大工名など
1	嘉元4年2月6日	伊夜比咩神社 / 御殿一宇造立棟札	向田	大工左近・又三郎、小工藤三郎・利四郎・中太郎、加治助太郎
2	貞治3年8月28日	伊夜比咩神社 / 御宝前造立棟札	向田	大工西川弥五郎（嘉元４年銘の棟札裏面を利用して記載される。）
3	嘉慶元年10月15日	伊夜比咩神社 / 八幡宮宝殿造営棟札	向田	能登島結縁長大工太郎兵衛尉藤原乗□、小工兵衛太郎
4	応永26年7月25日	閨観音堂一宇二間二面造立棟札	閨	大工沙弥明頓
5	嘉吉3年8月吉日	伊夜比咩神社 / 御宝殿上葺棟札	向田	大工藤原朝臣
6	寛正6年2月13日	伊夜比咩神社 / 神明社頭一宇再興棟札	向田	番匠衛門太郎教家、鍛冶大工小次郎、小工数十人
7	寛正6年2月23日	伊夜比咩神社 / 八幡社頭一宇再興棟札	向田	大工衛門太郎教家、鍛冶次郎、番匠小工五郎兵衛・次郎三郎・衛門太郎・次郎太郎・左衛門太郎、京大工太郎
8	明応5年8月13日	伊夜比咩神社 / 伊夜比咩神社造営棟札	向田	大工太良二良
9	天文17年9月10日	嶋之妙法経幡供養札	嶋別所	幢幡箱の蓋部分の可能性もある一枚板。大工名など記載無し。
10	天文11年8月2日	閨観音堂一宇造立棟札	閨	（大工名など朽損にて判読不可）
11	永禄元年9月16日	伊夜比咩神社 / 御宝殿造立棟札	向田	（大工名記載無し）
12	天正2年	大宮神社 / 大宮神社宝殿・前殿造立棟札	曲	大工鹿島郡於原住人近間□三右衛門尉
13	天正3年6月吉日	伊夜比咩神社 / 八幡宮造営棟札	向田	（大工名記載無し）
14	天正20年8月15日	伊夜比咩神社 / 白山宮一宇再興建立棟札	向田	大工藤橋近間理右衛門兼春
15	天正20年8月15日	伊夜比咩神社 / 八幡宮御宝殿修造棟札	向田	大工藤橋近間理右衛門兼春、小工同藤九郎
16	天正20年ヵ	伊夜比咩神社 / 神明拝殿一宇建立棟札	向田	大工藤橋近間理右衛門兼春、同小工藤九郎

【表２】　主な七尾大工の遺構と職人一覧　　　　※七尾市内は町名のみ表示

【①水株大工】

	和暦	寺社名	所在地	史料など	大工名など
1	寛永 15 年	総社	古府町	三番叟図額	巧匠水株勘左衛門、画工狩野長兵衛
2	寛永 15 年	総社	古府町	総社宝物箱	棟梁勘左衛門ヨリ四代水株勘左衛門吉貞
3	正保 3 年	春日神社	珠洲市飯田町	精舎修造棟札	水株長左衛門家吉・秋山吉兵衛吉勝
4	万治元年	赤倉神社	三引町	赤倉神社制札	七尾所口大工猪右衛門・平右衛門・佐次右衛門・太郎左衛門・長左衛門・千右衛門、木挽半左衛門・三右衛門
5	寛文 3 年	気多本宮社	所口町	気多本宮造立棟札	大工池谷藤原重吉・小工左次右衛門快信
6	寛文 6 年	久麻加夫都阿良加志比古神社	中島町宮前	熊甲大明神宮造立棟札	七尾佐次右衛門
7	寛文 10 年	住吉神社	輪島市鳳至町		水株佐次右衛門重時・水株与四左衛門・水株伝左衛門
8	寛文 11 年	金蔵寺本堂・庫裡	輪島市町野町		鳳至郡中居住水株太次兵衛
9	延宝 8 年	美麻奈比古神社	鳳珠郡穴水町		水株長左衛門藤原将清・水株佐次右衛門尉藤原重時
10	貞享元年	加夫刀比古神社	鳳珠郡穴水町甲		水株助九郎藤原朝臣宗則
11	宝永元年	松尾神社	羽咋郡志賀町	松尾大明神壱社再興棟札	所口町水株弥三兵衛
12	宝永 5 年	松尾神社	羽咋郡志賀町	拝殿再興棟札	所口水株伝兵衛重次・同所　勘四郎
13	正徳 3 年	阿良加志比古神社	山崎町	神輿造営棟札	大工所口町水株弥三兵衛・塗師所口町西田長兵衛
14	正徳 5 年	日吉神社	能登島日出ヶ島町	山王社鳥居建立棟札	大工所口大工左次右衛門
15	享保 6 年	正永寺	塩津町	本堂欄間墨書銘	指物大工能州所口水株氏三郎右衛門尉高定
16	享保 11 年	神明神社	珠洲市若山町	八幡宮神輿造立棟札	所口町水株三郎衛門尉藤原考定・同所山口善衛門尉清定
17	享保 15 年	阿良加志比古神社	山崎町	神明宮排殿建立棟札	大工所口町弥三兵衛
18	元文 5 年	天日陰比咩神社	鹿島郡中能登町	社頭建立棟札	所口大工町水株三郎右衛門・脇大工同所佐次右衛門・加兵衛
19	寛保元年	輪島住吉神社	輪島市鳳至町		水株氏三郎右衛門尉孝定
20	寛保元年	南志見住吉神社	輪島市南志見町		所口水株三郎右衛門尉
21	安永 8 年	瀬戸比古神社	羽咋郡志賀町	本社再建棟札	大工所口船木与左衛門、小工船木三太郎・水株与衛門・宮□又三郎・仲代五郎左衛門
22	天明 5 年	聖安寺	岡町	正面唐狭間	所口大工町水株又四郎
23	天明 7 年	気多神社	羽咋市寺家	随身門再興棟札	棟梁大工水株長左衛門・大工棟頭水株伝右衛門
24	寛政 3 年	長福寺	今町	前卓	大工水株屋亦四郎・塗師久左衛門
25	天保 3 年	白山志良比古神社	鹿島郡中能登町	神輿	棟梁平野佐平・吉田弥三郎・平野佐太郎・平野佐十郎・水株文蔵・平野甚七・水株勘助・平野伊助・平野嘉助
26	江戸期	神明社	氷見市戸津宮	神輿墨書銘	作者能府住人彫物仕大工水株弥左衛門・藤原吉明

【②船木大工】

	和暦	寺社名	所在地	史料など	大工名など
1	貞享2年	古麻比古神社	珠洲市若山町	宮殿屋根葺替棟札	能登郡之内七尾之住屋祢葺棟梁大工船木又兵衛家定・屋祢葺棟梁息子船木又兵衛信次
2	元禄12年	気多本宮社	所口町	奥社再造棟札	大工船木権左衛門久忠
3	享保4年	気多本宮社	所口町	社頭向直棟札	大工棟梁船木権左衛門
4	元文2年	春日神社	珠洲市飯田町	社頭葺替棟札	葺師棟梁所口船木甚兵衛道次・同与三右衛門
5	宝暦2年	松尾神社	所口町	天照皇大神宮造立棟札	棟梁大工舟木権左衛門、棟梁葺師藤村次郎左衛門
6	安永2年	市姫神社	田鶴浜町	恵比寿西宮神社造立棟札	所口大工船木屋権左衛門
7	安永8年	瀬戸比古神社	羽咋郡志賀町	本社再建棟札	大工所口船木与左衛門、小工船木三太郎・水株与衛門・宮□又三郎・仲代五郎左衛門
8	天明6年	気多本宮社	所口町	春日太明神社造立棟札	大工一本杉町舟木権左衛門・葺師同町樽次良左衛門
9	天明8年	八幡神社	八幡町	鳥居造立棟札	棟梁大工所口一本杉町船木屋権左衛門
10	寛政9年	気多本宮社	所口町	宝蔵再建棟札	左官味噌屋町佐味嘉兵衛・大工棟梁船木権左衛門・同平右衛門・小工伜船木与兵衛・同忠助・同文蔵
11	寛政9年	気多本宮社	所口町	中門再建棟札	（表）大工棟梁船木権左衛門・小工伜同与兵衛・同平右衛門・同忠助・同文蔵・船木清右衛門・島善左衛門・葺師棟梁藤村嘉右衛門・伜同留兵衛・米村甚左衛門・八幡多右衛門　（裏）左官味噌屋町佐味屋嘉兵衛
12	寛政12年	熊野神社	津向町	御神箱再興棟札	大工船木屋権左衛門
13	天保7年	気多本宮社	所口町	気多本宮大鳥居造営棟札	棟梁柴田新助・宮大工船木屋権左衛門 助工船倉屋半左衛門・同三原屋平右衛門

【③島屋大工】

	和暦	寺社名	所在地	史料など	大工名など
1	貞享4年	大宮神社	能登島曲町	森宮社建立棟札	大工七尾島屋
2	元禄3年	藤原比古神社	西三階町	藤原新社棟札	棟梁大工七尾島屋宗左衛門
3	元禄4年	日吉神社	能登島日出ヶ島町	山王社社頭建立棟札	大工七尾島屋
4	享保6年	伊夜比咩神社	能登島向田町	相殿八幡宮鳥居造立棟札	大工所口町島屋宗右衛門
5	享保11年	伊夜比咩神社	能登島向田町	相殿白山宮拝殿造立棟札	大工所口木町大島宗右衛門
6	享保12年	大宮神社	能登島曲町	大宮本社造立棟札	大工能登郡所口木町島屋瀬右衛門
7	元文5年	長齢寺	小島町	須彌壇	一本杉町大工島屋五右衛門
8	文政3年	宝塔寺	馬出町	見台	米町島屋大工佐助

3　近江屋大工

近江屋は江戸時代中・後期の七尾大工の中心的な存在で、神社本殿などの他に御輿や寺院の欄間、什物類などの細工物も手がけ、塗師や錺金具師との共同作業の形態が多く見られる。近江屋の初見は、一七四三（寛保三）年の輪島市町野金蔵寺の本堂造立棟札に「所口近江氏伊右衛門尉藤原光盛」とある（【史料6】[37]）。近江屋はその屋号から近江出身であるとみられるが、はっきりとした素性は不明である。

その後の近江屋は代々彦四郎を襲名しており、七尾市内の中心部に位置する大工町（現橘町）の肝煎を歴代務める家筋であった[38]。近江屋彦四郎の遺構は一八〇一（享和元）年鵜浦町称念寺本堂欄間[39]を初見として、一八一二（文化九）年中能登町健部神社社頭[40]、同年国下町日吉神社御輿[41]、一八一八（文政元）年中島町上町本浄寺厨子[42]、一八二三（文政六）年志賀町若宮神社御輿[43]、一八二四（文政七）年矢田町松尾天神社本殿[44]、一八三六（天保七）年府中町印鑰神社六角榊台（【史料7】[45]）、一八四一（天保一二）年盤若野町善行寺開祖絵像前机[46]など幅広く手がけている。また、国下町日吉神社の御輿製作では、塗師が中小池町（現相生町）叶屋伊右衛門、錺金具師が鍛冶町古府屋市右衛門との共同作業となっている。このほか、一八三六（天保七）年の印鑰神社の六角榊台製作では、塗師が免羅屋与三兵衛、金具師が堂閑屋九左衛門となっている。このような共同作業製作は、近世後期に多くみられ、各地で神輿製作が盛んに行われたことが窺われる。また、黒漆や黄金色に彩られる神輿製作は、仏壇製作にも活かされ、現在の伝統工芸となっている七尾仏壇の製作技法にも受継がれている。

近江屋彦四郎の遺構は一八四八（嘉永元）年輪島市門前町の諸岡比古神社の住吉大明神御輿造替銘[47]を最後にみられなくなる。同時期の近江屋一門では佐助家が一八四九（嘉永二）年中能登町能登比咩神社[48]や一八六六（慶応二）年輪島市門前町剱地光琳寺須弥壇（【史料8】[49]）にその足跡が見られる。光琳寺須弥壇には「作人所口近江屋佐助、倅平野平兵衛」とあり、近江屋が平野姓に継承されることが知られる。また、年月日未詳であるが江戸期の作品と見られる

【④近江屋大工】

	和暦	寺社名	所在地	史料など	大工名など
1	寛保３年	金蔵寺	輪島市町野町	本堂一宇造立棟札	大工所口近江氏伊右衛門尉藤原光盛
2	延享３年	菅原神社	羽咋市堀替新町	三社一所之御社造立棟札	（表）棟梁大工所口住近江氏豊次郎、脇大工同人弟勘兵衛、同、同所助三郎、
3	天明２年	常福寺	相生町	本堂造立棟札	上棟大工棟梁辻善七正利・助工桑名宗十郎保教・島太右衛門直明・藤丸作之丞政次・尾山善兵衛・高井松右衛門・満仁平助・舟倉覚左衛門・直津佐兵衛・桑名清次郎・松田弥右衛門・近江又吉・尾山与三吉・木挽松本利兵衛・吉田弥右衛門
4	天明５年	乗龍寺	八田町	鐘楼造立棟札	大工棟梁桑名宗重郎保教・佐味弥兵衛・近江佐助・近江又右衛門・桑名清次郎・木地、鍛冶七里兵右衛門・屋根八幡源七・同太右衛門
5	寛政10年	日吉神社	羽咋市太田町	山王社宮殿寄付者名	工匠七尾近江屋七左衛門
6	享和元年	称念寺	鵜浦町	本堂欄間墨書銘	所口大工町近江屋彦四郎
7	文化２年	奇稲田姫神社	飯川町・下町		所口大工町近江屋豊左兵衛門・同右兵衛門
8	文化９年	日吉神社	国下町	山王再建、神輿建立棟札	大工飯川邑喜八・神輿大工大工町近江屋彦四郎・同塗師中小池町叶屋伊右衛門・同錺金具かし町古府屋市右衛門
9	文化９年	健部神社	鹿島郡中能登町	社頭再造棟札	大工所口町近江屋彦四郎
10	文化12年	住吉神社	鹿島郡中能登町		所口大工町近江屋彦四郎
11	文政元年	本浄寺	中島町上町	本尊厨子仕様書	所口大工町近江屋彦四郎
12	文政６年	若宮神社	羽咋郡志賀町	神輿新造棟札	大工所口町近江屋彦四郎、金具師阿良町山崎屋権右衛門、塗師同所鍛冶町塗屋久兵衛
13	文政７年	気多本宮社	所口町	神輿造営棟札	棟梁井上庄右衛門明矩門人柴田新助矩一・助工柴田七左衛門・柴田新助門人北野又五郎・柴田六之丞・柴田新次郎・島吉郎右衛門・山口喜太郎・山口長右衛門・柴田忠作・塗師車屋又右衛門・近江屋小左衛門・金具師京都小林吉兵衛
14	文政７年	松尾天神社	矢田町	本殿造立棟札	大工近江屋彦四郎
15	文政８年	気多本宮社	所口町	六角榊台	棟梁柴田新祐矩一・錺師山崎屋権左衛門・塗師車屋又右衛門・近江屋小左衛門
16	文政８年	妙剣白石神社	千野町	妙剣本社畳再興棟札	阿良町畳細工人赤尾屋藤兵衛・河原町大工近江屋彦右衛門
17	文政10年	長福寺	今町	本尊台座	所口大工町酒屋三郎右衛門、上沢屋伊助、近江屋又三郎、門弟川崎屋又蔵
18	天保７年	印鑰神社	府中町	六角榊台	大工近江屋彦四郎・塗師免羅屋与三兵衛・金具堂閑屋九左衛門
19	天保12年	善行寺	盤若野町	開祖絵像前前机	所口大工町近江屋彦四郎作
20	弘化２年	印鑰神社	府中町	漆塗六角造神輿	大工近江屋彦四郎・塗師免羅屋与三兵衛・金具堂閑屋九左衛門
21	嘉永元年	住吉神社	輪島市門前町	神輿造替	工師所口近江屋彦四郎・塗師糸屋弥左衛門・金具師道閑屋久左衛門
22	嘉永２年	能登比咩神社	鹿島郡中能登町		七尾大工町近江屋佐助
23	慶応２年	光琳寺	輪島市門前町	須彌壇	作人所口近江屋佐助・倅平野平兵衛
24	江戸期	善正寺	大田町	正面唐様	所口近江屋佐助并本家弟彦之丞・所口河原町近江屋佐助作

七尾市大田町善正寺欄間[50]には「近江屋佐助并本家弟彦之丞」とあり、彦之丞が彦四郎家の一族であることから[51]、この佐助家は彦四郎家の分家であることがわかる。

【史料6】寛保三年八月　金蔵寺本堂造立棟札（輪島市町野　金蔵寺所蔵）

（表）（裏面略す）

一切日皆善
一切宿皆賢　　寛保三癸亥年　　檀頭　粟倉彦丞孝源　惣旦那中
諸佛皆威徳
（種子バン）　奉造立白雉山金蔵寺本堂一宇寺務阿遮梨法印栄旭代
　羅漢皆断漏
以斯誠実言　　八月廿八日　　大工　所口近江氏伊右衛門尉藤原光盛
願我常吉祥

【史料7】弘化二年五月　印鑰神社漆塗六角造御榊台（府中町　印鑰神社旧蔵）銘文は台輪裏心棒の六角柱の六区に左回りで墨書される。

（第一区）
世話人　肝煎　若林屋勘右衛門

（第二区）
同　組合頭　若林屋善右衛門

（第三区）
同　同　杉森屋忠左衛門

（第四区）
天保七丙申年出来之　大手町

（第五区）
弘化二年　大工近江屋彦四郎
巳五月　塗師免羅屋与三兵衛　町内安全
金具堂閑屋九左衛門

（第六区）
同　組合頭　若林屋藤右衛門

【史料8】慶応二年　光琳寺須弥壇銘（輪島市　光琳寺所蔵）銘文は裏面に並列に墨書される。
　慶応二」丙寅ノ歳」花月上旬」出来」作人所口」近江屋」佐助」倅平野」平兵衛」

4　平野屋大工

平野屋大工は先述の近江屋大工との深い関係がみられ、近世後期から近代への移行期の大工として注目される。平野屋大工は一八一〇（文化七）年羽咋郡志賀町福野の雄谷家の仏壇銘でその存在を知ることができる（【史料9】[52]）。この仏壇は、石川県内の在家に所有される仏壇の中でも古い時期に属し、伝統工芸の七尾仏壇につながる仏壇として注目されている。作人の平野彦之丞は、一八一五（文化一二）年の輪島市小伊勢町鳳至比古神社（広田神社）に「所口柴田新助矩一・同門人平野彦之丞」とあり[53]、柴田大工の門人であった。その後、一八二三（文政六）年、七尾市能登島日出ヶ島町日吉神社の諏訪社神輿造立棟札に「大工所口平野勘四郎[54]」、一八二八（文政一一）年の七尾市千野町妙剣白石神社の妙剣宮本社造立棟札に「大工棟梁菊本佐五右衛門・脇棟梁平野伊左衛門・平野浅右衛門・兼本善助[55]」とある。

また、一八三二（天保三）年の鹿島郡中能登町良川の白山志良比古神社神輿造立棟札[56]には、七尾大工と考えられる平野佐平を棟梁として、佐太郎・佐十郎・甚七・伊助・嘉助といった五名の平野姓大工と文蔵・勘助の水株姓大工が製作に携わっており、平野一門の活躍を見ることができる。さらに、この神輿の修復が一九一五（大正四）年に「七尾湊川原町平野由太郎」によって行われている。平野大工と近江屋大工の詳細な関係は史料からは知ることができないが、先の光琳寺須彌壇銘が示すように近江屋が平野姓を名乗っていたならば、平野彦之丞は近江屋彦之丞として考えることは不可能ではないと思われる。いずれにせよ、後述する加賀藩御大工井上庄右衛門の門人柴田大工とその門人である平野屋大工や近江屋大工が同門、または同じ流派の大工集団であったということが見えてくる。

【⑤柴田大工】

	和暦	寺社名	所在地	史料など	大工名など
1	文化 12 年	鳳至比古神社（広田神社）	輪島市小伊勢町		所口住柴田新助矩一・同門人平野彦之丞
2	文政 4 年	道神社	氷見市中田	神殿棟札	棟梁所口住柴田新助矩一
3	文政 7 年	気多本宮社	所口町	神輿造営棟札	棟梁井上庄右衛門明矩門人柴田新助矩一・助工柴田七左衛門・柴田新助門人北野又五郎・柴田六之丞・柴田新次郎・島吉郎右衛門・山口喜太郎・山口長右衛門・柴田忠作・塗師車屋又右衛門・近江屋小左衛門・金具師京都小林吉兵衛
4	文政 8 年	気多本宮	所口町	漆塗六角造神輿	棟梁柴田新祐矩一・錺師山崎屋権左衛門・塗師車屋又右衛門・近江屋小右衛門
5	天保 4 年	諏訪神社	鳳珠郡穴水町	神輿造営棟札	所口大工柴田新助・所口塗師新助
6	天保 7 年	気多本宮社	所口町	気多本宮大鳥居造営棟札	棟梁柴田新助・宮大工船木屋権左衛門・助工船倉屋半左衛門・同三原屋平右衛門
7	天保 13 年	輪島前神社	輪島市輪島前		所口芝田新助矩一
8	天保 15 年	石瀬比古神社	輪島市門前町	神輿新造	工師所口柴田新助・塗師所口糸屋弥左衛門
9	安政 3 年	白山神社	羽咋市福水町	永光寺観音堂再建棟札	棟梁田鶴浜柴田新兵衛、下大工池崎村半左衛門
10	元治元年	気多本宮	所口町	太鼓台	彫師柴田景一・柴田政一
11	元治元年	本行寺	小島町	本尊脇欄間	柴田弥三郎刻之
12	慶応 2 年	気多本宮	所口町	拝殿正面欄間	作人柴田政一
13	明治 7 年	住吉神社	田鶴浜町	住吉神社	棟梁柴田新平・材木方三井三右衛門・脇棟梁村山久七・横川仁三郎・木挽千田八郎平・屋根方徳田村坪田利平・同源三郎・戸并天井今枝市九郎
14	明治 9 年	天日陰比咩神社	鹿島郡中能登町	鳥居再建	棟梁大工吉田村柴田新助
15	明治 13 年	神明社	鹿島郡中能登町	神明社	大工吉田村柴田新助
16	明治 13 年	能登河中神社	鹿島郡中能登町	神社拝殿	大工棟梁柴田新兵衛・脇棟梁同新左衛門・木挽同上
17	明治 27 年	熊野神社	鹿島郡中能登町	鳥居再建	大工頭領柴田真次
18	明治 29 年	菅原神社	三引町	菅原神社	田鶴浜村大工棟梁柴田新次・赤蔵村三引副棟梁越村良松・木挽棟梁赤蔵村字三引吉村佐助・同村副棟梁岡田善松・壁屋三引平野六平・屋根葺能登部村字徳丸坪田利平・石屋七尾町字湊町曽福伊助
19	明治 38 年	剱神社	鹿島郡中能登町	剱神社新築	大工棟梁田鶴浜柴田真次

【⑥平野大工】

	和暦	寺社名	所在地	史料など	大工名など
1	文化7年	雄谷家	羽咋郡志賀町	雄谷家仏壇銘	北尾齋　平野彦之丞
2	文化12年	鳳至比古神社（広田神社）	輪島市小伊勢町		所口住柴田新助矩一・同門人平野彦之丞
3	文政6年	白山神社	氷見市老谷	神輿造営札	能州所口住大工平野勘四郎
4	文政6年	日吉神社	能登島日出ヶ島町	諏訪社神輿造立棟札	大工所口平野勘四郎
5	文政11年	妙剣白石神社	千野町	妙剣宮本社造立棟札	大工棟梁菊本佐五右衛門・脇棟梁平野伊左衛門・平野浅右衛門・兼本善助
6	天保3年	白山志良比古神社	鹿島郡鳥屋町	神輿	棟梁平野佐平・吉田弥三郎・平野佐太郎・平野佐十郎・水株文蔵・平野甚七・水株勘助・平野伊助・平野嘉助
7	天保11年	高坂剣主神社	氷見市平	本殿造替棟札	棟梁大工七尾河原町平野佐兵衛
8	安政5年	唐崎神社	小島町	本殿張替棟札	大工所口住平野小兵衛刀綱
9	慶応2年	光琳寺	輪島市門前町	本尊須弥壇	作人所口近江屋佐助・伜平野平兵衛
10	明治15年	神明社	氷見市深原	神輿墨書銘	能登国鹿島郡七尾川原町大工平野二左衛門・同町塗師得田吉良右衛門
11	明治22年	熊野神社	氷見市三尾	神輿墨書銘	石川県能登国七尾町字川原町平野由太郎作
12	明治23年	日吉神社	氷見市南大町	神輿墨書銘	石川県鹿島郡七尾町字川原町作人平野由太郎
13	明治24年	日宮神社	氷見市中央町	神輿墨書銘	石川県鹿島郡七尾町作人平野由太郎
14	明治25年	日吉社	氷見市葛葉	神輿墨書銘	石川県鹿島郡七尾字川原町作人平野由太郎
15	明治27年	熊野神社	氷見市国見	神輿墨書銘	石川県鹿島郡七尾町字川原町作人平野由太郎・同県同郡同町同山本乙春
16	明治32年	神明宮	氷見市川尻	神輿墨書銘	七尾町字川原町作人平野由太郎
17	明治33年	日吉松下社	氷見市幸町（七軒町）	神輿墨書銘	七尾町字川原町作人平野由太郎
18	明治33年	天満宮	氷見市鞍骨（鉾根）	神輿墨書名	七尾町字塗師町喜兵衛（免農喜兵衛）
19	明治39年	阿努神社	氷見市味川	神輿墨書銘	七尾港川原町平野由太郎
20	明治39年	住吉社	氷見市棚懸（一の島）	神輿墨書銘	七尾町作人平野由太郎・塗師一本杉町車屋宇右衛門・可屋伊助
21	明治39年	桑園神社	氷見市桑院	神輿墨書銘	七尾湊川原町作人平野由太郎
22	大正4年	良川沖地区	鹿島郡中能登町	神輿棟札銘	修繕七尾湊川原町平野由太郎

【表3】　坂上大工と入唐大工横山一門

	和　暦	寺社名・史料名など	所在地	大工名など
1	慶長19年	妙成寺本堂	羽咋市滝谷町	坂上又三郎
2	元和4年5月	妙成寺五重塔建立棟札	羽咋市滝谷町	越前北庄住坂上越後守嘉紹
3	寛永21年5月	長谷部神社信連御魂屋堂棟札	穴水町川島	坂上宗左衛門
4	明暦2年5月	亀山天神鐘撞堂造粒棟札	三引町	入唐従横山嘉春十七代大工坂上嘉澄嫡子源尉嘉清
5	明暦3年2月	小松天満宮建立棟札	小松市天神町	入唐自横山嘉春十七代山上善右衛門尉嘉廣
6	万治2年正月	赤蔵山神社講堂／大工初メ、四月下旬、普請等終者也、	三引町	大工坂上源丞・領内大工伝之丞・善三郎・七左衛門・助右衛門・五郎兵衛・重兵衛・次郎兵衛・喜兵衛・木引弥兵衛
7	万治2年5月	赤蔵山神社講堂造立	三引町	大工入唐従横山嘉春十七代坂上嘉澄嫡子源尉嘉清
8	寛文4年9月	赤蔵山上一本宮寺社頭	三引町	大工入唐従横山嘉春十七代坂上嘉澄嫡子源尉嘉清・小工筒井太左衛門以下三十八人・鍛冶加州金沢住荒木九郎三郎
9	貞享4年2月	南志見住吉神社造立棟札	輪島市里町	大工入唐横山従権之守吉春十八代山上井左衛門弟□輪島村坂井吉兵衛
10	元禄12年春	大乗寺相聞造営棟札	金沢市長坂町	入唐大工権頭吉春十六代坂上越後守五代孫井上平七郎治吉
11	享保14年	気多神社摂社大穴持社再興棟札	羽咋市寺家町	入唐大工横山権頭二十代御大工大西久左衛門真吉政乗
12	元文4年3月	大野湊神社神明宮佐那武大社上梁棟札	金沢市寺中町	入唐大工横山権頭二十代御大工頭大西久左衛門真吉借政乗
13	文政元年11月	瑞龍寺山門再営棟札	高岡市関本町	入唐匠司横山権頭吉春二十四代主附御大工山上善右衛門吉備吉順

注　瑞龍寺の万治2年6月仏殿建立棟札に御大工山上善右衛門とあり。

【史料9】文化七年四月　雄谷家仏壇銘（羽咋郡志賀町）銘文は仏壇内戸の残存する飾り窓彫刻裏に並列して墨書される。
文化七午卯月子日」貳」北尾齋　平野彦之丞作

5　加賀藩御大工と七尾大工

加賀藩の御大工と地方大工の関係については、先の浅香論文などで有力寺社の建築に携わる御大工との師弟関係を持つことで、流派の地方波及を見ることが出来ると指摘されている。七尾市域では一六五六（明暦二）年から一六五九（万治二）年、一六六四（寛文四）年にかけて造営整備された七尾市三引町赤蔵山上一本宮寺の鐘楼や講堂などの造立棟札（【史料10】(57)）に「入唐従横山嘉春十七代大工坂上嘉澄嫡子源尉嘉清」とあり、建仁寺流坂上家の存在を知ることが出来る。

坂上家は越前国出身で、高岡市瑞龍寺や小松市天満宮、同市那谷寺などを手がけた山上家と深い姻戚関係がある家柄である。能登では坂上又三郎が一六一四（慶長一九）年に羽咋市妙成寺本堂(58)、一六一八（元和四）年に同寺五重塔(59)を手掛けており、一六二七（寛永四）年の二代宗左衛門の代で長連頼に仕えている。三代目源之佑代になり、一六五〇（慶安三）年に鳳珠郡穴水町瑞源寺と七尾市田鶴浜町東嶺寺を建立している。このときは幼少で跡を継いだため、御大工深谷三四郎と中村喜助を補助とし、葺師等の諸職人を多く従えての作事だった。その後は、江戸時代を通して長家領内の寺社の普請や修復などを一任されていた（【史料11】(60)）。坂上大工の建立した東嶺寺の本堂や山門、欄間、彫刻などは、当時の現況をとどめており、現在伝統産業として受け継がれている田鶴浜建具に根強く息づいている。また、一六五八（万治元）年閏一二月の赤蔵山講堂造立に係る奉加札には、「御領内大工」の長家領内大工と「七尾所口大工」の七尾の大工集団が記されている。七尾大工の中には先の「佐次右衛門」の名前も見られ、水株大工が坂上家の流派を引く大工であったことを窺うことができる。

このような加賀藩御大工の技術を継承する七尾大工は、一八二四（文政七）年の所口町気多本宮の御輿造営棟札(61)に、

「棟梁井上庄右衛門明矩門人柴田新助矩一」とあり、柴田大工が御大工井上庄右衛門の門人であることが知られる。柴田新助は、一八〇五（文化二）年に白山市美川本吉町の徳證寺の前卓銘(62)に「卓木地作者　能登国七尾町大工柴田新助　七十二歳ニテ死ス」と記されている。また、一八一五（文化一二）年には輪島市鳳至比古神社や輪島崎神社(63)、穴水町諏訪神社御輿(64)、氷見市道神社(65)などを手がけている。さらに一八〇六（文化三）年に焼失した曹洞宗総本山總持寺祖院の再建も指揮(66)するなど高い技術を持った大工であったことが窺える。

柴田大工には、一八五六（安政三）年羽咋市福水白山神社に「棟梁田鶴浜柴田新兵衛(67)」とあり、先の柴田新助の一門大工ではないかと考えられる地方大工が存在している。その系統大工と思われる柴田真次大工は、明治期に輪島市総持寺祖院本堂建立を手掛ける(68)。さらには京都東本願寺の建立も手がけ(69)、明治期以降の能登に於ける代表的な大工となった。その足跡は、市内でも大地主神社や印鑰神社、田鶴浜住吉神社など明治から大正期の主要な社殿の造営を手掛けており(70)、生誕地である田鶴浜地区には、その功績をたたえた石碑が建てられている。

【史料10】明暦二年五月　赤蔵山上一本宮寺鐘撞堂造立棟札（三引町　亀山天神蔵）（裏面記載なし）

（表）

預造立義家臣　浦野孫右衛門尉信秀
奉造立鐘撞堂　　取次　駒沢金左衛門尉景成
能州鹿島郡赤蔵山上一本宮寺釣鐘寄進之　　河島藤右衛門尉高里
大檀那長谷部苗裔廿二代長左金吾尉連頼　　奉行　河島善左衛門尉家仲
明暦二丙申年五月吉辰日　　入唐従横山嘉春十七代
大工坂上嘉澄嫡子源尉嘉清

【史料11】文政七年三月　気多本宮神輿造営棟札（所口町　能登生國玉比古神社所蔵）

（表）（裏面略す）

時之奉行　井上庄右衛門明矩門人　塗師　車屋又右衛門

野村隼人知行千七百石　棟梁　柴田新助矩一　近江屋小左衛門

助工柴田七左衛門　金具師　京都小林吉兵衛

奉再造営御神輿　寄附人惣氏子中　柴田新助門人　嶌吉郎右衛門

神主参河守従五位下桜井宿祢師之　北野文五郎　山口喜太郎

願主　播磨守従五位下桜井宿祢定高　柴田六之丞　山口長左衛門

柴田新次郎　柴田忠作

おわりに

本稿では、江戸期における七尾大工の変遷を概観してきた。中世大工との継続的な存在も垣間見ることができると考えられる。しかし、確実な変遷を捉えることは困難で、同族的な大工一門の流れを羅列するにとどまった。その中で、近世初頭の大工を代表する水株大工が寛永期で四代の襲名を名乗っていることは、中世から連綿と受け継いでいる職人集団が存在していたことを物語っている。また、七尾大工が建仁寺流の坂上大工のもとで作事に加わることで、能登への建仁寺流派の浸透も推測できる。

近世七尾大工の大きな流れとしては、初期から中期にかけて水株・船木・島屋などの大工が有力寺社の造営で活躍している。そこには棟梁大工と共に小工や木挽、葺師などの職人も知ることができる。また、水株長左衛門のように、七尾大工が加賀藩御大工に取り立てられることもあり、その技術的な高さも受け継いでいたことがわかる。

中期から後期にかけては、近江屋大工や柴田大工への移行がみられ、寺社の再建などに加えて神輿や欄間、厨子、須彌壇、前机といった装飾を施す細工物も多く手掛けている。この細工物製作にあたっては、大工のほかに塗師や餝金具師が加わり、現在の七尾仏壇の製作技法の原型をみることができる。

また、七尾大工の足跡は能登地域に多くみられるが、加賀地域でも一七七二（明和九）年の白山市佐良の早松宮建立棟札[71]に「能州鹿島郡深見村大工安河清右衛門、同国所口豆腐町木挽松任屋又四郎」とあり、比較的早い時期に七尾の職人が活動している実態がみられる。

このほかに加賀方面での活動がみられるのは、鍛冶町住の餝金具師古府屋次郎右衛門則重である。一七八五（天明五）年に河北郡内灘町室の八幡神社の金銅蓮唐草文華鬘[72]を、一七九九（寛政一一）年にはかほく市高松町の瀬戸菅原神社神輿鳳凰や河北郡津幡町御山神社神輿鳳凰[73]を製作している。さらに、御山神社神輿の心棒には「塗師、七尾中小池町、叶屋辰右衛門」とあり、七尾の職人の広範囲における受注製作的活動実態を知ることができる。

このように、七尾大工とそれに共同する職人たちの活動変遷では、近世初期から中期にかけては、有力寺社の建立を手掛け、中期から後期になると寺社の修復や再興に加えて神輿などの装飾製品の製作が増加している。これは幕期において、庶民が経済的に裕福になることからくるものと考えられ、寺院における須彌壇や前卓、欄間、神社では大小の絵馬や石燈籠などの寄進と棟札の奉納にその実態を見ることができる。さらに、七尾市桧物町に所在する真宗大谷派願正寺には二間四方の太子堂が建てられており、毎年一月三日に市内の大工組合と壁屋組合、建具組合が合同して太子講を営んでいる。この御講では聖徳太子の十六歳孝養像や大工道具と仏具で南無阿弥陀仏をかたどった名号軸が掛けられる。また、一八〇一（寛政一三）年正月改めの「聖徳太子講打入之帳」には、一七八八（天明八）年から一九一九（大正八）年までの記録が記されており、当時の七尾大工とその諸費用などを知ることができる。[74]

このように、七尾大工とそれに携わる職人たちの連綿とした活動実態は、現在でも受け継がれている。しかし、その職人たちの総体的、組織的な活動実態についてはいま一つ判然としない部分が多く、今後も銘文史料などを収集することでその解明につなげることを今後の課題として稿を閉じたい。

註

（1）桜井甚一『石川縣銘文集成』「中世金石文」「近世初期金石文　上・下」（北國出版社、一九七一年・一九七二年・一九七三年）
（2）浅香年木「北陸における建仁寺流大工の展開―棟札を素材にした考察―」（『物質文化』物質文化研究所収、一九七二年）
（3）荒木澄子「金沢城二之丸御殿造営にたずさわる大工たち―『御造営方日並記』の記述から―」（『石川県立博物館研究紀要』第一号所収、一九八八年）
（4）石川県教育委員会文化財保護課・石川県近世寺社建築緊急調査委員会『石川県の近世寺社建築』（石川県教育委員会、一九八〇年）
（5）田中徳英『加賀藩大工の研究―建築の技術と文化―』（桂書房、二〇〇八年）
（6）正見泰「鶴丸倉庫の構造と意匠―平成一四年～一六年度建造物調査からの報告―」（『研究紀要　金沢城研究第三号』所収、二〇〇五年）ほか
（7）（8）七尾市史編さん専門委員会『新修七尾市史』資料編八寺社編（七尾市役所、二〇〇八年）
（9）（10）能登島町史専門委員会『能登島町史』資料編第一巻（能登島町役場、一九八二年）
（11）七尾市史編纂専門委員会『七尾市史』資料編第五巻（七尾市役所、一九七二年）
（12）前掲『新修七尾市史』資料編八寺社編に同じ。

(13) 七尾市史編さん専門委員会『新修七尾市史』資料編一二造形文化編（七尾市役所、二〇〇四年）
(14)(15)(16) 前掲『新修七尾市史』資料編八寺社編に同じ。
(17) 前掲『石川県の近世寺社建築』に同じ。
(18) 国立歴史民俗博物館『寺社の国宝・重文建造物等棟札銘文集成―中部編―』（国立歴史民俗博物館、一九九五年）
(19) 前掲『石川県の近世寺社建築』に同じ。
(20) 前掲『寺社の国宝・重文建造物等棟札銘文集成―中部編―』に同じ。
(21) 七尾市史編さん専門委員会『新修七尾市史』資料編一〇産業編（七尾市役所、二〇〇七年）
(22) 前掲『石川県の近世寺社建築』に同じ。
(23) 田中徳英「七尾大工に関する一考察　水株長左衛門を中心として」（『日本建築学会北陸支部研究報告集第四一号』所収、一九九八年）
(24) 前掲『寺社の国宝・重文建造物等棟札銘文集成―中部編―』に同じ。
(25) 珠洲市史編さん専門委員会『珠洲市史』第四巻資料編（珠洲市役所、一九七九年）
(26)(27)(28)(29)(30) 前掲『新修七尾市史』資料編八寺社編に同じ。
(31) 前掲『能登島町史』資料編第一巻に同じ。
(32) 七尾市史編纂専門委員会『七尾市史』資料編第五巻（七尾市役所、一九七二年）
(33)(34) 前掲『能登島町史』資料編第一巻に同じ。
(35)(36) 前掲『新修七尾市史』資料編一二造形文化編に同じ。
(37) 二〇一一年七月に棟札などを調査させていただいた。
(38) 七尾市史編さん専門委員会『新修七尾市史』資料編五町方編（七尾市役所、二〇〇三年）
(39) 前掲『新修七尾市史』資料編一二造形文化編に同じ。
(40) 鹿島町史編纂専門委員会『鹿島町史』資料編（続）上巻（鹿島町役場、一九八二年）
(41) 前掲『新修七尾市史』資料編八寺社編に同じ。

(42) 前掲『新修七尾市史』資料編一〇産業編に同じ。
(43) 志賀町史編纂委員会『志賀町史』資料編第二巻（志賀町役場、一九七六年）
(44) 前掲『新修七尾市史』資料編八寺社編に同じ。
(45)(46) 前掲『新修七尾市史』資料編一二造形文化編に同じ。
(47) 諸岡村史編集委員会『諸岡村史』（諸岡村史発刊委員会、一九七七年）
(48) 前掲『石川県の近世寺社建築』に同じ。
(49) 一九九九（平成一一）年に光琳寺住職木越祐馨氏より調査の機会を得た。
(50) 前掲『新修七尾市史』資料編一二造形文化編に同じ。
(51) 前掲『新修七尾市史』資料編五町方編に同じ。
(52) 七尾市史編さん専門委員会『新修七尾市史』一五通史編Ⅱ近世（七尾市役所、二〇一二年）
(53) 前掲『石川県の近世寺社建築』に同じ。
(54) 前掲『能登島町史』資料編第一巻に同じ。
(55) 前掲『新修七尾市史』資料編八寺社編に同じ。
(56) 二〇〇二（平成一四）年に藤橋町高澤仏壇店にて調査の機会を得た。
(57) 前掲『新修七尾市史』資料編八寺社編に同じ。
(58) 前掲『石川県銘文集成』近世初期金石文編上に同じ。
(59) 前掲『寺社の国宝・重文建造物等棟札銘文集成―中部編―』に同じ。
(60) 「明治三年四月　坂上左膳先祖由緒一類附帳」（長昭連氏所蔵「長家文書」　穴水町歴史民俗資料館保管）
(61) 前掲『新修七尾市史』資料編八寺社編に同じ。
(62) 本吉港史編纂委員会『本吉港の歴史』（白山市、二〇〇五年）
(63) 輪島市史編纂専門委員会『輪島市史』（輪島市役所、一九七六年）
(64) 前掲『寺社の国宝・重文建造物等棟札銘文集成―中部編―』に同じ。

(65) 氷見市教育委員会『氷見市神社調査報告書』(氷見市教育委員会、二〇〇二年)
(66) 門前町史編さん専門委員会『門前町史』資料編2総持寺(門前町、二〇〇四年)
(67) 羽咋市史編さん委員会『羽咋市史』中世・寺社編(羽咋市役所、一九七五年)
(68) 前掲『門前町史』資料編2総持寺に同じ。
(69) 田鶴浜町史編さん委員会『田鶴浜町の歴史下』(田鶴浜町役場、一九九四年)
(70) 『新修七尾市史』の調査資料。
(71) 吉野谷村史編纂専門委員会『吉野谷村史』資料編前近代(吉野谷村(現白山市)、二〇〇〇年)
(72) 内灘町史編さん専門委員会『内灘町史』(内灘町、一九八二年)
(73) 一九九八(平成一〇)年にかほく市瀬戸菅原神社の瀬戸薫氏より写真資料の提供を受けた。
(74) 七尾市史編さん専門委員会『新修七尾市史』資料編一三民俗編(七尾市役所、二〇〇三年)

近世加越能地域における祭礼と芸能興行

塩川隆文

はじめに

祭礼や芸能の分野から見た、加賀・能登・金沢の伝統とは何だろうか。しばしば加賀・能登地域は祭りの盛んな土地柄、金沢は芸どころであると言われるが、その歴史的内実はいかなるものであろうか。

この問題にアプローチする手がかりとして、ここで想起するのは浅香年木の「百万石文化」論である。[1] 浅香は、金沢文化とは江戸・京都の移植文化であり、百万石の大藩は独自の文化を創造しなかったと論じた。庶民文化に関しても、七尾の青柏祭や小松の御旅祭りのような、「市民あげての伝統的な惣町的祭礼行事」が金沢には存在しなかったとして、金沢を「祭礼のない城下町」と評し、その原因として①真宗王国、②郷や庄の寄せ集め、③町衆の結集を認めない藩の意図の三点を挙げている。

「祭礼のない城下町」という浅香の問題提起に対し、以後の研究では前田家の慶事を祝した盆正月を金沢の惣町祭礼として捉える見方が強まってきている。盆正月の性格に関しては、政治色の濃さが指摘されているが、次第に娯楽化し、その中での町人の役割や自主性に注目した成果が出されている。[2] しかし、金沢に年中行事・鎮守祭礼としての惣町祭礼がなかったのは事実であり、盆正月がその代替を果たしていたかどうかについては慎重な判断が必要である。また、「祭礼のない城下町」の原因の一つとされた、町衆の結集を認めない藩の意図（金沢町人の非町衆的伝統）が明らかにされたとは言い難い。

盆正月の性格を見極めるためには、金沢に限らず他都市の祭礼を広く眺め渡し、相互に比較検討することで、金沢の特徴が見えてくると考える。

一方、近世の金沢では盆正月以外にも数多くの神社祭礼が氏子単位で行われており、それら神社の中から町人と結びついて芸能興行を始める所が近世中期以降に現れた。また、領政の転換に呼応して開設された川上芝居は、惣町祭礼の「ハレ」を代替し、常設化するものとも言える。そこには、領主や寺社の権威に拠りながら、交渉を通じて自分たちの好む文化を発信してゆこうとする町人側の意向を看取することができる。

この祭礼と芸能興行との関係について、報告者は前稿で検討を行ったことがある。(3) 祭礼に関する史料にはしばしば「賑わい」が出るという表現が出てくるが、ここでいう「賑わい」とは、獅子舞・手踊りなど、即ち芸能のことを指している。祭礼の賑わいの盛大化に、文字通り「賑わい」としての芸能が寄与していたわけである。ところで、盆正月の出し物のメインは踊りや歌舞伎芸から次第に造り物へとシフトしていくとの指摘がある。これは何を意味するのだろうか。そのことを明らかにするためには、盆正月の変遷を長いスパンで考察する必要があると考える。

そこで本報告では、

①金沢以外の都市での盆正月の事例の考察、

②祭礼と芸能との関係の考察、

の二つを通じて、冒頭に掲げた課題の解明を目指してゆくこととする。

一　盆正月の諸相

1　金沢の盆正月

まず、盆正月について検証してみたい。

盆正月については、『石川県史』第二編に日置謙による的確な説明がある。[4] 要約すると、①盆正月とは「藩侯の襲封・昇官又は嗣子誕生の如き嘉儀あるに際し、城下の庶民をして祝意を表せしむる」行事のことを指す。②盆正月という名前は「盂蘭盆と正月の歓楽を一時に尽くすの意」から付けられた。③盆正月を行う際は城下の町人が皆業を休み、作り物や獅子・祇園囃・俄等の催し物を出した。④全町同時にこれに参加する点が氏神祭礼との違いである。⑤盆正月は前田綱紀時代に始まったが、簾を吊るして休業しただけだった。⑥化政期より作り物・催し物の規模が拡大した。⑦盆正月の目録を記した一枚刷が多く発行された。

次に、盆正月の決定プロセスや、作り物や催し物がいつ頃から見られたのかについて詳しく見てみたい。

今日(享保八年五月二四日)より廿五日・廿六日三日之内、御領国中町人百姓江、今般之御吉事を其所々奉行より相触候。依之御城下在々所々町方簾をおろし遊び、夜中はをどりを催す。侍町へ迄町人集り躍る事夥し。依之為縮、町奉行より足軽少々指出し、軽く群集を払候由。[5]

この史料によると、前田吉徳の家督相続を各所の奉行から触れ、これを受けて金沢では簾を下して遊び日とし、夜中は踊りを催したことが判る。また、踊りに伴い発生した群集を足軽が「払」っており、藩が過度な群集を警戒していた様も窺える。

今月(延享二年八月)十一日、十三日金沢町中盆正月仕候様、町奉行より申渡、踊り・相撲等所々に有之。[6]

前記有之候通廿六日（文化六年四月）御移徙、当町中同日・翌廿七日両日遊祝い申渡候。俗盆正月与云々。依之町之思い々々作り物并踊り狂言等致し賑敷奉祝、[7]

これら「政隣記」の記事では、予め町奉行から休日の指定（「申渡」）があり、それを受けて町方が踊り、相撲などの催し物や作り物を出している。

今般御全快、暨若殿様御前髪被為執候に付奉祝、御郡方一統日数二日休日可申渡候、以上。
巳（弘化二年）二月十二日　　高澤平十郎
能州四郡十村中[8]

一、（弘化二年二月）御本復御祝筑前守様御前髪御祝に付、町方相願、昨今明日と三日盆正月致候事。[9]
一、（弘化四年四月）今度下道中大変（大地震）※筆者注之様子之処、御道中益御機嫌能御着被遊候為恐悦、明十日・十一日町中盆正月仕度旨相願、承届候旨小紙申聞。[10]

一八四五（弘化二）年の事例では、郡方は奉行から二日の休日を申し渡されている一方、町方は自ら願い出て二日の休日（盆正月）を実施している。弘化四年の事例も同じく町方が二日の盆正月を願い出、年寄が承諾する手続きを踏んでいることが判る。

以上の事例から判るのは、盆正月の決定過程には、藩が一方的に通達する場合もあれば、町方から願い出て決定する場合もあり、様々なバリエーションがありうるということである。とりわけ近世後期以降の町方には盆正月を実施したいという要望があり、それを藩が容認して盆正月の実施に踏み切ることもあった。領主家の慶事の奉祝を求める藩の意図と、それを口実として休日や娯楽を求める町方の意図が合致することにより現出した、双方の合意の産物が盆正月であったと言えよう。近世後期になると、領民の願いを領主が聞き入れるという手続きを経ることにより、領民に領主の恩を感じさせるという仕組みが成立し、その背後には仁政の思想が看取される。また、祝い方に関しては各町の「思ひ々々」であり、基本的に町方の裁量に委ねられていたとみてよい。領主家の慶事の認定、御祝の可否の決定は藩の専決事項であるが、そこに町方の意向を反映させる余地はあり、大きな方針が決まった後の実施細則は町方に委ねられていたということである。

2　氷見町の恐悦盆

氷見町は越中国の港町であるが、加賀前田家の領地であり、金沢在住の奉行が今石動町や城端町とともに支配していた。普段は武士が常駐していないため、三町の実質的な支配は町年寄を中心とした町役人が行っていた。氷見町での盆正月については、近世後期に氷見町の町年寄を勤めた田中屋権右衛門の日記『応響雑記』及び御用留『憲令要略』に記載がある。田中屋権右衛門は盆正月のことを「御通り盆」「殿様盆」「恐悦盆」「殿様恐悦盆」「殿様御帰国盆」「殿様御通行盆」「恐悦の盆」などと呼んでいる。ここでは最も多用されている恐悦盆で統一する。なお、氷見町における恐悦盆の行われた契機は金沢とほぼ同一であった。

二日（文政一三年六月）（中略）昨今両日、犬千代丸様誕生の御恐悦盆ニ御座候。両日共簾を下ロし、軒燈ともし申候。夜ニ入、御座町よりにわか狂言参り、面白御座候。(11)

十四日（同八月）（中略）殿様御帰国の恐悦盆、前々の通り十五日、十六日ニ申談候。最（尤）、当年の御入国ハ若子様御誕生有之、別して芽出度、殊にハ先日の恐悦盆、にきやひもいたさす事ゆへ、此度は少々にきやかに仕候ハ可然旨申入候所、町々立もの或は飾りもの等仕候様子にてさわかしく御座候。(12)

上記二例はいずれも一八三〇（文政一三）年に行われた盆正月の事例である。六月の盆正月は、前田慶寧の誕生に伴い行われたもので、氷見町では六月一日、二日に簾を下ろし、軒燈を灯して祝っている。また、夜に御座町から田中屋権右衛門の居町に俄狂言が芸を見せにやってきたという。八月の盆正月は前田斉泰の帰国に伴い行われたもので、当年はその子が生まれとりわけめでたく、六月の盆正月で「にきやひ」をさせたこともあり、「少々にきやかに仕候ハ可然」と田中屋権右衛門の方から申し入れを行った結果、町々で立物や飾り物を作り騒がしくなったという。これらの記事から、一八三〇（文政一三）年の氷見町の盆正月において「にきやひ」と呼ばれる芸能が出されたこと、その決定に町役人としての田中屋権右衛門が関与していたことが窺える。

この文政一三年の事例を『憲令要略』で補うと、以下の通りである。

文政十三年

当四日

一、姫君様御安産、若子様御誕生被成候段、御弘有之候ニ付、各為承知此段申入置候、以上

寅五月十六日

明石主計　印

今石動・氷見・城端

町年寄中

同　町肝煎中

同　算用聞中

（中略、竹田掃部から明石主計ら四名への申渡）

但、右恐悦盆六月朔日・二日両日町中簾をおろし、夜分ハ軒灯を出し可申旨町々組合頭へ申渡候、尤賑ヒ之義ハ町々ニおゐて勝手次第之事、但、今石動聞合候所、金沢表も六月朔日・二日、今石動も右両日之旨

申来候ニ付、当町も前段之通申渡候
付り、金沢并高岡ニは町々ニおゐて格別賑ひ有之候、当所之義ハ日間も無之、今石動之振合尤祭礼前之事
故、曽而賑ハひは不仕候事
殿様八月十一日御帰国之上、重而恐悦盆申渡候処、町々ニおゐて賑ひ甚張込賑々敷いたし候事
十五日・十六日両日ニ候所、十六日より廿日頃迄賑ひ申候[13]

この史料から、氷見町における盆正月の決定過程を知ることができる。慶寧誕生の知らせは、氷見町を管轄する奉行の竹田掃部から与力の明石主計らに届き、明石主計はそれを今石動・氷見町・城端町の町役人たちに伝達している。その祝い方については文書で明示されていなかった。そこで、同じ奉行管轄の今石動に問い合わせたところ、金沢も今石動も六月一日と二日に恐悦盆を実施するとの連絡が届いたため、氷見町もそれに倣い六月一日、二日の二日間町中で簾を下ろし、夜は軒灯を出すこと、賑わいは各町において勝手次第に行うことを組合頭を通じて申し渡した。ここで申し渡した主体は、本史料の執筆者である田中屋権右衛門ら氷見町役人であろう。氷見町役人たちは、他町と足並みを揃えながらではあるが、恐悦盆の実施日及び実施方法（賑わいの有無）を決定する権限を有していたのである。

3　小松の遊

小松は加賀前田家三代目の前田利常が隠居後に政務を執った地である。利常没後は城代が置かれたが、町政の実務は小松町奉行及びその配下の小松在住の吏僚、小松町役人によって執り行われていた。小松における盆正月は「遊」と表現されている。

（前略）於江戸御出生之勝次郎様、於御国御出生之富五郎様之義、（中略）御名勝次郎殿、富五郎（殿脱カ）と殿付ニ唱可申
候。（中略）恐惶謹言

（元禄四年）五月十日　　　　　　　　　　　　　　津田求馬

右御城到来、御紙面写町年寄若年寄中為見、町中之者ニも肝煎共方より為聞可申旨、善右衛門様被仰出候。就而ハ、為奉恐悦年寄肝煎心得を以、以来十五日散町共ニ一統遊候様ニ、手合之組頭迄申渡候。

五月十二日

右為遊候義、善右衛門様申上候処、此方より申渡義ニハ無之候間、年寄肝煎存寄次第可仕と被仰候事。(14)

これは、一六九一（元禄四）年に前田綱紀の子供たちを殿付で呼ぶことが幕閣に認められたことを領内に通知した際の記録である。そこで小松町役人が「遊」をどうしたらよいか小松町奉行の長瀬善右衛門に尋ねたところ、小松町奉行は「此方より申渡義ニハ無之候間、年寄肝煎存寄次第可仕」と答え、判断を小松町役人たちに委ねた。そこで小松町役人たちは「為奉恐悦年寄肝煎心得を以」、つまり恐悦の意を示すために年寄・肝煎の了見で小松町中へ「遊」を申し渡したということである。なお、一六九一（元禄四）年の事例は、これまで知られていた金沢の盆正月の始期より早く、これが小松町単独の催しだったのかどうか、今後検討が必要であろう。

（延享四年）二月

今般御家督御相続之為御祝、当十五日六日両日町中遊せ可申哉之旨、今日奉伺候処、御聞届被遊候事。

一、明日明後日遊申旨、町方賑ひをとり等之義、いかゝ可仕候哉、当番久津屋より御内意被申上候処、おとり有之儀、
御悦申儀ニ思召候間、（右脱カ）之通被仰渡候事。

二月十四日(15)

前田重熙《ひろ》が家督を継いだ際に、小松町年寄の久津屋が「町方賑ひをとり」の是非につき小松町奉行の山崎縫殿に伺いを立てたところ、「おとり有之儀、御悦申儀ニ思召候」と踊りを領主が喜ぶ旨の回答があったため、小松町年寄は

一五日、一六日の二日間の「町中遊せ」を町中に通知した。ここでの「遊」とは単なる休日だけでなく、町年寄は踊を含めた「遊」の了解を町奉行からとりつけたのである。

御城御造営出来、今廿六日御引移之段奉恐悦候。依之今明日其御地町中遊悦被仰渡旨承知仕候。当町之義茂其御地同様之振合ニ御座候間、両日遊悦被仰渡候様仕度奉存候。右之趣申上度如斯御座候。以上

（文化六年）四月廿六日　　山茂弥助

津田左近右衛門様

猶以本文申上候通ニ御座候得共、当時茂三郎殿指控中ニ御座候間、町中遊悦之義相見合申義ニ茂可有御座哉、猶御指図次第相心得可申と奉存候。以上

右遊悦之義は奉対御上江申義ニ候得は指構無御座候間、当廿七日廿八日両日遊悦之義可申渡旨御端書之趣是又承知仕候。以上(16)

小松町奉行、河村茂三郎が指控中のため、代わりに町下代、山茂弥助が金沢町奉行の津田左近右衛門に「遊悦」の実施についての指示を仰いでいる。山茂弥助は、津田左近右衛門から金沢で遊悦（盆正月）を実施する旨を聞き、小松でも金沢に合わせて二日間の遊悦を申し渡したいと申し送っている。また、先便の尚々書で、小松町奉行が指控中のため遊悦は見合わせた方がよいか尋ねたところ、津田左近右衛門は遊悦は「御上」に対して行うものであるから、中止する必要はないと回答している。この事例では、遊悦の実施の可否を町奉行配下の吏僚が決定していること、その際金沢と足並みを揃えようとしていることが注目される。

4　富山の殿様盆

富山は、前田利常の隠居に際し、その次男の利次に領地として与えられた所である。したがって、富山は加賀前田家の領地ではないが、そのような地域において盆正月に当たる行事が見られたのかどうかを検討するため、ここでは富山を事例として取り上げる。

『町吟味所御触留』によると、富山で領主家の慶事が通知された場合は、町年寄・町肝煎等が裃を着用して町奉行所宅へ出向き、「恐悦」を申し上げることとされていた。それ以外の町人がどのように祝意を表していたかが史料上明らかになるのは、次の史料からである。

一殿様当月十六日侍従被為成候ニ付町中一統御触渡候事
一右ニ付格式一同恐悦申上候様被仰渡候事
一右ニ付明廿四日廿五日町中盆いたし候様被仰渡候事
（文政三年）十二月廿三日(17)

この史料では、①殿様が侍従に昇進したこと、②そのため「格式一同」と呼ばれる町役人たちが「恐悦」を申し上げること、③来月二四日、二五日に「町中盆」をすること、の三点が申し渡されている。もっとも、それ以降の慶事において必ず盆が付与されるとは限らず、その時々の判断によって付与されたりされなかったりしている。

今般御入部ニ付明十五日十六日盆致候様町中へ可申渡候、右ニ付家々懸簾等を下し家内賑申義者格別、外へ罷出仕形物真似等総而騒々敷人集之義堅不相成候、若心得違之もの於有之者追而詮義筋有之候条、右等之趣厳重可申渡候、以上
（天保八年）五月十四日　町奉行
当番年寄中(18)

この触では、領主の入国に伴い一五日、一六日の二日間盆をすること、簾を下ろし家内で賑やかにすること、外に出て仕形物真似等騒々しく人集めをしないこと、を申し渡している。休日が拡大し、芝居の要素が入り込むようになり、藩が警戒している様が窺える。

今般殿様御家督相続被為蒙仰候ニ付、明廿六日廿六（九カ）日一日盆致候様町中一統江可申触候、此段伺之上申達候、以上

（弘化三年）十月廿八日　　町奉行

当番年寄中

但し明廿九日一日盆致候様被仰渡候得共、御含を以翌朔日も盆致候旨被仰渡候事(19)

この触では、本来盆休みは二九日の一日だけであったが「御含」、つまり内々の計らいでもって翌一日も含め計二日間の休日を与えている。下からの休日の要望が強いこと、またそれを特別措置で認めることで領主の恩恵を感じさせる藩側の意図も窺える。

触から富山における盆の賑わいの具体的な内容は判らないが、富山藩文書に残された一八六九（明治二）年「富山藩主御加増祝賀賑の図」(20)及び富山市郷土博物館所蔵『御慶事賑物』からは、各町における作り物及び催し物を絵入りで詳しく知ることができる。金沢と同様、町単位でめでたい言葉を記した行燈と、作り物又は催し物を出している。文字史料と絵画史料とを照らし合わせることで、手踊りや俄が芝居の一場面を演じる芸能であったことも確認できる。とりわけ注目されるのは、北新地が芝居興行（芸子芝居）を催していることで、その際に発行されたと思われる番付も写し取られている。

このように最幕末には金沢の盆正月とよく似た形式の殿様盆が富山でも行われていたことが確認できる。しかし、近世後期以前の富山の殿様盆でこのような現象が見られたのかどうかは現時点で史料的に確認できない。その代わ

り、富山では山王祭りが富山藩主主催の祭礼として位置づけられていた(21)。一七〇七（宝永四）年一一月に行われた山王社祭礼は三代藩主利興の家督相続の祝いを兼ねて行われ、神輿が入城した後、逆鉾五本、鳥毛鑓一〇本、羯鼓・業平・楊貴妃・分銅・梅松・踊り子を模した曳山が入城した。それ以降も、藩は祭礼日の変更、曳山の制作方法等を細かく指示しており、藩が祭礼に深く関与し統制しようとしていたことが窺える。その一方で、一七七三（安永二）年領主の許可を得ずに曳山を制作し動かしたとして罰せられたり、一七九七（寛政九）年城下町町民たちが山王祭礼後に「祭礼跡祭礼」と称して俄物真似をしないよう注意されたりしており、藩の統制をかいくぐって自分たちなりの祭礼を追求しようとする町人の意向も確認できる。富山において殿様盆が金沢の盆正月ほどの発達を見なかったのは、年中行事としての山王祭りが藩主主催の祭りかつ町人の祭りとして定着していたことが大きいと考えられる。

5　大聖寺の御祝祭

大聖寺の前田家も加賀前田家の分家であり、領主家の慶事は本家とは別に祝っていた。領主家の慶事に対して、大聖寺の町方から反応が見られたのは、管見の限りでは一七九〇（寛政二）年が最初である。

一、殿様御疱瘡御酒湯被為済候付、町中より於慈光院御祝祭湯花上ル事（寛政二年）三月(22)

四日甲申（寛政二年三月）、曇る、今日疱瘡送り御座舟ニ人形、町中はやし行、其数五十ばかり等有之、町中にぎ々々し、細君町へ見物ニ被行、中川氏奥様等同伴也、加賀守様并殿様御疱瘡被為済候ニ付、町中より奉祝於慈光院□□頼候由也、夜雨降る(23)

疱瘡送りのため、領主の「御座舟」に人形が乗せられ、町中を「はやし行」った。その数は五〇艘ほどあり、町中は賑やかだったという。また、本家の前田治脩《はるなが》と大聖寺の前田利考《やす》の疱瘡が済んだことを祝って、慈光院で湯花を献上したという。この記述からは、大聖寺の町方に休日が与えられたのか、また賑わいとしての芸能があったのか充分に明らかでない。

一、御入部付而一統御祝被下（文化三年）八月七日・八日[24]

一、（文化三年八月一〇日）今日町方御祝祭ニ付、前々之通昼より休候段申聞ル、明日も同断[25]

一八〇六（文化三）年、前田利之《これ》の初入国を祝って、二日間の祝日が与えられた。「日記頭書」では八月七日、八日であるが、「御作事所日記」では八月一〇日、一一日で、「町方御祝祭」と記されている。前例に従い、御作事所も「町方御祝祭」に合わせて休日となったことが判る。一八四七（弘化四）年前田利平が参勤道中で大地震に遭い無事だったことを祝って四月一七日に「御祝祭」を行い、一八五〇（嘉永三）年前田利義《のり》の初入国を祝って、六月二七、二八、二九日の三日間「御祝祭り」を行った。[26]また、一八五五（安政二）年の場合は次の通りであった。

一、（安政二年一一月）同九日朝飛脚出る。同朝六つ時肝煎格中御用、同朝五つ時、組合頭惣御用。
前月廿九日、従相公様、豊之丞様御儀御隠居、桃之助様江御家督之御願被指出候処、御聞届、桃之助様御家督被為蒙仰候間、此段一統奉承知候事。（中略）
右に付只今より御祭り。尤両社におゐて□□幕を掛、御神燈など賑敷御祭り可致様被仰渡事。夜行御免也。
（中略）

一、同九日之御祭り、夜行御免に而、町々より囃子方並をどり等出で、誠に賑敷御祭り也。荒町仁和嘉、暮六つ半時より出で、朝六つ時過に帰る。尤御家老様三軒、町奉行様二軒、町八丁、〆十三所うつ。外に町内に、幕宿

越後清治郎、作り物宿河崎屋長三郎(27)。

一八五五（安政二）年一〇月二九日、本家の前田斉泰より七男、前田利鬯《か》の相続が認められたことを祝い、一一月九日に「御祭り」が行われた。この時は神社に幕を張り、神燈を灯したほか、「夜行御免」となったため、町々より「囃子方並をどり」等が出て賑やかな祭りになったという。荒町の「仁和嘉」（俄）は九日の夕方から翌朝にかけて夜通しで踊り、家老三軒、町奉行二軒、八町の計一三ヶ所で芸を「うつ」とある。さらに町内には幕宿と作り物宿があったというから、金沢の盆正月と同様、作り物と催し物の双方が町から出されたということになる。

このように、大聖寺においても領主家の慶事は「御祝」「御祝祭」「御祭り」などと呼ばれ、町方によって祝われていた。その祝い方は、休日、灯明、幕、作り物、囃子、踊り、俄などで、基本的には金沢の盆正月と共通するものである。しかし、曳山が出た記録はなく、これは大聖寺の既存の祭りのあり方に影響を受けていると思われる。また、富山同様、「御祝祭」に賑わいの要素（囃子）を史料上で確認できるのは遅く、現時点では一七九〇（寛政二）年の疱瘡送りの事例が初見である。それ以前に町方の祝祭がなかったのかどうか、さらなる検討が必要である。

二　祭りと踊り

1　近世初頭の踊り

盆正月における出し物の種類の変遷を見ていくと、一七二三（享保八）年は「をどり」、一七四五（延享二）年は「踊り・相撲」、一七五三（宝暦三）年は「作り物」、その翌年は「拍子」、一八〇二（享和二）年は「引山造物」、一八〇九（文化六）年は「作り物并踊り狂言」、一八一一（文化八）年は「踊狂言」「作り物」、一八三〇（天保元）年は「作り物・引山・をどり・狂言・にはか・祇園ばやし」、一八五六（安政三）年は「だし」「芝居」、一八六六（慶応二）年は「造り物・俄・祇園囃子」が出ている。作り物が現れるのは一七五三（宝暦三）年からであり、その後も踊り、狂言、俄、芝居等が出ているものの、近世後期になると作り物が多くなることが番付の記載から窺える。では、町人たちはなぜ盆正月に踊ったのか。そこで、盆正月に限らず、金沢における踊りの歴史を見ていきたい。

金沢における踊りの歴史は近世初頭に遡る。『三壺聞書』によると、将軍秀忠の娘、和子が一六二〇（元和六）年後水尾天皇に嫁いだ際、「其の御悦びとして、御城（金沢城）にて御家中御振舞、家々にて千秋万歳の酒宴」を行い、さらに「馬鹿をどり」を家中下屋敷などで踊らせ、町方でも「野はづれ河原にて夜を明す」という出来事があった[28]。これは直接的には徳川家の慶事ではあるが、和子は前田利常の妻、珠姫の妹に当たることから、前田家の慶事同様に祝ったのである。領主の慶事を貴賤あげて祝い踊るという伝統はこの頃から既に見られたと言える。これ以外にも、元和期には伊勢踊りが金沢でも流行したほか、「数ヶ所の芝居」が浅野川・犀川のほとりに建ち並んだことも『三壺聞書』に記されている[29]。

2　踊りの禁止

ところが、一六六〇（万治三）年、村方の男女が「おふくわん道橋通」で「相まじはりおどり」を行っていることが報告されたことから、石川郡十村中に対し踊りの禁止を組下に申し付けるよう触が出、一六六二（寛文二）年には、相撲・花火・踊りは（町方は勿論）「町外・野・在々迄」禁止である旨が触れられている[30]。一六六三（寛文三）年には、前田家中の者が「躍・人形遣」を招いて興行を行い、宿を貸したことが咎められ、翌年には「踊・辻相撲」の禁止が言い渡されている[31]。禁止触の頻発は、かえってこの時期に芸人の来演や踊り・相撲が盛んだったことを物語るものである。

こうした状況は一八世紀に入ってもなお依然として続いている。年未詳であるが正徳・享保年間に出された次の史料は、町方における踊りの実態を示している。

一、近年金沢侍中居屋敷近所□□町中共夜中常ニ無用□□多夜行仕候体之処、頃日□暑気之砌故ニ御座候哉、□□別而侍方若党小者体之□□幷軽キ町人体之者用事□□無御座候ニ、其人々住所より□□遠所へも罷越、辻小路ニ夜中□申迄立狂罷在、随分悪口等申あふれたる仕形も在之、其上金沢町橋川除夜鷹ハ躍リ杯も仕候由ニ御座候、右之内身体不分明之者と交リ罷在体ニ候由候得共、私手合為廻申足軽共□子細無之と紛敷相知かたく候旨申候、第一いつての者ニ□□□も右之通り夜行辻立なと仕悪口等申候義ハ御停止之義御座候得者、左様ニ御□有間敷義与奉存候、不審成者相改申ニも紛敷御座候ニ付申上候（後略）[32]

この史料によると、正徳・享保期に金沢の家中屋敷及び町中において「多夜行仕候体」が見られ、若党・小者・「軽キ町人」などが用事もなく遠所へ行き、辻小路で夜中まで「立狂」、「悪口等申あふれたる仕形」も見られた。さらには橋・川除に「夜鷹」がおり、「躍リ」をしているという。享保期の踊りといえば、先に前田吉徳の家督相続の際、夜中に踊りを催し、それに伴い発生した群集を足軽が「払」った事例を紹介したが、かかる後世に盆正月と呼ばれる領主家の祝儀に伴う踊りと、若党・小者・「軽キ町人」らによる夜中の「立狂」、「夜鷹」の「躍リ」とは、夜中の踊りである点、領主の取締りの対象となっている点で共通している。こうした状況が数年にわたり夏季に常態化していたとすれば、この時期の盆正月は、まだ領主の統制下になく、領主家の慶事を口実に町民の娯楽への欲求、エネルギーが踊りという形で噴出したものと見ることができる。

正徳・享保期には、踊りの禁止の他、寺社祭礼における茶屋の統制[33]、伎芸の者の宿の禁止などの触が頻発されており、領主が町民の群集・娯楽への欲求を警戒していたことが窺える。

3　祭礼における踊りの登場

一方、加越能地域の祭礼においても、一七世紀末から一八世紀前期にかけて山車や踊子が登場してくる。管見に入ったものを列挙すると、以下の通りである。

・宮腰の名越神事…一七三四（享保一九）年六月「産子中取持ニ而躍子山幣山引申候、数年無之群集、賑敷祭礼」(34)

・所口（七尾）の曳山祭…一七一七（享保二）年三月気多本宮祭礼（米町から曳山二つ、宮前に仮舞台を構え歌舞伎、町奉行所前にも仮舞台を構え歌舞伎、仕舞として松原踊〔伊勢踊〕、さらに府中町の橋上でもう一曲踊る）、四月山王社祭礼（曳山三つ、一つ目は鍛冶町より張良・黄石公の作り物、二つ目は婦中町より文安長者の作り物、三つ目は魚町より宇治橋合戦の作り物、木遣りの音頭が立ち並びながら、三〇〇人で引く(35)）

・輪島の曳山祭…一七四六（延享三）年住吉神社のお当祭り（以降、曳山の上に〔子供〕踊子が出る(36)）

・城端の曳山祭…一七一九（享保四）年当地祭礼曳山出来、同九年引山あり。享保四年神明祭装束踊三番、踊子一二人、三味線二〇、神輿町々曳山等出来(37)

・放生津の曳山祭…一六九一（元禄五）年車を引く際宰領を付けるよう年寄達(38)

・滑川の曳山祭…一七二七（享保一二）年祭礼に初めて山車を出し、大船の屋台を造り、近郷より人多く見物に出る(39)

以上に掲げた例のうち、宮腰・輪島では引山の上で踊りが行われており、所口では別に仮舞台を設置し、そこで歌舞伎が上演されている。この時期に祭礼の中で踊りが行われるようになった理由は明らかでないが、その背景の一つとして、「伎芸の者」流入の影響が挙げられよう。

4　祭礼における踊りの禁止

祭りにおける踊りは、その後どのような変遷を辿っていくのか。結論から言えば、現在、金石（宮腰）、七尾（所口）、輪島の祭りでは、曳山上での踊りや舞台での歌舞伎が見られなくなっている。宮腰の場合、祭りの賑わいは町の景気に左右されるが、一七六六（明和三）年「おとり子」「町内提灯」が洪水の影響で止になったという記事を最後に、その後の変遷が追えなくなっている。

所口の場合は、祭礼での歌舞伎が縮小させられていく過程が史料で判る。加越能文庫の「祭礼旧記等」によると、一七九五（寛政七）年、気多本宮祭礼の際、所口町奉行の山崎十三郎が町の子供による御貸屋前での踊りを止めさせたことについて、同社神主の船木播磨守が抗議し、寺社奉行に執り成しを依頼している[40]。従って、この頃まで御貸屋前で歌舞伎興行が行われていたことは確実であるが、こうした催しは領主側の規制によって次第に縮小させられたことが窺える。

輪島の場合、曳山上での踊子は一七九三（寛政五）年にいったん中絶し、一八一三（文化一〇）年からは曳山上に人形が出るようになった。一八三二（天保三）年には曳山で踊子狂言が行われているが、一八三三（天保四）年の奢侈禁令の中で「踊り子」も禁止の対象とされ、以後の記録に見られなくなる[41]。

こうした動きと対照的なのが小松の曳山歌舞伎である。小松の御旅祭りにおける「躍子」の初見は一七六六（明和三）年と他地域に比べ後発であるが[42]、その後の度重なる奢侈禁令にもかかわらず、現代にまで歌舞伎として継続・発展した珍しいケースである。

5　芸能興行の成立

祭礼の中から踊りが次第に排除されていく一方で、一七七五（安永四）年には木遣狂言名目で金沢の春日社及び宮腰で浄瑠璃興行が行われた[43]。一七八四（天明四）年には金沢の春日社、野町神明宮、卯辰八幡宮の三社において「踊狂言」の興行が認められている[44]。この三社での興行は、文政年間になると神社が町方に社地を貸し渡して興行を行わせ、地代を徴収する方式に切り替わり、興行が神社の祭礼や経営から分離していく傾向が見られる。

一八世紀前期の金沢に見られた群集的な踊りは町人の生活の中から姿を消し、代わって芝居小屋や遊廓の中で専業化されていく。一方、祭りにおける踊りは曳山上では次第に見られなくなるが、「賑わい」と呼ばれる手踊り、俄という芸態で盆正月や神社祭礼の中で町人により演じられていく[45]。それらの芸は芝居（興行）への接近を志向するものであった。

おわりに

本報告では、加賀・能登・金沢の文化について考える際、避けて通れない「祭礼のない城下町」という問題提起に答えるため、論点となっている盆正月の性格について考察した。その際、主に金沢を念頭に置いている盆正月を相対化するため、それ以外の地域の事例を検討するとともに、盆正月の形式が整う前の祝い方のうち、踊りに注目して検討を重ねた。「一　盆正月の諸相」では、盆正月に類似した行事が加越能の各地に見られること、祝い方は御城下・金沢の動向を参照しつつ各町の町政責任者が決定していたこと、祝賀の出し物の華美化、休日の拡大の動きを促進したのは町方の側であったことなどを明らかにした。

「二　祭りと踊り」では、近世初頭から見られた踊りが一七世紀後半～一八世紀前半、領主家の慶事を口実に夜中の踊りとして群集化したこと、同時期に加越能の都市祭礼に山車や踊子が登場したこと、一八世紀後半以降、群集的な踊りが次第に縮小する一方で、金沢を中心に寺社境内等での芸能興行が成立し、祭礼の踊りは手踊り・俄など「賑わい」と呼ばれる芸能に変化していくことを指摘した。かかる芸能の変化は盆正月の性格に影響を与えたと考えるが、実証は今後の課題としたい。

註

（1）浅香年木「「百万石文化」の本質」（『百万石の光と影　新しい地域史の発想と構築』能登印刷出版部、一九八八年所収、初出は一九六九年）。
（2）小林忠雄「都市の祭礼と年中行事」（『歴史公論』九二、一九七三年）、ジェイムズ・L・マクレイン「盆正月」（『日本文化研究所研究報告』第二八集、一九九二年）、福原敏男「金沢の祝祭「盆正月」—造り物研究の視点から—」（藤島秀隆・根岸茂夫監修『金沢城下町—社寺信仰と都市のにぎわい—』北國新聞社、二〇〇四年）、川上真理「近世後期における入国儀礼と附祭—加賀藩十二代藩主前田斉広の参勤交代を中心に—」（『法政史学』六九、二〇〇八年）、大門哲「寄せ物・飾り物・模型—一九世紀金沢における造り物装飾の変容—」（『石川県立歴史博物館研究紀要』第二二号、二〇〇九年）など。
（3）拙稿「田中屋権右衛門が見た金沢城下の賑わい」（『中山道板橋宿と加賀藩下屋敷』板橋区立郷土資料館、二〇一〇年）。
（4）『石川県史』第二編（石川県、一九二八年）六七一頁。
（5）「加藩雑記」、『加賀藩史料』第六編（前田家編輯部、一九三三年）三三二頁。
（6）「政隣記」、『加賀藩史料』第七編（前田家編輯部、一九三四年）三一七頁。
（7）「政隣記」、『加賀藩史料』第一一編（前田家編輯部、一九三七年）八〇五頁。
（8）「郡方御触」、『加賀藩史料』第一五編（前田家編輯部、一九四三年）六九一～六九二頁。
（9）「御家老方等諸事留帳」、『加賀藩史料』第一五編（同右）六九五頁。
（10）「毎日帳抜書」、『加賀藩史料』第一五編（同右）九六〇頁。

(11) 児島清文・伏脇紀夫編『應響雑記』上（桂書房、一九八八年）一九三頁。
(12) 同右、二〇四頁。
(13)『氷見市史四 資料編二 憲令要略』（氷見市、二〇〇三年）六五頁。
(14)「殿様殿付一件」、川良雄編『小松史』史料篇上（小松町、一九四〇年）九三九頁。
(15)「殿様御家督之一件」、同右、九四一頁。
(16)「御城御造営恐悦」、同右、六八九～六九〇頁。
(17) 高瀬保編『町吟味所御触留』（桂書房、一九九二年）五九八頁。
(18) 同右、六九四頁。
(19) 同右、七六三頁。
(20)「藩主御加増祝賀賑ひの図」（富山藩文書、富山県公文書館複写史料）。
(21) 田中喜男『城下町富山の町民とくらし』（高科書店、一九九三年）二〇四頁。
(22)「日記頭書」、『加賀市史料』六（加賀市立図書館、一九八六年）一四五頁。
(23)「笠間日記」、『加賀市史料』九（加賀市立図書館、一九八九年）九七頁。
(24)「日記頭書」、『加賀市史料』六（加賀市立図書館、一九八六年）一六七頁。
(25)「御作事所日記」、『加賀市史料』一〇（加賀市立図書館、一九九〇年）一九九頁。
(26) 伊東家文書、『加賀市史　資料編』第二巻（加賀市、一九七六年）五五〇・五六一頁。
(27)「西尾日記抄」、『大聖寺藩史』（清水沖一郎、一九三八年）二六〇～二六一頁。
(28)『三壺聞書』（石川県図書館協会、一九三一年）一七九～一八〇頁。
(29) 同右、一八〇頁。
(30)「改作所旧記」、『加賀藩史料』第三編（前田家編輯部、一九三〇年）八九四・九九七頁。
(31)「御定書」、『加賀藩史料』第四編（前田家編輯部、一九三一年）三六・五七頁。
(32)「大野湊神社文書」、（金沢市立玉川図書館所蔵マイクロフィルム）。

（33）拙稿「近世金沢の祭礼における茶屋」（『加能地域史』第五〇号、二〇一〇年）。
（34）「大野湊神社文書」（前掲）。
（35）「能州紀行」、日置謙校訂『続能登路の旅』（石川県図書館協会、一九三四年）九六・九九頁。
（36）『輪島市史』資料編第三巻（輪島市、一九七四年）五八八頁。
（37）『城端町史』（城端町史編纂委員会、一九五九年）六三一頁。
（38）『新湊町史』（新湊市役所、一九六四年）八四七頁。
（39）『滑川町誌』（滑川町、一九一三年）六四五頁。
（40）「祭礼旧記等」（金沢市立図書館所蔵）。
（41）『輪島市史』資料編第三巻（前掲）五九〇～五九六頁、北國新聞昭和三八年八月八日付記事。
（42）「寝さめの蛍」、『小松市史　資料編五曳山』（石川県小松市、二〇〇三年）一〇二頁。
（43）副田松園『金沢の歌舞伎』（近八書房、一九四三年）。
（44）拙稿「近世金沢の触頭神社における芸能興行について」（『年報都市史研究』一二、山川出版社、二〇〇四年）。
（45）拙稿「田中屋権右衛門が見た金沢城下の賑わい」（前掲）。

近世金沢の医療―〝伝統〟の礎と社会史的意義を探る―

池田仁子

はじめに

筆者はこれまで医者の居住地や諸活動、金沢城内の加賀藩藩主前田家をはじめ武家・寺家・町家の各医療、蘭学、文人など、町場の生活文化について都市生活史・都市社会史的考察を試みてきた[1]。また、古代以来京都、宮廷や寺社を中心に成されてきたわが国の医療史において、武家の時代、特に戦国期には武将による戦陣の手治療や薬方・金創医術の伝授、貴族・寺社の常備薬やその製法の流通等が進み、さらに、京都より宮廷医家の領国への下向が活発化する。続く織豊期、秀吉は一族の治療のほか、統治権者として優れた医者を天皇家や旧足利将軍家より登用し、輪番診療の仕組みを発足させる。近世に入り、封建領主は様々に仁政が求められ[2]、領国支配・経営のため年貢徴収の面からも領内の災害や疾病流行の対策などは不可避で、領民の救恤は必須の問題であった[3]。

なお、わが国の医学・医療史の分野から系統的にみると、近世は日本式中国医学、漢方が生まれた時期で、初期は曲直瀬道三を中心に宋儒性理の学に従う金元医学（後世派）が主流であったが、中期頃に名古屋玄医らが漢時代の古方医学を主張、日本独自の漢方医学を創り上げる。彼らは古医方派と呼ばれ、こうした中から実証的風潮が高まり、蘭学者が出現する[4]。

一方、近世は殺伐とした戦国期とは異なり、「生きる」ため治療を受けるという行為が生まれ、医療に対する認識・需要が高まり、生命の尊重、生存への志向が現れる。[5] 特に後期から幕末期にかけて川柳やイロハかるたに事寄せ、医者を揶揄するなど、生きることに対する人々の固執がより強化されてくる。[6]

このような観点から、本稿では医療を通し近世都市社会をみるため、藩主前田家を拠点とする伝統都市、城下町金沢における医療を取り上げ、伝統の礎と社会史的意義について考察したい。[7] 具体的には、①非人小屋での領民の救済と医療・医者、②藩校明倫堂での医学・本草学の教育、③加賀藩の医者の種類と金沢の町場の医者の数、④町医者開業の試験と手続、⑤災害や疫病流行に対する郡方への医師派遣と医薬品の配当についてみていく。右の内、おおよそ①〜④は郡方から金沢への人々の流入・滞留を示し、⑤は金沢から郡方へ向けた対応を示す。これらにより、近世の金沢が果たした役割や伝統都市としての底流、近世の医療における社会史的意義について考えてみたい。

一　非人小屋での領民の救済と医療・医者

幕府は一七二二（享保七）年小石川薬園内に養生所（施薬院）を設立、一般庶民の医療に取組むが、加賀藩はその五〇年程前、一六七〇（寛文一〇）年貧民小屋を意味する非人小屋を創設する。ここにおいて、職業指導や病人の手当、医療行為を行ない、幕末まで存続した意義は大きい。非人小屋の設立当初の町医師（御用医者）をみると、加藤玄益・藤田見庵・藤田玄仙・白井宗庵の四人が同小屋の勤務を命じられ、収容された貧民・病人の治療に当たった。ほか算用場奉行岡嶋五兵衛・津田宇右衛門、及び町奉行の里見七左衛門・岡田十右衛門の二人が「二時」ずつ、また、国府孫右衛門ら四人の与力等が勤務した（金沢市立玉川図書館加越能文庫「政隣記」巻一、以下、特記しない史料は同文庫所蔵）。なお、非人小屋とは別に御救小屋（臨時的なものか）が一八三八（天保九）年・一八四六（弘化三）年等にできる（「本多政和覚書」巻二八、同館奥村文庫「官事拙筆」）。

以下、非人小屋について近世を通して概観すると、まず、入居人数と病人数に関して一六七八（延宝六）年には入居人数は三二〇人余に減じ、うち病人二六人がおり、若い藩医五人、町医者五人、都合一〇人の医者が治療に当った（「金沢古蹟志」巻一二、金沢町奉行・算用奉行より藩老本多安房外三人宛伺状）[8]。続いて一六九八（元禄一一）年一二月には入居者四四五五人、翌年、一年間の新入居者は三六八五人にのぼる。これを一日に平均すると、およそ一〇人前後に当る。このうち加賀石川郡出身者は八六九人、河北郡は四三一人、能美郡二八七人、能登から羽咋郡七二人、鹿島郡七人、鳳至郡三人、珠洲郡一人、越中からは砺波郡九二三人、射水郡五三人、新川郡四三人、そして、加賀金沢の出身者は九九六人であった。つまり、郡方から合計入居者二六八九人がこの年、金沢へ流入・滞留したことになる。これはこの年の入居者全体の七三パーセントに当る。同年一二月晦日には入居者数四五二五人、また、一七三二（享保一七）年七月には一七〇〇人程が入居する（「袖裏雑記」巻一四）。なお、この時年々の入居者増加により小屋九筋が損壊していたため、二筋を修築することになる[9]。さらに、一七九二（寛政四）年一一月五日には入居人数一七三一人を数える（「非人小屋御救方御用方留帳」）。

次に、藩の飢饉対策の理念をみると、餓死させないという原則があり、御救奉行を廻村させ貧窮者を調べ、介抱し、もし餓死者が出たなら担当役人の「越度」とする。病気の者は医者にかけ療治させ、貧窮者には衣類を支給するとする（元禄九年八月、「飢饉二種」）。また、裁許勤方について、一七八三（天明三）年の事例ではⓐ非人役人中から「看病人」を極め、病人の様子や不法人を見廻る。ⓑ他国・他領者の当病者、飢渇人は入置き医療を施す。本復したら鳥目・衣類を与え立退かせる。ⓒ癩病人「其外悪敷者」は御小屋に入れない。大病はその支配へ申遣す。ⓓ町人の「乱心者」に対して、困窮のため看病困難な場合は「非人小屋縮所」へ入れ療治する。ⓔ小屋での医者の療治の手続は、小屋頭・廻口の看病人より縮方非人役人へ届け、当番の足軽へ達し、小屋裁許人に届けて当番の医者に治療させる。ⓕ裁許人は、病人数・医者名・薬高目録を記載し、町会所へ届ける。これらのことから医者は当番制であったことがわかる（裁許人で与力の斎田九郎大夫・原勘大夫・富永五郎左衛門・佐久間平助による「非人小屋裁許勤方帳」[10]）。なお、乱心者等の非人小屋縮所入所に関しては、幕府による「非人溜」への「預置」に類似するものがある。[11]

次に、非人小屋の医師の事例をみると、前述のように一六七〇（寛文一〇）年創設当初は四人、一六七八（延宝六）年には一〇人であったが、一六九六（元禄九）年には藤田玄仙・白井宗周・千秋玄的・黒川周鉄・国松雪沢の五人、一七〇〇（同一三）年には右の白井・千秋・黒川のほか、上田養春・不破林庵（藩医）の五人、一七九二（寛政四）年には千秋宗瑗・白井宗周・長谷川覚方・高沢仙立・白崎玄水の五人で、藩医も若干含まれることもあったが、ほとんど町医かつ御用医者であった（「御用番方留帳」巻九・一三、「非人小屋御救方御用方留帳」）。以上のように、少なくとも創立当初より一七九二（寛政四）年までの非人小屋に勤務する医者は、ほぼ四人から一〇人であった。

二　藩校明倫堂での医学・本草学の教育

医学を修得する方法については、およそ三都等への遊学、藩領内での修学、親等からの修学があるが、ここでは、金沢の藩校明倫堂における寛政期よりの医学・本草学の教育についてみていく。因みに、江戸においては多紀元孝の医学館躋寿館が一七六五（明和二）年に創立された。[12] また、京都では一七八一（天明元）年に畑黄山による医学院において各々医学等の教育が行なわれている。[13]

さて、各藩の藩校においては、藩校を有する二八七藩の内、寛政以前に授業科目として医学を含めている藩は、熊本・鹿児島・新発田・広島・亀田・加賀など一三例あり、これは全体の五パーセントに当る。のちに校名を変更した場合などは除外し、一藩総体で、最初に医学を授業科目として導入した場合に限っている。上記の場合、併用科目として本草学を教授科目として取り上げているのは、江戸の躋寿館、京都の医学院を除き[14]、藩校では唯一加賀藩のみであることが分かる。その背景として五代藩主前田綱紀自ら動植物などに関心が高く、「桑華字苑」等を著し、一六九三（元禄六）年稲生若水を起用、「庶物類纂」を編纂し、野呂元丈・内山覚仲（加賀藩藩医）ら著名な本草家を育成しており、また、前田家が右書のほか『草目譜目録』等本草書や医学書を多数所蔵するなど、本草学・医学に関するがあったものとみられる[15]。

以下、藩校明倫堂における医学教育について、加越能文庫の諸史料より順次概観してみよう[16]。まず、医学・本草学開講日時について、一七九二（寛政四）年閏二月に、朔・望の一か月に二日間、四時より開始するとし（「政隣記」）、同年七月四日には四時半より開始（「学校雑纂」乾）、一八〇三（享和三）年には、四日・一一日・二四日の月三回、夕八時より始めるとする（「政隣記」「学校雑纂」乾）。また、一八〇七（文化四）年三月には、上記の月三回の内、一日は本草学の教授に当てると定めている点注目される（「学校方覚書」）。なお、一八三九（天保一〇）年七月には、三日・一三日・二三日の月三日夕九半時よりの開始が定まる（「学校方雑纂」坤）。

次に、貧窮の寄宿生一般に対して、一七九二（寛政四）年六月、寄宿舎を設置し、募集をかけている。すなわち、貧窮の寄宿生には、食費の無料化が定められた（「御郡典」「金沢古蹟志」巻七）。なお、一七九一（寛政三）年幕府公立の医学館に名義変更した元躋寿館でも貧窮の寄宿生に食費の無料化が行なわれており[17]、その影響もあろうか。引続き当藩では一八〇三（享和三）年、町在の貧窮寄宿生の食費無料化の再触れが出されている（「御郡典」）。

また、医学・本草学の受講出願方法に関しては、一七九二（寛政四）年町在の者は町奉行を通し、学校へ出願する。さらに、一八〇六（文化三）年六月には、家中医・藩医の子弟は医学指引の藩医へ、また、同じく医者以外の陪臣も同様で、町儒医或いはその子弟は、藩儒もしくは指引の藩医へ出願すると定めた。

藩校での医療と医学教授陣について、一七九二（寛政四）年閏二月受講生の医療については、白崎玄真（当時町医で、御用医、文化七年藩医〈「先祖由緒一類附帳」〉）ら二人を療養方主附に任命している。[18] また、医学教授陣の事例では、一八〇七（文化四）年五月、医学「講師扣」を「講師」という名目に統一する（「学校方覚書」）。さらに、一八三九（天保一〇）年七月五日、「明倫堂医道稽古指引」の常勤の医者として藩医の森快安・中野随安・大庭探元・加藤邦安が勤めた。この時、開講日のみの出勤の「指引方」として、非常勤の藩医の長谷川学方・江間雀々翁・丸山徹叟がおり、同年一二月朔日には、鈴木立白・河合円斎、高島正頴（この時本多大学の家中医から藩医となり、新知七〇石、のち一二〇石）[19] が右指引に加わっている。また、一八四〇（天保一一）年五月一一日には、藩医の小川玄沢の倅小川玄陽は、明倫堂医学講師に任ぜられる（「学校方雑纂」乾）。

三　加賀藩領内の医者の種類と金沢の町場に住む医者

加賀藩には藩医のほか、家中医（上級藩士お抱えの医者）・町医・村医等がおり、この内、藩医や一部の家中医・町医等は藩主前田家をはじめ、藩の施設に勤務する御用医者として活動した。これら医者の種類について、所属や患者・診療場所・専門・住居地などを【表1】に示した。なお、【表1】に記載しなかったが、当藩にはこのほか、藤内頭の支配を受ける藤内医がいる。しかしながら、幕末の事例では藩はこの藤内医を認めておらず、一八六四（元治元）年

【表1】　加賀藩領内の医者の種類

種　類	所属	患者／診療場所	専　門	住　居
藩医（御医者）	寺社奉行 一部町奉行	前田家家族 金沢城内	本道・外科・金創（初期のみ） 鍼立（捻等）・口科・眼科	武家屋敷、金沢城惣構堀の内側、一部はその近辺、町場
		一部重臣等家族 其屋敷内等		
		一部有力町村民 其屋敷内		
家中医 （重臣のお抱医者）	各重臣の家の家老	各重臣の家族 其屋敷内	本道・外科等	各家中町、一部は町場
		一部前田家家族 金沢城内		
		一部有力町村民 其屋敷内		
町医者	町奉行	町村民／藩の施設 町場・村内	本道・鍼・按摩等	各町場、金沢での一部は武家屋敷で、金沢城惣構堀の内側、またはその近辺
		一部前田家家族 金沢城内		
村医	郡奉行・改作奉行・ 十村・肝煎	村人 郡村内	本道等	郡村内

「藤内医共」が医業を学ぶことは甚だ「心得違」であり、これを禁ずる。同時に、「平人」が彼らに「薬味調合」し差し出すことも禁ずると定める。その理由は彼らが身分の「境界」を「忘却」し、「不埒至極」であるからという（「御用留」）[20]。ここには厳然とした身分差別があった。

この表におけるそれぞれの医者の主な居住地について、藩医は金沢城の惣構堀の内側、或いはその近辺等である。御家中医はその主家の家中町または町場、町医者は多くは町場に住むが、中には藩医と同様、藩から屋敷を拝領し、惣構堀の内側ないしその近辺に住んでいる場合もある[21]。また、町医者の中には、郡方から金沢に引越し、当町場で医業を営む者も次第に増え、一方、村医は郡村に居住し、村民や近隣の村々の医療に当った。

次に、金沢の町場には一体どのくらいの医者がいたのか。一八一一（文化八）年『金沢町名帳』より金沢の武家屋敷以外の町場に住んでいる医者など医療に当っていた者について、その人数などは【表2】に示した[22]。

【表2】では按摩・座頭も医療に関わった者として加えてある。なぜなら、近世前期から按摩も医療の専科に加えられており[23]、

【表２】文化八年『金沢町名帳』にみる町場の医者の人数

種　類	人　数	備　　考
町医者	145人	以下の８人〔多賀才順後家、三ヶ所御用医（高沢仙立・小柳昌意）、付箋の下部の記（藤井元昌、加福養庵、吉本貞立、厚地元純、猪俣保助）〕及び按摩５人、座頭23人、検校１人を含む
家中医	43人	以下の重臣の家中医（複数の場合の人数）、本多安房（7）、今枝内記、本多勘解由（4）、前田伊勢、上坂平次兵衛、長甲斐（6〈内、付箋下の記１人含む〉）、横山監物（5）、村井又兵衛、前田中務、前田織江、前田橘三、前田土佐、玉井勘解由、前田権佐、津田玄蕃、奥村左京（2）、伴八矢、深美隼之助、山崎伊織、奥村助右衛門（4）、横山図書
藩医	7人	中村佺安（木倉町）、池田養中（竪町）、白崎玄真（横堤町）、大庭卓元（安江木町）、中野又玄（河原町）、二木順伯（犀川荒町）、桜井了元（高岡町）、
合　計	195人	

＊金沢市立玉川図書館『金沢町名帳』金沢市図書館叢書一、平成八年より。

また、十村が金沢へ出張の折、連日金沢塩屋町の按摩師（導引）に掛り、治療・投薬を受けている事例も確認されるからである。なお、右の内「病人」が多いため受診もあきらめ、立帰った日もあった。(24)また【表2】から当時武家屋敷町以外の金沢の町場に住する町医者等は一九五人程いることが分かる。

ところで、試みにこの町医者一人が抱える町の軒数と人数について、武家等の人数を除いて考えてみると、一八一〇（文化七）年の場合、町家の軒数一万三七九二、人口五万六三五五人とすると、約九三軒、三七九人になる。(25)但し、この場合、医療を受ける側からみると、武家も町人等も身分を超えて、藩医・家中医・町医等の治療を受ける場合があるゆえ、医者総体が抱える武家・町人ら金沢の総人口における医者一人の割合を今後推定していくことも必要であろう。また、名古屋などと比較検討することも今後の課題である。(26)

四　町医者開業試験と手続

近世以前は、一般に医師資格制度が存在しないというが、(27)加賀藩では、町医者開業について、藩校で医師の試験を実施することにより、その合格者は医者開業が許可された（「学校方雑纂」「郡方御触」巻一七）。

これについて、「学校方雑纂」には一八四〇（天保一一）年六月、町医者試方として次のように申渡されている。

明倫堂督学江

町医者願人有之節、医術之程、試方之儀、已来願人有之時々、町奉行より各江試方之儀、引送り候筈ニ候間、送越候ハヽ、御医者中へ申談、於学校業術之程試有之、其様子町奉行へ可被申遣候、右試方之儀ハ、別紙江間雀々翁等書取之趣ニ被仰付候条、被得其意、右等之趣、雀々翁等江も可被申談候事、

六月

町方之者、新ニ医業願人、町奉行中より督学中迄引送り御座候ハヽ、右業術試方、左之通りニ而、可然哉ニ奉存候、

三夕之日ニ当り、御指出可有御座候、其節私共一統出座仕罷在候間、出人呼出シ、日頃修業致居候学術、本道或ハ外科等、各得手之処、可有之候間、其程ニ承り、糺シ候上、講書議論、病症・薬方附等之儀、医道心得方緊要ニ候間、一通り承合可申、其上ニ而大抵医術ヲ以テ、世業与致候而も宜敷者哉否之所、御達可申上候、

右、試方、私共示談之趣、如此ニ御座候、以上、

六月　　（藩医）江間雀々翁

（藩医）丸山徹叟

付札

本文詮議之通、被　仰付候条、已来願人有之時々、医術試方之儀、督学へ可被申遣候事、

町医者願人有之節、是迄御医師并町医者等、其師家添紙面ヲ以テ願書指出候得ハ、於町会所横目肝煎役之者ヲ以、猶更医術等之儀、為承合、其上ニ而、右願方承届候処、近年追々願人多有之、中ニハ医道甚不案内之者茂不少相聞候、元来医者之義ハ、大切成職業ニ而、御座候得ハ、いかにも綿密ニ遂穿鑿、弥医術饒成ル者ニ

候得ハ、承届可申儀ト奉存候、就而ハ、是迄迚も前文之通、詮議方之法ハ相立居、随分入念ニ仕、容易ニて承訳候而ハ無御座候得共、師匠家ト申而も、色々甲乙も御座候義、右横目肝煎之承合方ト申儀も素人之事ニ御座候間、不慥成ニ御座候間、可相成儀ニ候者、已来右町医者願書付指出候節、督学中へ引送り於学校右願人医術之程、御医者中へ試有之、其趣私共へ申来候上ニ而、承届申度義ニ奉存候、此段御詮議御座候而、不指支義ニ候ハヽ、夫々被仰渡候様仕度奉存候、已上、

三月十八日　　水原清五郎（保延・町奉行）判

奥村内膳様（惇叙・藩老）

町医者願人之儀ニ付、拙者共詮議之趣、別紙之通り、御達申置候処、御聞届之段、御付札ヲ以、被仰渡候条、為御承知、写壱通指遣申候、已上、

子六月十九日　　大野織人（定能・町奉行）印

大田小又助様（盛一・経武館督学）
渡辺兵大夫様（栗・明倫堂督学）

一、右之趣候間、已来願人有之候ハヽ、御医者中へ遂詮議否哉、申聞候上、町奉行へ詮義之趣等可申遣事、

（傍線筆者）

引続き、同年七月「郡方御触」巻一七には、次のように記されている。

明倫堂督学江

向後新タニ医者相願候者、都而町医者同様試被　仰附候旨、被　仰出候之条、被得其意、遠所町方御郡方等其支配人江各より右之趣可被申談事、

七月

別紙写之通、学校惣御奉行播磨守殿《本多政和》被仰渡候之条、御承知有之、右試之義者、明倫堂ニおゐて医学指引之御医者中、業術之程、試申筈ニ候間、御支配之内、医者相願候者有之候ハ丶、其段拙者共迄、被申越候得者、其節試業方可申談候、右之趣、御承知有之、御支配御申談可有之事、

七月　　　　大田小又助
　　　　　　渡辺兵太夫
　　　　　　　　（傍線筆者）

前田弥五作殿《砺波郡奉行》

右、二つの史料の内容を整理すると次のようになる。

【受験出願方法】一八四〇（天保一一）年藩校明倫堂督学への達により、医術修得の試験を実施する。町奉行から藩医へ相談し、明倫堂で業術試験を行ない、その結果を町奉行へ通知するとした。

【試験方法】年配の熟練者で非常勤の藩医である江間雀々翁・丸山徹叟の意見に基づき、三・一三・二三日の月三日間の医学開講日に出願する。その日は江間・丸山も勤務する。

【受験内容】本道・外科等「得手之処」を申出、「講書議論、病症・薬方附等」及び「医道心得方」を試験する。すなわち、医術で「世業」が成り立つかどうか試験する。

【実施の理由】同年三月一八日付、町奉行水原清五郎（保延）より藩老の奥村内膳（惇叙）宛達により、是迄、町医師家の添書を付し出願していたが、つまり町会所で横目肝煎が「請合」っていたが、近年出願者が多く、「医道甚不案内之者」も多い。「元来医者之義ハ大切成職業」であるから、綿密に「穿鑿」した上、「弥医術慥成ル者」を「承届」けるべきである。なぜなら、当時師家といっても、色々甲乙（優劣）有り、横目肝煎も「素人」で、

今までこのような「不慥成」る方法であったから、改めることになった。このことは町奉行の間で協議し、これを上申した結果、許可された。

【陪臣の場合】其頭支配人より学校の督学へ届出て、藩老へ出願するよう、村井靫負より申渡された（「雑事日記」[28]）。

【郡方の場合】郡奉行から藩校の督学へ出願する。このことは、砺波郡奉行前田弥五作宛達等で分かる。


以上のことは、専門的に素人の横目肝煎らの手に負えなくなった、ということを示しており、町奉行の間で協議し、藩校で藩医が試験を実施するというものであり、制度化を意味する。すなわち、是までの横目肝煎が取扱うという、いわば、地縁的住民組織である町共同体で医師開業を認可していたが[29]、今後は新たに医者を開業する場合は、藩が公認することを定めたのである。これは天保期に、より高度な医療技術を求める傾向が出現したといえよう。同時に、こうしたことはこれまで藩が蓄積してきた伝統的な事柄であり、近代医療の先駆的側面と考える。但し、史料的限界があるが、以後おそらく既存の町医者開業人と試験合格の医者がともに、そのまま併存したものとみられる。なお、横目肝煎は、町肝煎の中から三〜六人、町年寄が撰び、町奉行が任命したもので、町肝煎・散肝煎（職業掌握の肝煎）の事務の監督、町会所の監視を行なう町役人である[30]。

五　郡方への医師派遣と医薬品の配当

1　郡方への医師派遣

災害や疫病流行に対する藩による郡方への医者派遣の事例は、【表3】の通りである。

【表3】に示したように、〈事例1〉では、一六九八（元禄一一）年一二月二四日、「石川郡木滑之村」の奥の「海原」

（女原）（現白山市）で「雪頽」が起り、百姓家一六軒が潰れ、怪我人七二人、内二二人が「半死」或いは「半生」するという災害に見舞われた。翌二五日には、「越前境上下折村」（現白山市）においても、山雪頽により「一村皆潰」れ、圧死者八〇人余の犠牲を出した。この時、蘇生者三三人であった。これらに対し、藩から医者の白井宗周・黒川周鉄が怪我人などの手当てとして派遣され、医療を施し、被災者に衣類・食料を支給した（「政隣記」巻二、「御用番留帳」巻一一）。

〈事例2〉一七三〇（享保一五）年六月には、河北郡内で疫病が流行し、南保玄伯が当地に派遣され、薬用治療を行なった。

〈事例3〉一七七一（明和八）年一二月、加賀藩の預地である能州石崎村（現七尾市）で疫病が大流行し、藩医の内山覚順・大場順元が同月一六日派遣され薬用治療に当たり、二二日には金沢に帰っている。翌一七七二（安永元）年一二月二八日、一貼当り七厘宛で、この時の薬代が両人に支給されている（「政隣記」巻一一[31]）。

〈事例4〉一七七三（安永二）年二月二三日、能州奥郡で疫病が大流行し、藩医の小瀬甫元・藤田道閑が治療のため派遣される。これが加能地域全体に広がり、同三月二六日に河北郡には池田昌貞・加藤玄叔が、また、能登口郡には加来玄達・小倉正因が、さらに能州島に江間玄貞が、再び同奥郡には丸山了悦が、それぞれ派遣される。かくて、同年四月、奥郡での患者は四一〇〇人余にのぼ

【表3】郡方への医師派遣の事例

事例番号	年	西　暦	事　由	医者【担当の国郡村】	合　計
1	元禄11年	1698	雪頽	白井宗周・黒川周鉄【加賀石川郡女原、上下折村】	1郡2人
2	享保15年	1730	疫病流行	南保玄伯【加賀河北郡】	1郡1人
3	明和8年	1771	疫病流行	内山覚順・大場順元【藩預地、能登鹿島郡石崎村】	1郡2人
4	安永2年	1773	疫病流行	小瀬甫元・藤田道閑【能登奥郡】、池田昌貞・加藤玄叔【加賀河北郡】、加来玄達・小倉正因【能登口郡】、江間玄貞【能登能州島】、丸山了悦【能登奥郡】	述べ5郡8人
5	天保5年	1834	疫病流行	関玄迪【加賀能美郡】、加来元貞・魚住恭蕣【加賀石川郡】、池田三同・堀周庵（代り小川玄沢倅小川善徳）【加賀河北郡】、**梁田耕雲**（代り白崎玄令弟白崎玄正）・**松田常安**【能登口郡】、有沢良貞【能登奥郡】、不破文中・**黒川元良**【越中砺波郡】、藤田道仙・河合善庵（代り小瀬貞安）【越中射水郡】、**中村文安**・今井昌軒【越中新川郡】	8郡14人

＊「政隣記」巻二・一一、「加賀藩史料」巻二九五、「鈔録合集」巻五、池田仁子、本稿、註(1)(ク)(ケ) より

り、内二〇〇〇人余が死亡する。また、石川郡宮腰で患者数は六〇〇〇〜七〇〇〇人程にのぼり、金沢の非人小屋では八〇人余が病死している（前田土佐守家資料館蔵「頭書日記三番」[32]）。

〈事例5〉一八三四（天保五）年五月、再び疫病が流行し、藩領内へ派遣された医師に関し、関玄迪が加賀能美郡に、加来元貞・魚住恭莽が同石川郡に、池田三同と堀周庵の代りに小川玄沢倅小川善徳が加賀河北郡に、梁田耕雲の代り白崎玄令弟白崎玄正と松田常安が能登口郡に、有沢良貞が同奥郡に、不破文中・黒川元良が越中砺波郡に、藤田道仙と河合善庵の代り小瀬貞安が同射水郡に、中村文安・今井昌軒が同新川郡に、というように、藩領内全域の八郡にわたり、合計一四人の医者が各郡方にそれぞれ派遣された。なお、【表3】での太字の医者は蘭学修学の医者を表しており、蘭学受容の側面が窺われる。

次に、【表3】の医者の内、郡方側の貴重史料として能登口郡中島村で蔵宿を勤める今本屋左助の「末世目覚草」を紹介しよう（橋本家文書、七尾市[33]）。これによれば松田常安は能登口郡で五日間逗留し、郡内の治療に当った。また、今本屋左助も「自分も頭痛之薬法」を処方してもらったと記している。また、幕府の「天明四年御渡の薬法」の天保五年五月加賀藩算用場からの再触を以下のように書留めている（現代口語訳）。

【時疫流行の節の処方】〇大粒の黒大豆を煎り一合と甘草一匁を合せ、水で煎出し飲む。〇茗荷の根と葉を搗砕き汁を取り飲む。〇牛蒡を搗砕き汁を搾って、茶碗に半分ずつ入れ二度飲み、其上、若桑葉（または枝）一握程火で炙り、黄色になったら茶碗に四杯入れ、二杯に煎じ、一度に飲んで汗をかく。〇高熱で悶え苦しむ時は、芭蕉の根を搗砕き汁を搾って飲む。

【物の毒に当った時】〇煎塩を舐め、又ぬるま湯に掻立て飲む。〇胸が苦しく、腹張り激痛の時、苦参（くしん。健胃・利尿・解熱剤等）を水で煎じ飲む。食物を吐瀉すると良い。〇大麦を煎り、粉にして白湯で度々飲む。〇口鼻より出血し悶え苦しむ時は、葱を刻んで一合水でよく煎じ冷し置き、幾度も飲む。出血が止まるまで用いる。○特に魚の毒に当った時は、大粒の黒大豆を水で煎じ、何度も用いる。○獣の毒に当った時などは、赤小豆の黒焼きを粉にし、蛤貝に一つ程ずつ入れ、水で飲む。○キノコの毒に当った時は忍冬（にんどう。健胃・利尿・解熱剤等）の茎葉とも生で噛み汁を飲む。

2　医薬品の配当

一七九一（寛政三）年、砺波郡の在方においては、「貧窮者成者ハ大体之病気ニ而ハ薬も給不申、少々之薬代も出得不申」状態であったという（富山大学付属図書館蔵、菊池文書、旧記四冊ノ内一）[34]。また、翌年七月「岡部氏御用留」巻九によれば、「医業ハ貴賤与なく人命を預義ニ候得ハ、療治方大切ニ」心得べきとする藩の方針が示されている。すなわち、医業は身分に関係なく、その恩恵を受けるべきものであるから、人命は大切であり、町在の者は病気の節は「無会釈」（返礼なく、無料）で藩の医者に療養を依頼すべきと領内へ申触れている[35]。

　こうした中、一八〇三（享和三）年六月にも領内で麻疹が流行し、金沢で医薬の調合が行なわれ、領内、特に能登の珠洲・鳳至両郡へ医薬の配当が申触られている[36]。例えば、羽咋・鹿島両郡には、鵜川組に七五〇貼、本江組に六六〇貼、堀松組に六八〇貼、酒見元組六一〇貼、笠師組三九〇貼、鰀目組二一〇貼、高田組四六〇貼、武部組四三〇貼、能登部組四二〇貼、酒井組三二〇貼というように、十村単位で医薬品の配当が成されている（六月一七日付、本江村惣助より仲間宛所の書付）（「加賀藩史料」巻二六一）。その際、薬は発病より一二日以内に処方するよう、「元来貧窮者」は薬も飲むことが出来ず、「不便（憫）」であるとの藩主の上意が添えられ、平生は「身分相応ニ而其身等服薬」が差し支えない者が「頂戴」できるが、今回は特別な「御仁恵」であるゆえ、「末々迄」薬を配当すると申触れている。なお、一八五八・五九（安政五・六）年領内にコレラが大流行し、特に一八五九年には金沢より郡方への医薬品の配給が確認できる（「御用鑑」、「加賀藩史料」巻三）[37]。

おわりに

本稿では近世金沢の医療についてみてきたが、次のように整理できる。まず第一に、藩は寛文期非人小屋を創設して、貧民を救済した。ここでは町医者である御用医者や藩医が複数人常置され、病人に医療を施した。このことは郡方より人々が流入・滞留し、結果として金沢が救済の場となった。第二に、医学・本草学の修学・教育は、金沢の藩校明倫堂でも行なわれ、月三回の受講日のうち一日は、本草学を教授しており、これは医療の充実化を示している。また、貧窮の寄宿生の食費を無料化した点も注目され、現代の給食費援助の底流がこの辺にもみられる。第三に、一八一一（文化八）年金沢の町場に住む医者等は、本道・鍼医など多くの町医者、一部の藩医や一部の家中医を合わせ、一九五人程が確認され、幕末へ向け増加傾向にあったものと推測される。第四に、医者開業の手続においては、一八四〇（文化一一）年以前は、師匠から非専門の横目肝煎が取扱うことでほぼ決まり、形式的に町奉行へ届け認可されていた。すなわち、それまで町共同体に委託されていたが、こうした非専門人による認可の弊害の顕在化や医者開業者の増加による煩雑化などにより、以後、明倫堂督学へ出願し、藩校で藩医による試験を実施し、合否の結果を町奉行へ報告することとなった。また、遠所の町、郡村、陪臣も同様藩校で試験が行なわれた。なお、陪臣は主家より出願することを定めた。こうしたことは藩が医師開業を公認したことを意味しており、ここには寛文期ころより伝統的に、より高度な医療技術の蓄積があったものとみられる。第五に、藩は災害や疫病の流行に対し、領内へ医者を、時には複数人派遣し、治療に当たらせた。一方、金沢で医薬品を調合した上、十村単位で領内の郡方への配当の実施が確認された。

以上のことから、近世の城下町金沢は、医療の面では、藩領内各地における中心的役割を担い、その機能を果たしたといえよう。こうしたことは、城下町一般にいえることともみられる。ともあれ、加賀・能登の旧藩領域内の現在に形を変え、引継がれているのではなかろうか。というのは、近世から近代以降の主な医療・医学教育機関について考えると、非人小屋・明倫堂における機能は、主に壮猶館（一八五三年創立、一八六二年より医学教育）→同附属種痘所（一八六五年）→卯辰山養生所（一八六七年）→金沢医学館（一八七〇年）→金沢病院→石川県病院→金沢医学専門学校・同附属病院→金沢大学医学部・同附属病院などというように、次第に受継がれていったものと理解できるからである。

次に、社会史的意義については、戦国期以前の医療はほぼ個人で支えたが、近世の医療は、秀吉の頃より見え始めた領国統治の仕組み作りが発展・充実化し、一部身分や貧富の差に限界があるが、多数の医者・医薬により社会全体で取り組み、支える傾向をより強化した。このことは、公的な医療の胎動を意味し、近代医療の礎であると考える。

今後の課題は天保期以降の詳細な動向、町・郡方からみた具体的な事例・動向、遊学の様相、他藩の医療等である。

註

(1) 池田仁子（ア）『金沢と加賀藩町場の生活文化』岩田書院、平成二四年、（イ）「金子鶴村の蘭学と海外科学知識―化政期加賀藩蘭学受容の一側面―」（『日本歴史』六九八号、平成一八年七月）、（ウ）「加賀藩蘭学と医者の動向」（『北陸史学』五五号、平成一八年）、（エ）「大高元哲の事績をめぐって―加賀藩蘭学の受容と展開―」（加能地域史研究会『地域社会の歴史と人物』北國新聞社、平成二〇年）、（オ）「医者と暮らしの諸相」（一九世紀加賀藩技術文化研究会『時代に挑んだ科学者たち』北國新聞社、平成二一年）、（カ）「「寛文七年金沢図」等にみる医者の居住地と城内での医療」

（『金沢城研究』八号、石川県金沢城調査研究所、平成二二年）、（キ）「加賀藩前期の医者と金沢城内での医療」（『同』九号、平成二三年）、（ク）「近世中期加賀藩の医者と金沢城内での医療」（『同』一〇号、平成二四年）、（ケ）「金沢城を中心とする化政天保期の医療と蘭学医」（『同』一一号、平成二五年）、（コ）「近世後期加賀藩の医者と金沢城内での医療」（『同』一二号、平成二六年）。

（2）仁政について例えば、岡山藩主池田光政に仕えた儒者、熊沢蕃山は為政者、すなわち賢者による飢人のいない社会、万民が安穏に暮らせる社会を先決問題とし、治国平天下論を展開している（池田仁子「熊沢蕃山の『女子訓』について」〈『日本歴史』四七六号、昭和六三年一月、九六・九八・一〇〇頁〉、同「熊沢蕃山の「子育て」像」〈『同』五一八号、平成三年七月、三八頁〉など）。

（3）富士川游『日本医学史』真理社、昭和二三年。日本学士院編『明治前日本医学史』四巻、日本学術振興会、昭和三九年。小川鼎三『医学の歴史』中公新書、昭和三九年。酒井シズ『日本の医療史』東京書籍、昭和五七年。山崎光夫『戦国武将の養生訓』新潮新書、平成一六年。新村拓『日本医療史』吉川弘文館、平成一八年など。なお、戦国～近世初期の医薬については、廣瀬良弘氏より御教示いただいた（『甲陽軍艦』酒井憲二『甲陽軍艦大成』第二巻、汲古書院、平成六年、三四頁、廣瀬良文氏教示、ほか〈廣瀬良弘「曹洞禅宗の地方展開とその住持制―永平寺・總持寺の両本山を中心に―」地方史研究協議会第六四回（金沢）大会資料、平成二五年〉）。

（4）酒井シズ、前掲（3）一九三・一九四頁。青木歳幸「近世の西洋医学と医療」（新村拓、前掲（3）一五一・一五二頁）。蘭学については片桐一男『蘭学、その江戸と北陸』思文閣出版、平成七年、沼田次郎『洋学』吉川弘文館、平成八年など参照。なお、曲直瀬道三のキリスト教入信については、日本側に史料がないことから、その真偽に検討が必要であろうが、一方、キリスト教の学院長を診療したことが縁となり、また、キリスト教は道三が長らく求めていた医の論理に合致していたとの解釈がある。このことは、フロイスの『日本歴史第二部六九章』（松田毅一・川崎桃太訳『日本史　五　畿内篇Ⅲ』中央公論社、昭和五三年、一七八～一八八頁）では五九章〈二部七〇章〉及びイエズス会総長宛のフロイスの書簡により知られる（京都府医師会『京都の医学史』思文閣出版、昭和五五年、一九七～一九九頁。山崎光夫、前掲（3）四一頁）。

（5）塚本学『生きることの近世史』平凡社、平成一一年。岡崎寛徳「生類憐みの令とその後」（中沢克昭編『人と動物の日本史』吉川弘文館、平成二一年）。丸本由美子氏による平成二四年度法制史学会大会報告資料「加賀藩救恤考」。
（6）池田仁子、前掲（1）（オ）。
（7）伝統都市金沢を論じたものに、二宮哲雄『金沢―伝統・再生・アメニティー―』御茶の水書房、平成三年がある。同書中、地域経済の面では中野節子「近代移行期における金沢の経済―加賀藩産物方と金沢米商会所―」、社会面では高澤裕一「幕末期の金沢における救恤」などがある。一方、加賀藩の医療については、池田仁子、前掲（1）のほか、制度からみたものや疾病史の立場から、或いは上級武士の医療を取り扱ったものなど様々である（津田進三「加賀藩の医療制度」〈『石川郷土史学会々誌』創刊号、昭和四三年〉。前川哲朗「疱瘡・コレラの流行と対策―藩政期疾病史の試み―」〈『市史かなざわ』六号、平成一二年〉。竹松幸香「加賀藩上級武士の疾病・医療について」〈『加能地域史』四七号、平成二〇年〉。徳田寿秋「医療の発展と旧医師会の活動」〈『石川県医師会創立百年史』北國新聞社、平成一五年〉）。
（8）『金沢古蹟志』は森田平次著で、ほかに、石川県立図書館（写本）や同館森田文庫（自筆本）にも所蔵されており、また、日置謙校訂で、金沢文化協会（昭和八・九年）、歴史図書社（昭和五一年）などによる刊本がある。本稿では自筆本の加越能文庫本を活用。また、非人小屋創設に関しては前田育徳会『加賀藩史料』四編に、他方、天保九年・弘化三年の御救小屋設立に関しては一四・一五編、清文堂、昭和五五年復刻にも各々収録（以下『藩史料』と略記）。さらに、非人小屋創立当初の医者については、池田仁子、前掲（1）（ク）参照。なお、これらに関連し、本稿では史料・史実に即し取り上げた箇所があるが、差別を容認するものではない。因みに、寛文～享保期の医療と救恤については一部は『藩史料』五・六編にも収録。
（9）日置謙『加能郷土辞彙』（改訂増補、北國新聞社、昭和四八年）によれば、非人小屋は初め数棟、のち四五棟になったという。
（10）田中喜男『定本 加賀藩被差別部落関係史料集成』明石書店、平成七年にも収録。
（11）丸本由美子「江戸期日本の乱心者と清代中国の瘋病者（上）―その刑事責任に関する比較研究を中心として―」（『北陸史学』五九号、平成二四年）。

（12）躋寿館については、富士川游、前掲（3）、日本学士院日本科学史刊行会『明治前日本医学史』一巻（日本学術振興会、昭和三〇年、三一頁）参照。
（13）池田仁子、前掲（1）（ケ）。
（14）吉川弘文館編集部『日本史必携』吉川弘文館、平成一八年。日本学士院日本科学史刊行会、前掲（12）四四頁。
（15）池田仁子、前掲（1）（ケ）。
（16）医学教育・医師開業試験については、一部は『藩史料』一〇・一一編にも収録。
（17）宮本義己「近世の医療」（新村拓、前掲（3）一一六〜一一八頁）。
（18）池田仁子、前掲（1）（ケ）。
（19）池田仁子、前掲（1）（コ）。
（20）田中喜男『定本 加賀藩被差別部落関係資料集成』明石書店、平成七年、三八〇・三八一頁。
（21）池田仁子、前掲（1）（カ）。
（22）金沢市立玉川図書館『金沢町名帳』金沢市図書館叢書　一、平成八年。
（23）京都府医師会、前掲（4）一一四四頁。
（24）加能地域史研究会近世部会「岡部忠憲日記」『加能史料研究』一七号、平成一七年。
（25）軒数・人数については「角川地名大辞典」編纂委員会『角川地名大辞典　石川県』、昭和五六年に依る。
（26）近世名古屋には五〇〇人以上の医者がいたという（岸野俊彦『尾張藩社会の総合研究』清文堂、平成一三年、三六四頁）。
（27）杉山章子「西洋医学体制の確立」（新村拓、前掲（3）二三五頁）。
（28）『藩史料』一五編、なお、天保期の医師開業については、部分的に同書に収録。
（29）朝尾直弘『都市と近世社会を考える』朝日新聞社、平成七年、九四・一〇六・一七八・三四四頁。
（30）濱岡伸也・袖吉正樹「町奉行と町役人」（金沢市史編さん委員会『金沢市史』資料編六、金沢市、平成一二年、九・一〇頁）。
（31）『藩史料』八編、『新修七尾市史』一一、七尾市役所、四三頁にも収録。

（32）池田仁子、前掲（1）（ク）。
（33）中島町史編集委員会『中島町史』石川県中島町役場、昭和四一年にも収録。堀井美里「学問と教育」（『新修　七尾市史一五　通史編』七尾市、平成二四年）、池田仁子、前掲（1）（ケ）。
（34）『富山県史　史料編Ⅲ、近世上』、富山県、昭和五五年、一一四八頁。
（35）『藩史料』一〇編にも収録。
（36）一部は『藩史料』一一編にも収録。
（37）安政五・六年のコレラ大流行に関しては、一部『藩史料』藩末編上巻にも収録。

〔付記〕地方史研究協議会第六四回（金沢）大会研究報告に際し、同研究協議会及び加能地域史研究会の多くの方々をはじめ、木越隆三・高堀伊津子・堀井美里の諸氏には、特に貴重な助言を賜り、大変お世話になった。記して謝意を表したい。

Ⅲ　近代における〝伝統〟の創出

明治初年加賀藩政における職制改革の特質

宮下和幸

はじめに

本稿は、明治初年の加賀藩において実施された職制改革に注目し、藩家臣団の序列の変遷とその影響を分析することで、改編期の藩の特性に迫ることを目的としている。

明治初年における藩研究については、いくつかの重要な論点がみられる。まずは、維新政権論であり、戦前を含め豊富な研究蓄積がある。とりわけ八〇年代以降は、強力な政府によって全国諸藩は順次解体されたとする通説の克服が目指され、廃藩置県の性格規定などの分析がすすめられたが[1]、政府の廃藩方針のタイミングやそれに関わる藩の動きを能動的に評価したことが特徴といえる[2]。そして、藩側の視点による研究も米沢、彦根、佐賀、仙台といった薩長以外の藩の成果が出されており、個々の藩が置かれていた状況を踏まえ、どのように対応していったのかが明確にされている[3]。また、幕末期の藩校や新政府に出仕した人材に焦点を当てた研究などは、移行期分析において一つの手法を提示していよう[4]。

このような研究成果における課題として、「廃藩置県研究に求められるのは、廃藩置県直前の明治三年から明治四年にかけての現実の藩の状況」であるとの指摘がある。[5] これは、藩は維持できずに解体していくのか、それとも政府への抵抗姿勢も含めて活性化していくのかとの問いでもあろう。さらに、この問題は移行期を分析する際の連続性・非連続性にも関わるものであり、自主的または戦略的に廃藩を打ち出す藩や、存続を志向する藩の実態を具体的に分析し、成果を出していく必要がある。

本稿では加賀藩を分析対象としているが、それは以下の理由による。[6] まず、能動的な動きをみせた藩の分析がすすむ一方で、政府の命令に対して基本的に従う姿勢を示したとされる藩の動静が不明瞭であり、現状では府藩県三治制の方針と連動する藩として加賀藩が位置づけられること。次に、藩の政治過程を人材の多寡、素養によらず組織全体の問題として把握するには、最大規模の藩組織である加賀藩は捉えやすいこと。そして、移行期において次代に繋がるものは何か、連続性の「礎」となるものを地域に見出せるかという問いに対して、加能越三州の大部分を一藩で領有していた加賀藩の事例は有用であること。これら三点を挙げておきたい。

以上により、まずは明治初年の政治過程における加賀藩の動静について、政府方針への対応という視点から明らかにする。そして、藩の職制改革による家臣団の序列の変遷から、藩上層部がいかなる課題を抱えていたのかについて、当時厳しい状況におかれた重臣層に焦点を当てつつ検討する。その上で、移行期における重臣層の位置や役割について、地域からの視点を含めて言及したい。

一　明治初年の政治過程と加賀藩職制改革

1　政体書・藩治職制

一八六八（慶応四）年閏四月に政体書が公布され、五箇条の誓文を基本方針とした官制改革が実施された。地方については、府藩県による三治制が施行され、はじめて「藩」が公称となり、行政単位としての藩が創出されている。そして、一八六八（明治元）年一〇月二八日には、「職制区々異同有之候ニ付、今後一般同軌之御趣意」[7]として藩治職制が出され、各藩とも府県と同様に、執政、参政、公議人などの設置や、従来の門閥に拘らない人材登用が求められた。[8]

加賀藩では、九月に年寄、家老の職掌分担を実施し、年寄本多政均（播磨守）が平生方・軍事方相兼、年寄前田直信（土佐守）が軍事方専務・平生方兼務となるなど、彼らを軍事方、平生方に命じている（若年の年寄には学事修行）。[9]この九月の段階では職掌の分担に留まっていたが、一二月一五日には藩治職制を踏まえた改編により執政、参政を設置し、従来の年寄、家老を廃止している。執政には元年寄の前田直信、奥村栄通（河内守）、本多政均、村井長在（又兵衛）の四名、参政には元家老の横山政和（蔵人）、津田正邦（玄蕃）、本多政醇（図書）、前田恒敬（将監）、前田孝錫（内蔵太）、不破為儀（彦三）、横山隆淑（外記）の七名が就いており、基本的には年寄→執政、家老→参政という移行であった。[10]その後、同月下旬から翌月中旬にかけて参政の追加任命がおこなわれ、多賀直道（源介）、岡田政忠（雄次郎）、木村恕（九左衛門）、丹羽履信（次郎兵衛）、藤懸頼善（十郎兵衛）、不破貞順（亮三郎）といった平士層（多賀のみ人持）からも選任されている。これは、直前に予定されていた藩主前田慶寧の上洛を前に梃子入れを図ったものともわれ、実際に木村、藤懸、丹羽の三名が慶寧上洛に随行している。[11]

そして、一八六九（明治二）年三月、加賀藩では藩治職制に応じた職制改革を実行している。藩組織を刷新して政事堂などを設置するとともに、九段階にわたる職等の設定、七段階の士身分の改定などが実施されている[12]。以上の過程から、この段階における人事の任免権などは、徳川政権期と同様に藩が掌握していたといえる。

2　版籍奉還・諸務変革令・職員令

一八六九（明治二）年六月に版籍奉還が実行されると、藩主は知藩事に任じられて個別領有権は否定され、知藩事は天皇の土地を管理する地方官という位置付けになった。そして、同月には一一箇条の諸務変革令が出され、藩領内の実収高や諸税の調査など、藩の基本情報の提出が命じられたほか、一門以下の藩士が士族に統一されたことは、旧来の主従関係を断ち切る作用があったといえる。さらに、藩収入の一割を知藩事家の家禄と設定して藩庁経費との分離が図られたことで家政と藩政が区分され、藩士の給禄は知藩事家ではなく藩から支給されることが明確になっている。そして、翌月の職員令によって更に中央集権化がすすめられると、藩も府県と同様の体制への変更が志向され、藩の上層部を大参事、少参事体制にすることが定められた。

前述のように、藩主前田慶寧が上洛、参内すると、二月には五箇条の誓文に誓約するとともに、奉還を建白している[13]。慶寧は、「封土」の与奪権が朝議にあり、「藩土奉還之儀」は自身の宿意であるとして「天裁」を願うと述べつつ、天皇による所領の再交付を求めている[14]。そして、三月の天皇東幸に供奉して東京に入ると、六月に金沢藩知事に任じられ、翌七月には従三位に昇叙している。また、藩内では一〇月に藩庁を重臣長家の上屋敷に移転するとともに、知藩事家の私邸も重臣本多家の上屋敷に移転し、さらに給禄の改定[15]や、家臣団の士族への族称変更もすすめている[16]。

そして、一〇月には藩上層部を執政、参政体制から、大参事、少参事体制へと変更している（【表1】[17]）。初期の人

【表1】藩大参事・少参事体制の変遷　1869（明治2）年9月－1871（明治4）年6月

		受領名・通称	禄高(石)〈藩政期〉	身分階層〈藩政期〉	明治2年				明治3年													明治4年						備考（前職等）
					9	10	11	12	1	2	3	4	5	6	7	8	9	10	閏10	11	12	1	2	3	4	5	6	
大参事	前田直信	土佐守	11,000	年寄八家	■	■	■	■	■	■	■	■	■	■	■	■	■	■	■									藩執政
大参事	横山政和	蔵人	10,000	人持（家老）	■	■	■	■	■	■	■	■	■	■	■	■	■	■	■						(再任)	■	■	藩執政
大参事	岡田政忠	雄次郎	500	平士	■	■	■	■	■	■	■																	徴士（明治元年5月～同年10月） 藩参政
大参事	（篠原一貞）																				■	■	■	■	■	■		（公議人）
権大参事	安井顕比	和介	220	平士	■	■	■	■	■	■	■	■	■	■	■	■	■	■	■									徴士（明治元年4月～明治2年5月）
権大参事	前田孝錫	内蔵太	3,000	人持（家老）	■	■	■	■	■	■	■	■	■	■	■	■	■	■	■								(再)	藩参政
権大参事	（篠原一貞）					■	■	■	■	■	■	■	■	■	■	■	■	■	■									（公議人）
権大参事	（岡田政忠）											■	■	■	■	■	■	■	■									（徴士、藩参政）
権大参事	（木村　恕）											■	■	■	■	■	■	■	■									（貢士、藩参政）
権大参事	（小幡信節）											■	■	■	■	■	■	■	■									
権大参事	陸原惟厚	慎太郎	140	平士															■	■	■	■	■	■	■	■		徴士（明治元年5月～10月） 藩大属
権大参事	北川克由	亥之作	60	平士															■	■	■	■	■	■	■	■	■	徴士（明治元年5月～10月） 藩大属
権大参事	沢村恒右衛門	武成	200	平士															■	■	■	■	■	■	■	■	■	藩大属
権大参事	（不破貞順）																		■	■	■	■	■	■	■	■	■	（徴士、藩参政、藩大属）
少参事	長　成連	九郎左衛門	33,000	年寄八家	■	■	■	■	■	■	■	■	■	■	■	■	■	■	■									
少参事	篠原一貞	勘六	3,000	人持（家老）	■																							公議人（明治2年10月）
少参事	村井長在	又兵衛	16,569	年寄八家									■	■	■	■	■	■	■									
少参事	津田正邦	玄蕃	10,000	人持															■	■	■	■	■	■	■	■	■	藩参政
少参事	中川忠良	甚之助	400	平士															■	■	■	■	■	■	■	■	■	藩大属
少参事	岡島一式	喜太郎	500	平士															■	■	■	■	■	■	■	■	■	藩大属
少参事	丹羽履信	次郎兵衛	150	平士															■	■	■	■	■					藩参政
少参事	稲葉通安	助五郎	200	平士															■	■	■	■	■					藩大属
権少参事	赤座孝知	甚七郎	800	平士	■	■	■	■	■	■	■	■	■	■														
権少参事	成瀬正居	主税	2,500	人持	■	■	■	■	■	■	■	■	■	■	■	■	■	■	■									
権少参事	木村　恕	九左衛門	150	平士				■	■	■	■																	貢士（明治元年3月～4月） 藩参政
権少参事	不破貞順	亮三郎	650	平士		■	■	■	■	■	■	■	■															徴士（明治元年11月） 藩参政、藩大属
権少参事	小幡信節	和平	150	平士		■	■	■	■	■	■																	
権少参事	篠島久大	左平	300	平士								■	■	■	■	■	■	■	■									藩大属
権少参事	本多政醇	図書	10,000	人持（家老）															■	■	■	■	■	■	■	■	■	藩参政

『石川県史料』5巻（石川県立図書館、1975）、金沢市立玉川図書館近世史料館所蔵「御礼次第」「先祖由緒并一類附帳」などにより作成（禄高、身分階層については「御礼次第」にしたがった）

員は、大参事が前田直信、横山政和、岡田政忠の三名、権大参事には安井顕比（和介）、前田孝錫、篠原一貞（勘六）、少参事は長成連（九郎左衛門）、権少参事には赤座孝知（甚七郎）、成瀬正居（主税）、不破貞順、小幡信節（和平）が選任されている。元執政や元参政に加えて、元公議人（篠原）、元徴士（岡田、安井、不破）といった新政府への出仕経験者や、幕末期に藩の実務層だった者たちが任命されているのが特徴であろう。そして、この段階の職制改革においては、諸務変革令に「重立候職員人撰可相伺事」とあることから、要職における人事の任免権が政府側に移行していったことがうかがえる。[18]

3　藩制布告・廃藩置県

更なる強力な中央集権体制の推進を図るために、一八六九（明治二）年の後半から政府内で議論がすすめられ、翌年五月からの集議院での審議を経て、九月一〇日に藩制が布告された。内容は、藩の体制および財政に関わるものに大きく分けられ、藩体制については、藩を物成高に応じて大藩、中藩、小藩に分類すること、組織を府県と同様にすることなどが定められ、財政に関しては、藩財政の一割を海陸軍費に充て、さらにその半額を海軍費として政府に上納することや、士族、卒族の給禄の捻出などが定められた。[19] そのほか、士族、卒族以外の階級を設定しないこと、[20] 藩札の回収や藩債の償却について明確にすることなどが求められた。

また、同月には「是迄正権大少参事共宣下相成居候得共、猶御趣意ヲ奉精細取調、在職解官共更ニ可伺事」[21] との達が出されたことで、諸藩の人事が動いており、加賀藩でも人事を刷新している。閏一〇月には大参事から権少参事までが一斉に免官となり、[22] かわって権大参事には陸原惟厚（慎太郎）、北川克由（亥之作）、沢村武成（恒右衛門）、不破貞順の四名、少参事には津田正邦、中川忠良（甚之助）、岡島一式（喜太郎）、丹羽履信、稲葉通安（助五郎）の五名、そして権少参事には本多政醇が任じられている。陸原、北川、丹羽といった元徴士に加えて、沢村、中川、岡島、稲葉といった大属からの昇格組（前述の三名も大属）が多い。また、津田、丹羽、本多といった元参政の者も存在する（津田、本多は元人持）。

一八七一（明治四）年に入ると、政府内の動きが更に激しくなり、四月には「大藩同心意見書」が作成され、七月四日には長州、薩摩、土佐、名古屋の各知藩事と元福井藩主が国事諮詢に任命されている。さらに、同月上旬の岩倉具視宛三条実美書簡には、因幡、阿波、加賀、肥前にも諮詢の席を与えるべきとする大藩会議構想が描かれていることから、三条と岩倉は府藩県三治制の維持を志向していたことがうかがえるが、同時期には木戸孝允、大久保利通、西郷隆盛らが廃藩断行に動いており、政府内での意見の相違が明確になっている。

そして、七月一四日に廃藩置県が断行されたが、知藩事前田慶寧は東京からの帰途に就いていたため、帰藩後に廃藩の趣旨を藩内に告げて皆が動揺しないように諭すと、八月一一日に再び東京に向けて出発し、金沢を離れている。

4　政府方針への加賀藩の対応

以上のように、加賀藩では段階的に職制改革を実行しており、政府が推進する府藩県三治制に対応し得る藩体制の構築を志向していたことがわかる。ここでは人事権を含め、裁量を失いながら行政単位化する藩の姿が看て取れる一方、政府方針に対して知藩事前田慶寧以下、藩上層部が不穏な言動を示した直接的な事例はみられない。このような藩の姿勢については、一八六九（明治二）年七月に知藩事慶寧が天皇から勅諚を蒙り、さらに詔書を拝領したことが注目される。

【史料1】知藩事慶寧の従三位昇叙

依召去十四日御参朝被遊候処、被叙従三位候段被為蒙仰難有御仕合思召候、此段何もへ可申聞旨御意ニ候
為国家篤キ志之段御満足被思召候、今般藩知事被仰出候ニ付、専ラ御趣意ヲ奉体シ、格別尽力之趣追々聞食候、
尚帰藩之上速ニ実功ヲ奏シ、列藩之標的トモ相成候様精々勉励可致候事
七月
去十四日御参朝被遊候処、中奥御居間ニおゐて玉座近被為召、今度皇国之為メ厚心を用尽力御満足被思召候段被為蒙勅詔、畢而御伺候三条公別紙之通御演述有之、難有御仕合思召候、此段無急度何もへ可申聞旨御意ニ候[23]

慶寧が従三位に昇叙した際、天皇の玉座に召され勅諚を賜っており、その後三条実美から別紙にて「列藩之標的」となるよう勉励するように伝えられている。帰藩後、慶寧が「列藩之標的」を達成すべく尽力すべきことを藩内に宣言していることからも、府藩県三治制における理想的藩モデルの追求を加賀藩が選択したことがわかる。

二　藩家臣団の序列の変遷と藩上層部の対応

1　金沢の状況と本多政均暗殺一件

理想的藩モデルを追求した加賀藩であったが、政府の報告書によれば、当時の金沢では、朝廷を奉戴せず王政を軽蔑する態度がみられ、暴言を吐く者や怨恨する者などがおり、政府の正金提出命令に対しても種々の議論があるな

ど、庶民の毀言は聞くに堪えないものがあると述べられており、[24] 不穏な状況であったことがうかがわれる。

そして、一八六九（明治二）年八月七日には執政本多政均が金沢城二之丸御殿で暗殺される事件が発生している。実行犯の藩士山辺沖太郎、井口義平は取り調べにおいて、本多政均を「天朝を軽蔑し御政権を致専横候」人物としており、その他にも村井長在、藤懸頼善、丹羽履信、木村恕、陸原惟厚、内藤誠（誠左衛門）、佐野鼎、安井顕比、関沢房清（安左衛門）を「国賊共に付可被処厳科」と糾弾しているが、ここに挙がる人物は、ほとんどが元貢士、元徴士といった政府出仕者で、且つ当時藩政に登用されていた者たちである。ここから、政府の政策を推進する者たちを「国賊」、つまり藩の解体者だとする論理が読みとれる。[25] また、当時は全国的に攘夷運動が盛んな時期でもあることから、反政府思考を有する藩内尊攘派の存在がみえてくる。[26]

この事件では、政均の子資松（政以）に即日家督相続が認められ、[27] 翌日には知藩事の声明が出されている。

【史料2】本多政均暗殺後の知藩事前田慶寧親翰

大政御一新ニ付而者、朝命を遵奉いたし追々改革ニおよひ候処、中ニ者祖宗以来之旧法を無謂相改候様存違居候者茂有之哉、既ニ昨日本多従五位（政均）を及暗殺候始末、全前後之次第をも不弁、右従五位一己之了管を以好而新法を行候様存込候故之義ニ候、今般藩知事被仰付候ニ付而ハ、猶以可及改革義も列藩之標的とも可相成様別段厚蒙叡旨候上者、乍不肖此末右御主意を奉し大変革も可申出筈之処、壱人たり共右様心得違之者有之候而者、先以対天朝不相済義、且ハ此方之意を不体政事向之手障ニ相成心外至極之事ニ候条、此段厚被相心得、心得違無之様一統江屹度可被申諭置候也

八月　執政中[28]

慶寧は、本多政均一人の考えで改革していたと思い込む輩がいると述べ、「列藩之標的」との目標を達成するには

藩内に心得違いの者がいてはならないと諭している。ここから、当時藩の状況は安定していたとはいえず、政府方針に従う姿勢を明確にしつつも、一方では藩内の不満を抑え、如何に安定させるかが課題であったことがわかる。

2　藩重臣層への対応

府藩県三治制によって旧体制の解体が志向され、とりわけ近世的な身分階層の解体は主要な項目の一つであったことから、藩家臣団の変容は不可避であった。当時の家臣団の序列を可視化したものといえる儀礼の場での座列の変遷をみると、「明治元年御礼次第[29]」には一八六八（明治元）年一二月以前の座列が記されており、この段階では八家、人持、頭役（平士）と並び[30]、幕末期の座列と変化はないが、一八六九（明治二）年一月以降の「御礼之次第[31]」では、藩治職制による執政、参政体制の座列となっている。執政、参政に就いた者の座列が上位となり、その下に元八家（芙蓉間詰）、元人持といった旧来の階層が続いている。これは、身分階層に役職が優先する座列であり大きな変更といえるが、旧来の身分階層も現存している。

しかし、一八六九（明治二）年九月以降の「御礼之次第[32]」になると、七月の職員令をうけた大参事、少参事体制による座列となっている。前体制と同様、まずは大参事、少参事に就任した人物が上位に並ぶが、その下には旧来の身分階層ではなく、藩が独自に設定した職等に基づいた座列が続いている（この職等は同年三月に出されており、大参事が第一等、少参事が第二等といったように役職毎に等級が定められ、同じ等級内では禄高順となる）。これにより、当該期では要職に就いている者の座列が優先されていることがわかるが、大参事、少参事体制では、幕末期に頭役など能力が既に評価され、政府への出仕経験（貢士、徴士）を有する者が多く選ばれている。一方で、元八家、元人持といった重臣層からも選任されており、藩政において実績十分な者も継続して配置されている。つまり、門閥打破との政府方針に従い、実務層からの採用がある一方で、実績ある重臣層からも選任されているのが特徴といえるだろう。

このような家臣団の変化において、旧来の身分階層が一掃されたわけではない。役職に就かない元八家は職等において九等中で第三等、役職に就かない元人持では第四等となっていることから[33]、当該期の加賀藩では職等という独自の制度によって役職に就いていない重臣層も保護されていたことがわかる。

ただし、旧来の身分階層がそのまま維持されていたわけではない。【表2】は、元八家、元人持の内、万石以上一二家の座列の変遷を整理したものである。本多家は八家の中でも別格の家柄で、家臣団最高の五万石を有した家である。当主本多政均の叙爵年が前田直信、奥村栄通に次ぐことから座列が三番目となり、その後執政に就いたことで座列に変化がな

【表2】　加賀藩家臣万石以上12家の座列の変遷　（数字は座列順）

名	禄高（石）（給禄改革前）	年寄・家老体制 ※1（明治元年12月以前）	執政・参政体制 ※2（元年12月末～2年9月）	大参事・少参事体制 ※3（2年9月～2年10月中旬）
前田直信	11,000	1（諸大夫）	1（執政）	1（大参事、第1等）
奥村栄通（奥村栄滋）	17,000	2（諸大夫）	2（執政）	18　※栄滋（上士上列、第3等）
本多政均（本多政以）	50,000	3（諸大夫）	3（執政）	17　※政以（上士上列、第3等）
長　成連	33,000	4（人持組頭）	18（芙蓉間詰（八家））	7（少参事、第2等）
横山隆平	30,000	5（人持組頭）	19（芙蓉間詰（八家））	11（一等上士頭、第2等）
前田孝敬	18,000	6（人持組頭）	20（芙蓉間詰（八家））	12（一等上士頭、第2等）
村井長在	16,569	7（人持組頭）	4（執政）	19（上士上列、第3等）
奥村篤輝（奥村則友）	12,000	8（年寄）	21（芙蓉間詰（八家））	20　※則友（上士上列、第3等）
今枝直応	14,000	9（人持）	22（人持）	56（一等上士、第4等）
横山政和	10,000	10（人持）	5（執政）	3（大参事、第1等）
津田正邦	10,000	11（人持）	6（参政）	57（一等上士、第4等）
本多政醇	10,000	12（人持）	7（参政）	58（一等上士、第4等）

金沢市立玉川図書館近世史料館所蔵加越能文庫「明治元年御礼次第」「御礼次第」により作成。
（　）内は、座列を規定することになった階層、役職などを表記している。
※1　幕末期における八家の序列は、諸大夫－人持組頭－年寄－当主－世嗣の順となる。
※2　執政・参政体制に移行したのが明治元年12月15日であり、横山政和が執政に就いたのが12月27日であるため、該当史料は12月末以降と推定される。また、八家で執政に就かなかった若年の者は、芙蓉間詰として執政、参政の後に位置付けられた。
※3　加賀藩独自の士分階層は、明治2年10月17日に廃止されたとあることから（「先祖由緒并一類附帳」など）、該当史料は大参事・少参事体制に移行して間もない頃と推定される。

かったが、前述のように一八六九（明治二）年八月に政均が暗殺されると、相続した政以が幼年で役職に就けなかったことから、座列が第三等の最前列である一七番目に下がっている。このような変遷は両奥村家や村井家でも同様であるが、長家や横山家などは、一旦座列を下げた後に、第二等の職に就いたことで座列を上げている。

また、今枝家は人持最高禄の一万四〇〇〇石を有する家であり、代々家老に任じられ、その筆頭となる家柄である[34]。当主の今枝直応は一八六三（文久三）年に家督を相続すると、当初は八家の次で人持の最前列である九番目の座列であったが、その後役職に就くことがなかったことから、座列は第四等最前列の五六番目まで後退している。そのほか、元人持の津田家、本多家は当主が参政に就いていたが、免除後に役職に就かなかったことで、今枝家と同様の座列まで下がっている。このように、儀礼における座列から家臣団の序列を考えてみた場合、役職に就かなかった重臣層は職等によって保護されているといえども、大幅に後退していたことが指摘できよう。

以上、当該期の加賀藩重臣層は、職制改革による離職といったリスクにとどまらず、旧禄の大幅減少や上屋敷の譲渡[35]、陪臣解体といった過酷な条件を受け入れざるを得ず、藩にとって彼らは脅威となり得る存在であったといえよう。当時の藩はその脅威と向き合わざるを得ず、役職に就かずとも職等に応じて彼らを保護することによって、リスク回避を志向したのではないだろうか。

3　重臣層と向き合う藩機構

このような重臣層と向き合うことになる藩機構であるが、藩庁には正権の大参事が所属しており、少参事などは各局の長に配置されている[36]。つまり、重臣層への対応を含めた藩の方針を決定するのは藩庁の大参事らということになるが、初期大参事の面々は、前述した前田直信、横山政和、岡田政忠の三名である（【表1】）。

前田土佐守家は前田利家二男利政を家祖とし、八家のなかでも別格の家柄であるが、幕末期の当主が前田直信である。一八五六（安政三）年に従五位下諸大夫を叙爵し、以降土佐守を称している。叙爵歴が一番長いことから、幕末期においては年寄筆頭に位置し、その後も執政、大参事を歴任したことから、儀礼の場での座列も最上位の人物である（【表2】）。

代々家老を務めた元人持横山家（一万石）の横山政和は、幕末期には八家、そして前述の今枝家に次ぐ一〇番目の座列であったが、執政となって五番目となり、その後大参事となったことで三番目となる。また、一八六三（文久三）年に今枝家が家老から外れてからは、家老の筆頭であった（【表2】）。

岡田政忠は五〇〇石の平士で、幕末期には軍鑑棟取として藩軍鑑を操縦し軍艦奉行を務め、一八六八（慶応四）年には組頭並となり、この段階で座列は一一〇番目であったが、その後徴士として政府に出仕し、帰藩後に参政（さらに公議人として東京に滞在）に就いたことで座列は一三番目に大きく上がっている。そして、大参事に就任したことで座列は四番目となり、免官後には海外視察も経験して前田家の家扶も務めた人物である。

以上、前田直信、横山政和、岡田政忠の経歴をみてみると、岡田はいわば門閥打破の典型であり、公議人として藩を代表する重要な役割を果たしていることがわかる。そして、元年寄筆頭の前田、元家老筆頭の横山の存在は、国元において厳しい状況に置かれている重臣層の不満を和らげる作用があったといえるだろう。藩政を熟知した重臣が藩中枢に存在することによって緩衝材的役割を果たしたのではないだろうか(37)。以上を鑑みると、当時の藩上層部の人事は、人材登用と身分階層のバランスの上に成立したものといえる。

三　地域にとっての重臣層の位置

1　藩政期の重臣層

加賀藩は、藩政期において徳川家以外では唯一陪臣叙爵が認められた藩であり（八家から四名）[38]、さらに高禄の藩士を多く抱えている（本稿で重臣層としている八家、人持は幕末期で約八〇家存在）。「諸大名家臣高禄番付」[39]には安政期の全国諸藩の高禄藩士が記載されているが、全七一名中一二名が加賀藩士であり、万石以上の家臣の名が全員挙がっている。庶民が親しむ番付に重臣層が扱われている事例である。

そして、加賀藩では藩士は地方ではなく城下に集住させているが、知行宛行状とともに知行所附状を発給しており、加越能三州の村々を家臣に与えるとの形式は幕末期までとり続けている。また、「知行所につき高・百姓仕分け申上書」[40]では、一八〇七（文化四）年藩士中村豫卿（知左衛門）に割り当てられた石川郡四十万村で鬮取りが実施され、中村家の高を担当する百姓が決定した旨を豫卿に申し上げている。この中村家は与力であるが、重臣層でも同様の百姓仕分けが実施されており[41]、城下集住をとる加賀藩でも藩士と地域との関係性が喪失していた訳ではない。

2　明治期の重臣層

明治期における重臣層の事例として、万石以上一二家の動静を整理してみると、前田土佐守家当主前田直行のように旧藩主前田家の家政に従事する者や、横山家の鉱山経営に代表されるような経済活動を行う者、奥村家嫡流の奥村栄磁のような市長や官僚となる者、そして尾山、気多、白山比咩といった神社祠官となった者が複数名いたことがわかる。[42]

そのほか、学校および病院建設費用、慈善事業といった地域の教育・衛生関係にも多く出資しているのが共通の傾向といえる。一八八八（明治二一）年の内容と推定される「時事提要」[43]では、元八家の横山家は年所得額が二四〇〇〇円と突出し、本多家が二一五〇〇円、長家が一四〇〇〇円と続いているが、他の家は大凡数百円程度である。横山家を除けば、県内では彼ら以上の高額所得者も多い中で、彼らは出資者として期待されたことになるが、これは単なる出資ではなく、由緒ある家柄の彼らに資金を拠出してもらうことが地域にとって意義があったためと推察される。また、明治初年の都市整備の過程で旧武士地に町名を付ける際、本多町や茨木町など、そこに屋敷地を拝領していた藩士の名が町名として採用されている。当該地域を示す際に、藩士の屋敷地が地域にとっての道標であったことがうかがえる。[44]

そして、一八七五（明治八）年八月には石川県権令桐山純孝が、元八家の前田直信、村井長在に対して県政発展についての書簡を送っている。「同心協力親シク会議ヲ起シ、前途倶ニ朝旨導奉之事ヲ運ヒ度、懇願之外無之候」と述べて両名に協力を願うとともに、「御同意も被下候ハヽ、旧御同列御初江御通達御勉励之程希上候」と、他の元八家の者にも伝えてほしいと述べている。この書簡の背景には、桐山純孝ら県首脳部と、前任の内田政風を支えた政治結社忠告社の面々との対立構造がある。[45]赴任間もない桐山にとっては、自身の基盤を強固なものにするためにも、元八家の協力を願ったものとおもわれるが、この事例は彼らがいまだ地域において看過できない存在であったことを示している。

以上、藩政期に地域への影響力を有していた重臣層は、前述したように重臣層排除の潮流の中で職等によって保護され、廃藩以降では旧藩主の前田侯爵家を中核としながらも、一部の重臣層は地域にとって求心力のある存在であり続けたといえるだろう。

おわりに

加賀藩は戊辰戦争以降、天皇を頂点とする新たな国家体制に対して恭順する姿勢を示しており、政府による府藩県三治制の徹底化に相応しい藩モデル（「列藩之標的」）を追求している。それ故、政府が藩を存続させる限りは、加賀藩は如何なる形態であれ存続を志向したといえ、自主的にせよ戦略的にせよ藩を放棄するという選択肢はなかったことになるが、このような姿勢が評価されたことによって大藩会議の候補に名を連ねたとおもわれる。また、当該期に実施された職制改革からは、厳しい状況におかれた重臣層に対する配慮が看取し得るが、これは明治初年の不穏な状況において藩内の安定化を図る上で重要であり、藩上層部の人事においても門閥打破の潮流のなか、人材登用と身分階層のバランスを意識した改編が為されている。このように、藩にとって脅威になり得る存在であった重臣層であるが、近代以降も立場を変容させながら地域に対する影響力を保持していたといえる。

廃藩後の金沢は、人口の急激な減少など衰退の傾向にあり、地域アイデンティティ喪失の状況にあったとされる(46)。そのなかで地域の一つの支えとなったのが「旧藩」の「物語」であり、この「旧藩史観」において幕末期の藩主前田慶寧、および殉難志士の顕彰が盛んに主張されていくことになる(47)。ただし、この「旧藩史観」は実際のそれとは異なり、当時必要とされた「勤王」観が入り込んでおり(48)、日比野利信氏は「明治維新に『我が藩』がいかに貢献したか、言い換えれば『我が藩』がいかに『勤王』であったのかをアピールする論理＝『物語』を確立することによって『藩閥』に対するコンプレックスが解消され、『旧藩』としてのアイデンティティが『回復』される(49)」と指摘している。氏は、幕末期の福岡藩を叙述する際、藩主を「勤王」として描くために、藩内尊攘派弾圧の責任を藩主に求めず、藩の執政に結びつけたことを明らかにしている。

この指摘は加賀藩を分析する上でも有効であり、「勤王」藩主としての前田慶寧は、本多や長など佐幕派重臣の影響を受けたために徳川寄りの言動を示したとも叙述されるが[50]、ここでの重臣層のイメージはあくまでも保守門閥であり、ネガティブなものであったといえる。

一方で、同時期には「百万石」意識による「旧藩顕彰」が盛んになり、一八九一（明治二四）年の金沢開始三〇〇年祭、一八九九（明治三二）年の旧藩祖三〇〇年祭などの祭礼が挙行されている[51]。ここでは、前田侯爵家をはじめとして、発起人や特別賛助員に元八家の当主が全員名を連ねているが、彼らは「加賀八家」として、むしろ顕彰の対象として地域のアイデンティティを支える役割を担ったと考えられる。つまり、国民統合が強く意識される時代に入ると、重臣層は両極の評価が為される存在であったともいえ、「伝統」を創出する地域の様相を検討する際には、重臣層の評価は一つの方途になると考える。

以上、明治初年の加賀藩は、政府方針への対応においては、藩体制の変革と安定の両様が要求され、理想的藩モデルを追求するなかで実施された職制改革はバランスを意識したものであった。そして、そこで配慮が為された重臣層は、相反する評価を得ながらも地域にとって一つの誇りであり続けており、移行期における連続性を考える上で有効な分析対象といえるだろう。

註

（1）宮地正人「廃藩置県の政治過程―維新政府の崩壊と藩閥権力の成立―」（坂野潤治・宮地正人編『日本近代史における転換期の研究』山川出版社、一九八五年）、同「維新政権論」（『岩波講座日本通史一六　近代一』岩波書店、一九九四年）、同『幕末維新期の社会的政治史研究』（岩波書店、一九九九年）、松尾正人『廃藩置県』（中公新書、一九八六年）、同『廃藩置県の研究』（吉川弘文館、二〇〇一年）、同「版籍奉還と廃藩置県」（明治維新史学会編『講座明治維新三　維新政権の創設』有志舎、二〇一一年）、高橋秀直「廃藩置県における権力と社会―開化への競合―」（山本四郎編『近代日本の政党と官僚』東京創元社、一九九一年）、勝田政治「維新政権論の現代」（『歴史評論』五八九号、一九九九年）、『廃藩置県―「明治国家」が生まれた日―』（講談社メチエ、二〇〇〇年）など。

（2）士族に焦点を当てた分析としては、落合弘樹『秩禄処分―明治維新と武士のリストラ―』（中公新書、一九九九年）、同『明治国家と士族』（吉川弘文館、二〇〇一年）がある。

（3）松尾正人「明治維新の政局と米沢藩政」（藤野保先生還暦記念会編『近世日本の政治と外交』雄山閣、一九九三年）、落合弘樹「維新期の彦根藩と彦根藩士」（佐々木克編『幕末維新の彦根藩』サンライズ出版、二〇〇一年）、木原溥幸『佐賀藩と明治維新』（九州大学出版会、二〇〇九年）、難波信雄「解体期の藩政と維新政権―仙台藩政と三陸会議を中心に―」（明治維新史学会編『幕末維新論集六　維新政権の成立』吉川弘文館、二〇〇一年）など。

（4）磯田道史「幕末維新期の藩校教育と人材登用―鳥取藩を事例として―」（三田史学会編『史学』七一―二・三号、二〇〇二年）、徳田寿秋「新政権成立期における有才登用の経緯―加賀（金沢）藩の岡田雄次郎・安井和介の場合―」（加能地域史研究会編『地域社会の歴史と人物』北國新聞社、二〇〇八年）。

（5）明治維新史学会編『明治維新史研究の今を問う―新たな歴史像を求めて―』（有志舎、二〇一一年）。

（6）一八六九（明治二）年の版籍奉還から一八七一（明治四）年の廃藩置県までは金沢藩が正式に設置されているが、本稿では近世からの連続性も重要なテーマとしているため、概念的に加賀藩で表記を統一している。

（7）金沢市立玉川図書館近世史料館所蔵「御用鑑」巻六（加越能文庫）。以下、特に断りのない場合は同館所蔵史料とする。

（8）加賀藩家臣団における最上位は八家であり、独占的に年寄衆を構成する。その下に人持が数十家存在し、その中から家老が選任される。本稿においては、八家および人持を重臣層とし、その下に続く平士を実務層として整理している。
(9)「御用方手留」巻三三（加越能文庫）。
(10)「同右」巻三四（加越能文庫）。
(11)そのほか、当時参政から執政となった横山政和も慶寧上洛に随行している。
(12)加賀藩では、八家を上士上列、人持を一等上士、頭役を二等上士、平士層を三等上士、その下に一等中士、二等中士、下士と設定している。
(13)「近藤集書」巻三一（加越能文庫）。建白の内容については、執政横山政和が原案を作成し、それを公家出身で元参与の平松時厚（甲斐権介）に示し、添削した上で提出したとされる（「横山政和覚書」（郷土資料）。
(14)徳田寿秋『前田慶寧と幕末維新—最後の加賀藩主の「正義」—』（北國新聞社、二〇〇七年）では、在京藩士による原案作成の姿勢、およびその内容から加賀藩の奉還に対する消極性を指摘している。ただし、浅井清『明治維新と郡県思想』（巌松堂書店、一九三九年）では、建白の内覧や借覧が諸藩で盛んに行われて建白の内容が統一されていったことや、藩主以下在京の者たちで決定して国元には事後承認を求めた藩が多かったと述べていることからも、加賀藩の姿勢がとりわけ消極的であったともおもわれない。改めて全国的な動向を踏まえて分析する必要がある。
(15)三〇〇〇石以上の藩士は知藩事と同様で旧禄高の一割となり、三〇〇〇石から一〇〇石までは斜線による減禄、一〇〇石未満は現状維持という改定であった。
(16)諸務変革令をうけて藩では族称変更を進めたが、この一八六九（明治二）年は大凶作であったため、陪臣の士族（卒族）編入については思うように進まず、「当分管轄」という形で元主人に管轄させるような状況となった。
(17)「御用方手留」巻三五（加越能文庫）。
(18)人選を伺う範囲について確認した際、「被仰出人撰ハ、従来之執参ニ相当之役員丈ケ可申出事」とあることから、加賀藩では大参事から権少参事までが対象だったことがわかる（「維新前後書類」（加越能文庫））。
(19)陪臣が士族、卒族に編入した場合には、彼らは藩の管轄となり、給禄は藩が支払うことになるが、前述の通り加賀藩では、大凶作により「当分管轄」として元主人に一時管理させていた。

(20) 前述のように、加賀藩では一八六九（明治二）年に独自の身分階層を設定しているが、恒川清造の由緒帳には「（明治二年一〇月一七日）上士等之称被廃、士族与御改称之旨被仰渡」（「先祖由緒并一類附帳」）とあり、以後は士族で統一されている。

(21)「御手留抄」巻七（加越能文庫）。

(22) 権大参事だった篠原一貞は、免官二ヶ月後の一二月に大参事を任命されている。また、元大参事の横山政和は一八七一（明治四）年四月に、元権大参事の前田孝錫は同年六月にそれぞれ再任されており、経験豊富な重臣層が藩政に復帰していることがわかる。

(23)「触留」巻二（加越能文庫）。

(24) 前掲宮地氏著書『幕末維新期の社会的政治史研究』、『金沢市史』通史編二近世（金沢市、二〇〇五年）。

(25)『石川県史』第二編（石川県、一九七四年）。当時の藩政に関わっていた者たちは、当然ながら藩の解体を目的としてはおらず、むしろ政府の命令に従うことで藩を維持させる意図があったはずである。しかし、その姿勢が外部の者たちには解体するように映ったのであろう。

(26) 奈良勝司氏は、攘夷の課題は幕末時点では総括されず、未完の国家目標として近代以降に持ち越されたと見なければならないとし、広義の攘夷論は、政権が依って立つ正当性の重要な骨格を構成することになったとする（奈良勝司「近代日本形成期における意思決定の位相と「公議」―衆論・至当性・対外膨張―」『日本史研究』六一八号、二〇一四年）。

(27) 加賀藩では、藩士が横死した場合、事の曲直に関わらず一旦家名を断絶させ、その上で旧禄の幾分かを相続させる形であったが、今回のケースでは即日の全領相続が行われており、それは本多政均の積年の功績に対する破格の恩典であったとされる（前掲『石川県史』第二編）。この恩典に加え、五万石の本多家が一時的とはいえ断絶するという衝撃によって藩内が動揺することを憂慮したのではないかと考える。

(28)「御用方手留」巻三五（加越能文庫）。

(29)同館所蔵加越能文庫。

(30)頭役は、人持に続く階層である平士の内から定番頭以下、諸頭に任命された者たちであり、禄高のみでなく、個人の才能によって序列化されている。

(31)同館所蔵加越能文庫。

(32)同右。

(33)加賀藩の職等では、元八家である上士上列は第三等、元人持の一等上士は第四等と設定されている（上士上列といった階層自体は、一八六九（明治二）年一〇月士族に統一されたことで消滅している）。

(34)人持の中から任じられる家老は禄高順に序列化されるため（前田姓は例外）、人持最高禄の今枝家は家老に就くと筆頭になる。また、家老は半月毎に主附を立てる制度を採用している（拙稿「文久、元治期における加賀藩の意思決定システムと政治運動」『加賀藩研究』三号、二〇一三年）。

(35)加賀藩家臣団は、三〇〇〇石以上は下屋敷を所有することが許されていた。一八六九（明治二）年になると、主だった家臣は上屋敷を藩に譲渡して下屋敷に移っており、本多家上屋敷は藩主前田家の私邸、長家は藩庁、村井家は隊士屯所、津田家は医学館と変更されている。

(36)「金沢藩職員録」（河地文庫）。「布令留」（加越能文庫）には、一八六九（明治二）年一〇月に少参事を諸局の長に申し付けることが記されている。

(37)少参事の人事についても同様の傾向が読みとれる。長成連や成瀬正居といった重臣層を据えつつ、木村恕、不破貞順といった政府出仕経験者も配置している。

(38)加賀藩の陪臣叙爵については、清水聡「元禄期加賀前田家における諸大夫家臣の再興とその意義」（『地方史研究』六〇巻二号、二〇一〇年）など。

(39)同館所蔵郷土資料。

(40)同館所蔵中村石蘭亭文庫。

(41)「御地頭割」（宮本文庫）では、二五〇〇石の成瀬正居（甚五左衛門）の事例がみられる。

(42)松村敏「武士の近代―一八九〇年代を中心とした金沢士族―」(『商経論叢』四五四号、二〇一〇年)。
(43)同館所蔵藤本文庫。
(44)ただし、多くの重臣層は明治以降の動きが把握できていないのも事実である。明治以降、地域の求心力は特定の家に集約されていったとみるべきだろう。
(45)『金沢市史』通史編三(金沢市、二〇〇六年)。
(46)本康宏史「「加賀百万石」の記憶―前田家の表象と地域の近代―」(『日本史研究』五二五号、二〇〇六年)。
(47)高木博志「「郷土愛」と「愛国心」をつなぐもの―近代における「旧藩」の顕彰―」(『歴史評論』六五九号、二〇〇五年)、畑中康博「明治時代における秋田藩維新史像の形成」(『日本歴史』七七四号、二〇一二年)。
(48)笹部昌利「近世の政治秩序と幕末政治―鳥取藩池田家を素材として―」(『ヒストリア』二〇八号、二〇〇八年)。
(49)日比野利信「維新の記憶」(明治維新史学会編『明治維新史研究七　明治維新と歴史意識』吉川弘文館、二〇〇五年)。
(50)当該期、藩主慶寧自身が徳川を重視していたことを示す史料は散見される。「横山政和覚書」(郷土資料)をはじめ、明治二〇年代以降の口述筆記、回顧録等については慎重な分析が必要である(長山直治『加賀藩を考える―藩主・海運・金沢町―』(桂書房、二〇一三年)参照)。言説による「勤王」と、実態としての「勤王」を区分し、史料に即した評価をすることが研究者には求められよう。
(51)「百万石」意識による「旧藩顕彰」については、前掲高木氏論文「「郷土愛」と「愛国心」をつなぐもの―近代における「旧藩」の顕彰―」、前掲本康氏論文「「加賀百万石」の記憶―前田家の表象と地域の近代―」。

「大金沢論」と「市民」意識の涵養

―第一回金沢市祭の政治的背景―

山本　吉次

はじめに

現在の金沢市における最大の祝祭的行事は、「金沢百万石まつり」である。毎年六月の第一金曜日から日曜日にかけての三日間開催され、金沢市と金沢商工会議所による金沢百万石まつり実行委員会が主催している。百万石まつりの前身は、一九二三（大正一二）年からはじまった金沢市主催の「金沢市祭」であった。本稿では、この「金沢市祭」がどのような政治・社会状況の下で始まったか、それを「市民」意識をキーワードに明らかにしたい。

地方史研究協議会第六四回大会は、大会趣意を「〝伝統〟が持つ意味、そして〝伝統〟を創り出す地域の様相を、加賀・能登・金沢を舞台にした歴史的経緯からとらえ直していく。」としている。[1] 〝伝統〟的行事として定着している「金沢百万石まつり」、その前身「金沢市祭」開始の歴史的意味を考察することは、共通論題の課題に答える一つの事例となる、と考える。その中で、「百万石意識」が持つ多様性についても言及したい。[2]

稿者は、『金沢市史』において、「第一回金沢市祭」以後の一連の政策を「市民意識喚起の政策」と位置付けた。[3] 政治的権利の主体としての「市民」、あるいは身分・階級としての「市民」とは異なる「市民」論を展開したのは住友陽文氏である。住友氏が展開した「市民」論は、一九二〇年代の都市行政が、都市共同体に対して「愛市心」を持ち応分な社会奉仕により公共社会を支えようとする主体を、「市民」として捉えようとした、とするものである。本稿における「市民」も基本的にこの「市民」論に依拠したものである。ただし、住友氏の研究は、個人—市—国家の理念的関係性や、「国民化」と「市民化」の関係、ナショナリズムや大衆化との関係などに論点が置かれた思想史的研究である。したがって、個別都市の実態との関連から論じられたものではない(4)。

個別事例に基づいてこの「市民」論に言及したのは、源川真希氏と能川泰治氏、阿部安成氏である。源川氏は、「日露戦争という広く国民を動員した戦争が、一般民衆を政治的に活性化」したことを背景に、東京市長阪谷芳郎、後藤新平が「行政の側から積極的に市民を形成する試み」を展開したことを指摘した(5)。能川氏は、東京市における「八億円東京改造計画」との関連で、「私権の制限に協力する『市民』」・「公共心と政治参加の自覚を持つ『市民』」の主体性養成に言及した(6)。阿部氏は、横浜市民が関東大震災復興の主体となるよう、「市民」意識が鼓舞されたことを指摘した(7)。なお、岡田洋司氏は、「市民」には言及していないが、岡崎市を例に、地方中小都市が地域社会の拠点となるため、統合のイデオロギーとして「城下町」意識が醸成されたことを論じている(8)。

本稿の課題は次の四点である。まず、〝伝統〟と関連付けて、「市民」意識の涵養を事例研究することである。次に、「市民」意識涵養政策における、大都市とは異なる旧城下町・地方中核都市の地域的特殊性を明らかにしたい。近代において、県庁、師団、高等教育機関という近代国家の拠点が置かれた都市は「地方中核都市」と言われる(9)。金沢は、云うまでもなく近世最大の城下町であり、「軍都」・「学都」とも呼ばれ、「地方中核都市」の代表と言える(10)。第三に、米騒動以後の金沢市政の変容との関連で、「市民」意識涵養政策の背景を明らかにしたい。そして、最後に、この「市民」意識涵養政策が市民やジャーナリズムにどう受け止められたか、この点にできる限り迫りたい。

一　第一回金沢市祭における伝統の継承と目的

第一回金沢市祭は一九二三（大正一二）年六月一四日、尾山神社「封国祭」に引き続いて開催された。尾山神社は藩祖前田利家を祀る神社である。「封国祭」とは、六月一四日の前田利家金沢城入城を記念して、一八七七（明治一〇）年から開催されてきたものであった。「封国祭」の祭主は尾山神社宮司。金沢市祭はこの「封国祭」に合わせて、金沢市長を祭主として開催された。(11)祭式は祭主金沢市長の祭文奉読と参列者による玉串奉納であるが、それに伴って、花火・能楽・四廓の手踊り・仁輪加・相撲・自転車競走・大名行列などの盛大な余興が市内各所で繰り広げられた。また、昼には小学生三・四年生、および五年生以上の女児による一万人の旗行列、夜には五、六年生男児五千人の提灯行列が行われ、尾山神社にはイルミネーションが灯された。(12)

市祭のルーツは間接的には藩政期以来行われていた「盆正月」に遡る。「盆正月」とは、金沢惣町の祭で、そこでは町共同体がそれぞれ出し物を競い合った。(13)ただし、これは藩主に何らかの慶事がある時に開催される不定期的なものであった。【表1】は第一回金沢市祭以前に開催された近代金沢の大規模祝祭式の一覧である。幕末維新期には、前田慶寧の家督相続や同じく慶寧の賞典録授与を祝って「盆正月」が行われた。この流れを汲む近代の惣町の祭としては、前田利家の金沢城改修を金沢の市街形成の始まりとして開催された金沢開始三〇〇年祭や、前田利家逝去三〇〇年を期した藩祖三〇〇年祭のほか、前田慶寧公贈位慶賀祭、尾山神社別格官幣社昇格慶賀祭がある。(14)しかし、いずれも藩祖を顕彰する祭で「市民」の祭ではない。近代に市をあげて開催されたそれ以外の祝祭式は、戦勝祝、憲法制定祝賀、皇室関係である。なお、一九一八（大正七）年の尾山神社「封国祭」は金沢市の惣祭とされたが、それは公式のものではなかった。

第一回金沢市祭の目的は、祝賀式での市長式辞で述べられている[15]。時の市長は相良歩という内務官僚出身者であった。彼については後述する。相良市長は、冒頭のあいさつに続いて次のように述べ、金沢のルーツと歴史に触れ、金沢市民の誇りを鼓舞した。その中で、とくに金沢が隣保協力の伝統を持つ共同体であることを訴えた。

我金沢市の建設は是を史実に求むれば、遠く文明年間にありと申しますが、今日北陸の雄鎮を以て唱へ、裏日本文化の中枢を以て誇り得る基礎を確立したるものは、天正一一年、前田利家卿の入城に依って始まると

【表１】　幕末～大正期の金沢市における大規模祝祭式

実施年	祝祭・式典	内　容
1866	前田慶寧家督祝盆正月	作り物・俄・祇園囃子・大門・雪洞・煎茶接待
1869	前田慶寧賞典録受盆正月	作り物・細工物
1889	憲法発布祝賀式	官公立小学校慶賀式　神社・寺院祈祷　会社・銀行休業 商工各組合団体祝賀式　貧民施米　花火
1891	金沢開始三〇〇年祭	尾山神社祭式　神輿渡御　軍備陣立て・競馬・祭礼行燈・造物・獅子舞 にわか狂言・囃子太鼓
1893	前田慶寧公贈位慶賀祭	尾山神社祭式　獅子舞・奴踊・祇園囃子・仁輪加・願年坊・盆踊り 球灯・提灯・行灯
1894	旅順陥落祝賀式	官民合同大捷祝賀式（兼六公園）
1895	日清戦争凱旋祭	花門・凱旋門・提灯・造り物・浄瑠璃・にわか万歳　凱旋祝賀会（兼六公園）
1899	藩祖三〇〇年祭	神輿渡御　時代展覧会　能楽・弓術・相撲・競馬・煙火・提灯・梅鉢幕 剣舞踏・祇園囃子・造り物屋台（各町内）
1902	尾山神社別格官幣社昇格慶賀祭	神輿渡御　能楽・演武・相撲・煙火・軽気球・球灯・提灯 手踊　旧金沢城観覧
1905	旅順陥落祝賀式	官民合同祝賀式（兼六公園）　全県鳴
1905	奉天会戦祝勝式	3月10日全県鳴　小学生提灯行列 3月19日官民合同祝勝式（兼六公園）
1905	日本海海戦戦勝祝賀式	戦勝祝賀式（兼六公園）　提灯行列
1906	第九師団凱旋歓迎会	四県合同将校歓迎会 下士卒歓迎会（兼六公園）　三廓手踊り・模擬店
1911	百間堀道路開通式	相撲・餅投げ・花火
1914	青島陥落祝賀行列	金沢市・商業会議所主催　全市鳴　提灯行列・旗行列
1915	大正天皇即位式祝賀	緑門・国旗・垂れ幕・提灯装飾　提灯行列・旗行列　大典奉祝運動会 金沢市大礼奉祝会(出羽町練兵場)
1918	尾山神社封国祭	能楽・加賀万歳・寄合相撲
1919	対独講話祝賀祭	官民合同祝賀式（兼六公園）旗行列　提灯行列・電燈装飾　街鉄花電車
1923	第一回金沢市祭	市歌　旗行列・大名行列・能楽・自転車競走・相撲・四廓手踊　自治展覧会

『金沢市史通史編２近世』、『尾山神社誌』、『実録石川県史』より作成

云ふのが史家の一致する所であると信じます。爾来星霜を重ぬること三百年、その間幾多の盛衰変遷ありと雖も、幸にして治者国を憂へ、民者上を敬して上下和解し稀に見る平和の都邑として藩政時代を経由いたしましたが、明治維新の変革以降、空前の動揺に際して克くその処する所を誤らず、産業に政治に教育に、孰れも北陸の諸都市を圧し、裏日本随一の大都会たるの地位を獲得したるは、是実に我々の祖先が先程奉読致しました上諭に宣へる隣保団結の実を挙げ、地方協同の利益を発達せしむると共に、都市住民の幸福を増進することに努めたるの賜にして、我等はこの名誉と光栄を荷ひ、永く金沢市民たるの誇りを有したることは、伏して我祖先先輩の霊に対して感謝措く能はざるものであります。

後半部分では、次のように「人の和」「一致団結」により「大金沢市建設」へ協力する金沢「市民」像を描いた。

更に我々は此機会に於て金沢市将来の発展を企図し、我々の祖先が築き得たる基礎の上に立ってより文明的にして進歩的なる大都市の建設を試みなければならなくなったことを痛感致すものであります。この事たる、莫大の財務と多くの労力と絶大なる科学の力に俟つべきは申すまでもありませぬが、その基礎たるもの実に人の和にあります。一致団結の力にありと信ずるのであります。加ふるに我等が祖先輩の神明の加護あらんかいかなる大事業と雖も恐らく短日月を出でずしてその成功を見る、難きにあらずと信ずるのであります。冀くば市民の強力なる結合に依つて近く我々にその実現を求めんとする大金沢市の建設を成就し、また神明の加護に依つて一日も早くその実現を促進せしめられんこと、諸君と共に祈って止まない次第であります。

相良市長は、金沢市祭を開催し、金沢市民に「伝統」に基出づく金沢「市民」意識を持たせ、市民の隣保協力により「大金沢市建設」を推進しようとしたのである。

第一回金沢市祭では、同時に金沢市歌が作られ、旗行列において小学生に歌わせた。作詞は第四高等学校教授で万葉集の専門家鴻巣盛広。歌詞は以下である。ここでも「人の和」と「北陸の中心」が強調され、「永久に栄えん」と金沢の発展が読み込まれている。

一　二つの流れ遠長く　霊沢澄んで湧く所
　　甍の数の日に添ひて　自らなる大都会
二　眺め尽きせぬ兼六の　園には人の影絶えず
　　市人業をいそしめば　巷に生気溢れたり
三　文化の潮早けれど　地の利人の和欠くるなく
　　此処北陸の中心と　永久に栄えん金沢市

第一回金沢市祭にともなって、市主催の自治展覧会も行われた。そこでは扇風機の稼働実演が行われた。一九二一（大正一〇）年に市営となった電気事業の効用を可視化しようとしたのである。

以上より、第一回金沢市祭とそれに伴う一連の事業は、市民を大衆動員し、「市民」意識を経験化・身体化させ、市行政による福利を可視化させるものであったと言える。そして、それにより「大金沢市建設」に協力する「市民」を形成しようとしたのである。

第一回市祭から二か月後の八月には金沢市の標語が定められた。「愛でよ尾山を拡げよ金沢」である。金沢市役所が市民から募集し、金沢市が選考したものである。この標語選定からも、金沢市役所が、市民の「愛市心」を育成し、金沢の発展に主体的に参加する「市民」像を期待していたことを読み取ることができる。(16)

一九二四（大正一三）年一月には皇太子成婚記念事業として金沢市公設運動場が計画された。竣工したのは翌年一〇月。一九二六（大正一五）年五月には金沢市民運動会が開催された。小学生の部，青年による「中年」の部，三〇歳以上の第三部に分かれ、そろばん競争などの余興的運動種目も加えられて、より多くの市民参加を企図したイベントであった。[17] これもまた、市行政による福利を体験化、身体化させる政策であったと言える。

二 『金沢市民読本』における「市民」像

これら「市民」意識涵養政策の今一つの施策として、『金沢市民読本』の編纂がある。金沢市によって市民読本資料調査会が組織されたのは一九二四（大正一三）年五月、刊行は一九二八（昭和三）年三月であった。

『金沢市民読本』以前に編纂された『市民読本』には、『東京市民読本』（一九一八年、一九二四年）、『大阪市民読本』（一九二三年）、『高岡市民読本』（一九二四年）、『神戸市民読本』（一九二五年）がある。『市民読本』の内容や主張の共通性については、すでに住友陽文氏の論考で明らかにされており、『金沢市民読本』もその一つとされている。特に主張の共通性については、「人間は社会的動物」であるという「社会有機体論」による人間観に基づいて、「社会奉仕を具体的な市という公共団体内で実践する主体」を「愛市心ある市民」として描いていることを指摘している。[18]『金沢市民読本』においても、編纂事業を推進した相良歩市長は、序文で「現時の激甚なる競争上裡にあって、市の隆昌を来さんとするには、是非とも市民の真の正しき愛市の精神を基礎として、向上の一路に邁進せねばならぬ。而して真の正しき愛市の精神とは、熱烈なる郷土愛に加ふるに、吾人の協同生活に対する正当なる理解と責任感とを併せたものであらねばならぬ。茲に自治の完成があり、円満具足した市民生活の理想境《ママ》が出現せらるのである。」と述べ、[19] 市の発展の基礎である「愛市の精神」＝「協同生活に対する正当なる理解と責任感」の育成を編纂目的としている。そして、『金沢市民読本』では、「市民生活の維持と福利増進」が市行政の役割であり、これに対して公共心・公徳心

を以て協力、応分の負担を負うのが「市民の義務」である、としている。(20)

ところが、『金沢市民読本』には独自の特徴がある。執筆者は東京女子高師教授で国文学者の金子彦二郎であった。ただし、編集方針では、「著述は市民読本調査会《ママ》において決定した事項に基づく事」、「市民読本調査会《ママ》が原稿を更に調査し決定すること」と、されていた。(21) 市民読本資料調査会は、市長を会長として教育関係者、市職員、市会議員、市商業会議所書記長で構成されていた。『金沢市民読本』の編纂には、市当局や教育界、経済界の意向が強く反映されていたものと考えられる。

『金沢市民読本』独自の特徴は「市民性の改善」を強く訴えている点である。それを示すのは「市民の長所・短所」の箇所である。(22) 金沢市民の長所として、「正直」「親切」「質樸」「忍耐強い」「緻密」をあげている。これらについて「大国民・大都市公民たるもの、具備すべき淳風良俗」であると評価している。しかし、一方で多くの短所も指摘した。「消極的」「活動的でない」「商売下手」「無口で応接下手」「物事に対して逡巡退避」「言語動作が緩慢悠長」「頑固一徹」「融通の才乏し」「割拠孤立の弊」「退嬰的」である。

これに対して『市民読本』は「市民性の改善」を訴えた。「市民全員が新しき自覚の上に…（中略）…自然的環境を征服し、進んで広く他国・他県の情勢を探り、以て彼の長を採って我が短を補正していったならば、やがて名実共に北日本の雄鎮たる大金沢市民としての光栄ある面目を発揮し得る」と述べている。さらに、「我市民が今なほ藩政時代の温い夢の追懐にのみに耽ってゐたなら、やがては旧都・廃駅として、空しく其の醜い残骸を留めるに至ったであろう。」として、「守旧の観念や、悠長・緩慢な悪風を一掃し、自ら進んで時勢の急先鋒とならうとする積極的・進取的精神を作興せねばならぬ。」と、いわゆる「百万石意識」の一掃を強調している。ここでの「百万石意識」とは、市長の言う前田利家入封以来の金沢市民の「誇り高い」意識ではない。むしろ負の遺産を指している。『金沢市民読本』では「守旧観念」を一掃して「進取的精神」を強く求めていたのである。それを求める理由を「現代都市繁栄が、其の商工業の中心地たるに在るからである。」としている。[23]

『市民読本』では、金沢の代表的人物としてシベリア探検家の嵯峨壽安、マッチを発明した清水誠を挙げている。[24]彼らを取り上げたのは、「進取的精神」を持つ人物だったからであろう。また、金沢市祭についても「徒に過去を省み懐かしむの情に浸るのみ」に満足せず、「市勢の発展を記念（ママ）し、兼ねて将来に向って市民の幸福を祈念するといふ此の積極的大目的を忘却することなく、市民の一致団結を固め成す好個の機会たらしめようではないか。」と積極的意義を訴えている。[25] 都市計画事業についても、市民の積極的協力を求めている。『市民読本』では、都市計画事業を「金沢市をして、真に名実相叶った裏日本の最大都市、大金沢市として発展雄飛せしめる」ものと位置付けて、それに対する市民の対応を「一己の利害に偏して、其の大計画の実施に齟齬や渋滞を来さしめるやうなことがあってはならぬ」、「仮令将来幾多の難関に逢着しても、常に崇高かつ積極的な相互扶助・協心戮力の精神と堅忍不抜の大気魄とを発揮して、どこまでもこれが完成を期すべきである。」とし、市民の協力を訴えている。[26]

『金沢市民読本』を通して市民に訴えたかった目指すべき金沢市像は、都市計画などにより経済的に発展した「大金沢」であった。そして、それに応ずる金沢「市民」像は、単に市政に協力するのみならず、「市民性を改善」して「守旧観念」を一掃し、「積極的進取的精神」を持つ「市民」であったのである。

三　「市民」意識涵養の背景―相良歩市長の「大金沢」建設論―

それでは、このような金沢「市民」像が描かれた政治・社会的背景は何だったのか。

一連の「市民」意識涵養政策を展開した第九代金沢市長相良歩〔任一九二二（大正一一）年五月〜一九三〇（昭和五）年五月〕は、就任冒頭、「大金沢」建設をめざすことを表明した。(27)第一回市祭の式辞にもあったように、「市民」意識の涵養は「大金沢」建設と関連付けて主張されてきた。「大金沢」建設は、どのような政治的文脈の中で登場したのだろうか。

米騒動以降の市行政について、『金沢市議会史』は「この時代には、個別的・対症療法的ではなく、金沢の将来計画を視野に入れ、全体として都市像をどのように描くかという問題が正面から論議され始めた。」としている。(28)金沢市において、この時期、本格的な都市社会政策が始まったのである。

都市整備事業では、市街鉄道敷設にともなう市区改正つまり道路拡張が、一九一七（大正六）年から始まった。電気・ガス事業は一九二一（大正一〇）年、市営となった。水道敷設事業も一九二四（大正一三）年に本格的調査が開始され、一九三〇（昭和五）年、通水した。これらの事業に対して、電気・ガス市営を実現した相良の先代、飯尾次郎三郎市長は「安全ニ市民ヲシテ使用セシメ」るため公共団体ノ経営に移すと述べ、(29)水道事業を進めた相良市長は、市民の「衛生保健ニモ至大ノ関係アリ」とし、ともに市民の福利のための政策であることを強調した。(30)また、通水式においては、相良市長のもとで助役を務め、その後任となった吉川一太郎市長が、「冀クハ今後一層愛市ノ精神ヲ以テ本事業ヲ後援シ以テ有終ノ美ヲ済サンコトヲ望ム」と水道事業拡張に対する市民の協力を求めた。(31)

社会事業では、相良市長は一九二三（大正一二）年度の予算説明で、「金沢市民ニ生活ノ安定ヲ与ヘンコトヲ期ス」と述べ、体系的な社会政策とその充実を方針として提示した。(32)金沢市ではすでに、一九二〇（大正九）年に社会係を新設して市営住宅事業を開始し、職業紹介所を開設していた。相良は、この方針によりさらに公設市場、市営託児所を次々と開設した。

ところが、一方で、都市社会政策を推進していくための財源が問題であった。一九二一（大正一〇）年以降、飯尾前市長も相良市長もともに徹底した緊縮を予算方針としていた。そのため普通会計の膨張は抑制されたが、一方で都市社会政策推進のための特別会計が肥大化した。とりわけ、街鉄敷設に伴う道路拡張費を賄う市区改正費特別会計が重くのしかかった。道路拡張費は総額一九〇万円。金沢電気軌道株式会社からの一二〇万円の指定寄付はあったが、残りは普通会計からの繰り入れ及び市債発行で賄った。そのため、事業終了後も市債償還費を毎年六五、〇〇〇円余り支出せざるを得なかったのである。(33)

そのような状況のなか、財源不足による事業の繰り延べもしばしば起った。相良市長が「市民」意識涵養のために計画した公設運動場費も、大正一二年度には六〇、〇〇〇円、大正一三年度には二九、九五二円が削減され、事業が繰り延べされた。この他、大正一二年度から大正一五年度にかけて繰り延べされた事業は、小学校建設以外は、結核療養所建設、汚物焼却場移築、道路改修、火葬場改築、施病院建設であり、いずれも都市社会政策であった。(34) これら財源問題に対する相良市長の対応策は、増税ではなく税の完納による財源確保であった。(35)

米騒動以降、市民福利のための都市社会政策の展開が市行政の課題となった。しかもそれを財源不足の中で実行しなければならなかった。そのためには「市民」意識涵養による「市民」の協力が必要だったのである。

ところで、この時期、金沢市の都市としての地位低下が市会で大きな問題となっていた。金沢市の人口は、一九二〇（大正九）年の第一回国勢調査で一二九、二六五人とされた。それまで金沢市役所が認識していた人口一五万八〇〇〇人余りを三万人近くも下回ったのである。しかも函館や呉に抜かれて全国十一位となった。(36)

これに対して市会では、憲政会の坂野権治郎議員が、「是レ全ク殖産興業ノ発展セサルニ基因ス」として、「殖産興業ノ発達ハ…市当局ノ指導開発ニ俟タサルヘカラズ。」と市の産業政策の無策を批判した。また、実業同志会の青木恒治郎議員は、「百万石ノ遺風タル、謡曲、囲碁ニ耽ッテ居ラレル様ナ一部階級ノ市民ノ中ニハ一円ナリトモ税金ノ少ナキヲ喜バル、為メニ斯ノ如キ緊縮方針ヲ歓迎スル方ガアルカモ知レナイガ、進取的気風アル多数ノ市民諸君ノ為メニハ」断して執ってはならない施政方針であると、市行政の緊縮政策を批判し、積極政策を求めた[37]。

近世都市は、幕藩制的秩序の中で改易・減封されない限り地位は固定されていた。これに対して、近代都市は、政府による拠点性の付与によりヒエラルキーが定められた。しかし、産業化の進展の中でその地位に変動がおこり、都市は競争に晒されるようになったのである。つまり、拠点性のみでは都市の地位を維持できなくなり、積極政策が要求されるようになったのである[38]。

このような中で金沢市は、一九二三（大正一二）年五月、都市計画法適用都市に指定され、七月に同法が施行された。都市計画法適用を最初に求めたのは、飯尾次郎三郎市長であった。彼は、一九二〇（大正九）年の市会で、金沢市の地位低下に対して、「市民ノ安寧・衛生」を保護し、「商工業ノ発達」を図り、「益住民ノ福利ヲ増進セシメ」ると、都市計画法適用を申請することを表明した。飯尾の後任相良市長も、金沢市都市計画準備調査会を設け、さらに適用運動を進めた。金沢市の都市計画法適用は、両市長の積極的な運動によって実現した[39]。このことは、相良の言う「大金沢」建設の大きな一歩であった。第一回金沢市祭は、まさにこの時期に開催されたのである。

これと並行して市域の拡大が始まった。まず、一九二四（大正一三）年、市営住宅が設けられた石川郡野村の一部が金沢市に編入された。続いて、金沢市に隣接する石川郡野村および弓取村の全域が都市計画区域指定を求めて金沢市編入を要求し[40]、一九二五（大正一四）年四月、実現した。

このような都市計画法適用による「大金沢」建設を実現するために、相良市長は都市計画への協力を市民に求め、市域の空間的拡大による新市民の登場に対応して、「市民」意識涵養政策を展開したのである。

ところで、「市民」意識涵養政策が展開された今一つの背景として市政の担い手の変化があった。日清戦争以降、市政を主導していきたのは、士族出身で実業家に転じて一定の成功を収めた層、実業家的士族であった。第四代・五代市長渡瀬政礼や第二〇～二八代市会議長宮野直道がその代表であった[41]。それを経て「実業会を中核とする政友会」が市政を支配した[42]。第六・七代市長山森隆がその代表で、そのもとで助役を務め、第八代市長となった飯尾次郎三郎もこの流れをくんだ。

ところが、一九二一（大正一〇）年の市会議員選挙で地方政社である石川県立憲青年党が躍進し、三六議席中七議席を獲得した。次の一九二五（大正一四）年の選挙でも六議席を確保した。そして立憲青年党は憲政会と組んで院内会派自治会を結成し、市会多数派を形成、これにより市会の党派勢力が大きく変化した。

石川県立憲青年党は、普通選挙を主張する永井柳太郎の支持者らによって一九一九（大正八）年に結成された[43]。その階層は「政治意識の強いインテリと商人・職人で、比較的、所得や資産の少ない階層」であった。彼らは、普選断行とともに、「市民の市役所」を求め社会政策の実現を主張した[44]。たとえば、市会議員澤野外茂次は、因襲の打破、都市計画の遂行、産業振興、水道敷設推進を訴え、「大金沢」建設につながる主張を政見公約とした。特に「市民」意識に関しては、澤野は「自治行政の効果は公民の自覚に俟ち、公民教育の普及徹底にあります。」として、「公民読本の編纂」以上の施策を求めた[45]。青年党は、相良市長と同様、公民教育の徹底と「市民の自覚」を主張していたのである。

立憲青年党の躍進について、安田浩氏は次の二つのことを指摘している。一つは、一九二一（大正一〇）年の市制・町村制の一部改定で、公民資格について地租納入ないし直接国税二円以上納入の要件が削除され、選挙制度が三級選挙制から二級選挙制に変わり、市会議員選挙が「大衆的に得票を争う構造」になったことである。今一つは、「全市レベルでの活動に基盤をもつ上層階層以外に、同業団体や限定された地域で影響力を持つような階層の出身者にも、市会議員への進出の機会を拡大した」ことである。[46]立憲青年党は大衆層を背景として躍進したのであった。

そのような立憲青年党が、一九二一（大正一〇）年、憲政会と結びついて自治会を結成し、市会多数を占めた。これにより政友会を与党とする飯尾市長が翌年、辞任。代わって自治会が中心となって迎え入れた市長が相良歩であった。彼は東京帝国大学法科を卒業し、和歌山県・山形県・樺太庁の内務部長を務めた憲政会系の官僚であった。「金沢人または金沢出身者で地方行政に経験ある者」が市長の詮衡条件であった。[47]このように大衆層を背景とする自治会の支持のもと、官僚出身の相良市長によって、「大金沢」建設を謳い文句とする都市社会政策が推進され、そのために「市民」意識涵養政策が進められたのである。それは大衆層を政治的に統合する政策でもあったのである。

四　「市民」意識涵養政策の成果

それでは、相良市長による「市民」意識涵養政策は成果を得たのだろうか。相良市長が最も力を入れた都市社会政策が水道敷設事業であった。しかし、政友会・自治会反主流派・市内地主家主の反対で順調には進まなかった。一九二七（昭和二）年には西町公民館で一、五〇〇人による水道急施反対期成同盟会が開催された。水道敷設よりも都市計画推進を要求し、水道敷設のための家屋税増税に反対したからであった。[48]市民の協力による都市政策の推進は難航したのであった。

一方、市祭の実情はどうだったのであろうか。第二回以降も大盛況は続いた。たとえば一九二五（大正一四）年の第三回市祭でも市内各所で、相撲、競馬、自転車競走、芸妓の手踊、各町の余興が披露され、学童の提灯行列も継続された。[49]また、百貨店の宣伝にも利用され、[50]市祭は市民の娯楽・享楽の場になった。

ところが金沢市は、一九二八（昭和三）年五月、「市祭は決して一尾山神社の祭礼や市役所のお祭りではなく、市民全体の祭礼である。」という「ステートメント」＝声明を新聞紙上で発表した。そして「市祭は藩祖の恩恵を記念し十五万市民が一致して全市の繁栄と発展を祈るもので…隅々にいたるまで（市の）お祭り（であるという）気分を横溢せしむることが肝要である」（（　）内は稿者補足）と訴えた。市民の娯楽・享楽の場となった金沢市祭に対して、あらためて市の繁栄と発展のための市民の祭りであるという市祭本来のねらいを強調したのである。[51] その意識を浸透させるため、金沢市は、市内全戸に注連縄を張ることを指示した。

これに対して、『北國新聞』は社説の中で厳しく批判した。[52]「金沢市祭なるものが、金沢市当局の企図からいへば、殆ど意味を為さず時代錯誤であり、市長のやって居ることが滑稽以外の何物でもない…七めんどくさい理屈をくっ付けやうとして居るが…市民慰安デーだけで沢山である」と、理念を強調する市の姿勢を批判したのである。さらに市祭をいっそう盛り上げるため北陸各地方民の参加促進を求め、農繁期である六月中旬を避けることを提案した。前田利家入封を記念して開催日を六月一四日としたことについても、「そんなことはどうでもいいこと」「此の日を変更する位のことは何でもないこと」と述べた。当時の『北國新聞』は、伝統に基づく「市民」意識の涵養という市当局のねらいを否定して、市祭の意義を北陸地域を含めた民衆の「慰安」に置き換えているのである。ジャーナリズムの発言ではあるが、一定の市民の状況を反映していると考えられる。市祭による「市民意識の涵養」という相良市長のねらいは十分には浸透していなかったのであった。

おわりに

第一回市祭は、金沢の「起源」と「歴史」により金沢市民の誇りを鼓舞し、「大金沢市建設」に協力する「市民」意識を涵養するイベントであった。それは市祭のみにとどまらず、市歌、自治展覧会、市標語、公設運動場建設、『市民読本』刊行によっても展開された。特に『市民読本』の分析から、求められる「市民」像は、公徳心、公共心をもって市政に協力する「市民」のみならず、「百万石」意識を払拭し、経済発展に向けて積極的進取精神を発揮し、「大金沢」建設に協力する「市民」であった。

その背景には、米騒動以後の金沢市政の変化があった。財源不足の中、金沢市では、市民福利のための都市整備と社会政策が重要な行政課題となった。その都市行政への協力のために「市民」意識の涵養が必要であった。とりわけ全国的な産業化の中で金沢市の地位が低下し、拠点性のみでは発展に限界があるという危機意識があっ

【表２】『金沢市民読本』以後の市民読本および市歌・市民歌

刊行年	書名	著者・編者	市歌・市民歌
1929	市民読本	横浜市役所	横浜市歌（1909）
1930	大分市民読本	大分市・大分市教育会	［大分市歌（1983）］
1931	秋田市民読本	秋田市役所	秋田市民歌（1928）
1931	長崎市民読本	長崎市教育会	長崎市歌（1933）
1932	水戸郷土読本	水戸市教育会	水戸市歌（1935）
1933	佐賀市民読本＊	佐賀市教育会	
1933	門司市民読本	福岡県教育会門司支会	門司市歌（1930）
1933	高田市民読本	高田市教育会	
1934	和歌山市民読本	和歌山市小学校教育会	和歌山市歌（1922、1935，1940），［1955］
1934	青森市民読本	関晴四郎編・青森市	［青森市民歌（1972）］
1935	仙台市民読本	仙台市教育会	仙台市民歌（1931）
1936	熊本市民読本	熊本市教育会	熊本市歌（1930）
1936	大牟田市民読本	大牟田市市民読本編纂委員会	大牟田市歌（1933）
1937	徳島市民読本＊	徳島市教育会	徳島市歌（1928）
1938	別府市民読本	別府市教育会	別府市歌（1935）
1939	瀬戸読本	瀬戸市教育会編纂部	
1939	東京市民読本＊	竹沢義夫	東京市歌（1926）
1940	彦根市民読本＊	彦根市教育会	［彦根市民歌（1957）］
1940	長浜郷土読本	長浜学友会	［長浜市民の歌（1957）］
1941	市民読本	名古屋市	名古屋市歌（1910）
1941	川崎市民読本	川崎市教育会	川崎市歌（1934）
1949	札幌市民読本	佐藤麟太郎編　札幌市役所	［札幌市民の歌（1964）］

『市民読本』のうち“＊”は都道府県立図書館所蔵、無印は各市立（市民）図書館所蔵。市歌・市民歌は『全国都道府県歌・市の歌』および各市ホームページなどより作成。市歌のうち“［　］”は戦後に制作されたもの。表以外の県庁所在地で、戦前に市歌を制作した都市に、1912 年「高松市歌」、1921 年「大阪市歌」、1929 年「千葉市歌」、1929 年「那覇市歌」、1930 年「岡山市歌」、1932 年「福岡市歌」、1936 年「福島市歌」がある。

た。このような中で都市計画法が適用され、金沢市域の拡大が始まった。それゆえに金沢市当局が求めた「市民」像は単に市政に協力するのみならず、積極進取の精神を持つ「市民」であったのである。加えて、当該期において金沢市の政治の担い手が変化した。立憲青年党の躍進など政治の担い手の大衆化が進んだのである。これに対して、市当局は大衆層を含めて市政の協力者としての「市民」を養成する必要があったのである。以上の政治状況のもとで、官僚出身の相良市長により金沢市祭が始められ、「市民」意識を涵養しようとする一連の政策が展開されたのである。

このような動きは、こののち、全国的にも展開された。【表2】のように『金沢市民読本』刊行後、地方都市でも次々と『市民読本』が編纂され、市の歌が作られた[53]。とりわけ広島市では民政党代議士荒川五郎が『大広島の創造』を著し、その中で『市民読本』の編纂、「市民歌」の作成、「市民祭」の開催の必要を強く訴えた[54]。

しかし、「市民」意識涵養政策は、金沢市においては、十分には成果を上げたものではなかった。市民全体の協力を要する水道事業は難航した。市祭も娯楽化、商業化はするものの、「伝統」による「市民」意識涵養の効果は、十分ではなかったのである。

最後に、「百万石意識」の多様性について言及したい。「百万石意識」には、相良市長が言うような、市民に誇りを持たせる肯定的側面があった。しかし、一方で、「市民読本」が批判したような、金沢市民の停滞性を指摘する否定的側面もあったのである。これは現在の多くの金沢市民の意識にも受け継がれていると考える。

註

(1)『地方史研究』三六四・三六五(二〇一三年)「第六四回大会を迎えるにあたって」

(2)「加賀百万石」の用語について、本康宏史は、「「加賀百万石」は、加越能三国にわたる莫大な領国、加賀藩＝前田家の財力、さらにそこに育まれた美術工芸などの「歴史文化」を示す、象徴的な表現といえよう。もちろん「加賀百万石」の呼称自体は、藩政期に意識的に使われていたものではなく、「近代の表現」であろうが。」と指摘し、「百万石」の用語の初出の検証は難しいとしながらも、本格的な登場は日清・日露戦争前後、そして昭和戦前期に定着したとしている。（「加賀百万石」の記憶―前田家の表象と地域の近代―」『日本史研究』五二五　二〇〇六年）。また、旧藩の顕彰については、高木博「紀念祭の時代―旧藩と古都の顕彰―」（『明治維新期の政治文化』二〇〇五年）

（3）『金沢市史』通史編三近代（金沢市史編さん委員会　二〇〇六年）三一七・三一八ページ　山本吉次稿

（4）住友陽文「近代日本の都市自治論の再生―市民読本が修正する国民社会―」（『現代国家と市民社会』ミネルヴァ書房　二〇〇五年）および住友陽文「国民社会の更新と〈市民〉化―大正期の〈市民〉化構想」（『皇国日本のデモクラシー』有志舎　二〇一一年）。なお、市民、即ちフランス語 bourgeois、citoyen、英語での burgess、burgher、citizen、ドイツ語での Bürger の原語の意味の変化、日本における翻訳語としての市民については，野村真理「歴史用語としての「市民」―故林有一さんに捧ぐ―」（『金沢大学経済学論集』二一巻一号　二〇〇一年）

（5）源川真希『東京市政』第三章都市政策の展開と後藤市政（日本経済評論社　二〇〇七年）

（6）能川泰治「両大戦間期の都市計画と都市文化」（奥田晴樹編『日本近代史概説』弘文堂　二〇〇三年）

（7）阿部安成「横浜の震災復興と歴史意識（一九二三～三一年）」（『日本史研究』四二八　一九九八年）

（8）岡田洋司「地方中小都市と統合原理としての〝城下町〟意識―一九一〇～一九二〇年代の愛知県岡崎市を例として―」（『地方史研究』二七七　一九九九年）。岡田氏はこの中で、「城下町意識」が「大岡崎市」建設の規範とされたことを指摘している。

（9）橋本哲哉「地方都市金沢と伝統工業」（『近代石川県地域の研究』経済学部研究叢書一　金沢大学経済学部　一九八六年）において、金沢に対するジャーナリズムの評価の一つとして指摘。

（10）大石嘉一郎・金澤史男『近代日本都市史研究　地方都市からの再編成』（日本経済評論社　二〇〇三年）の「序章　課題と方法」で、近代日本の都市形成における都市のヒエラルキー化を創り出す役割を果たしたものとして国家からの「拠点性の付与」を指摘。同書においては、城下町の系譜を持ち県庁所在地であり、いくつかの拠点性を持つ都市群を

「標準的地方都市」と位置付け、その事例として、水戸、金沢、静岡を取り上げた。
（11）『尾山神社誌』（尾山神社社務所　一九七三年）には、尾山神社側が「封国祭」と「市祭」が一致しないようにしたことが記されている。
（12）前掲『金沢市史』通史編三近代　三一七・三一八ページ　山本吉次稿　金沢市歌も同書による。
（13）「盆正月」については『金沢市史』通史編二近世（金沢市編さん委員会　二〇〇五年）四〇八・四〇九ページ
（14）前掲『尾山神社誌』、前掲高木博「紀念祭の時代―旧藩と古都の顕彰―」
（15）『北國新聞』一九二三（大正一二）年六月一五日付に掲載
（16）前掲『金沢市史』通史編三近代　三一七・三一八ページ　山本吉次稿
（17）『北國新聞』一九二六（大正一五）年五月一四日付。余暇の「市民」化については住友陽文『皇国日本のデモクラシー』第5章余暇問題と労働者の〈市民〉化
（18）住友陽文前掲「近代日本の都市自治論の再生―市民読本が修正する国民社会―」
（19）『金沢市民読本』序文（金沢市教育会　一九二八年）
（20）同右　前編一五「市の自治」、後編九「市の社会政策的諸施設」、後編一二「市の財政」
（21）『金沢商業会議所報』第三号（一九二四年一〇月）所載の市民読本資料調査会に関する記事
（22）前掲『金沢市民読本』後編一四「我が市民の長所・短所」
（23）同右　後編一六「都市計画と大金沢の建設」
（24）同右　前編三「金沢と人物」　嵯峨壽安及び清水誠については、徳田寿秋『海を渡ったサムライたち―加賀藩海外渡航者群像』（北國新聞社　二〇一一年）
（25）同右　後編一「神社・宗教と金沢」
（26）同右　後編一六「都市計画と大金沢の建設」
（27）『北國新聞』一九二二（大正一一）年五月二七日付所載の相良歩新市長による「市役所改造訓示」
（28）『金沢市議会史　上』（金沢市議会　一九九八年）五五三ページ　また、この状況を安田浩は「自治の計画化」と評価し

ている（大石・金澤前掲『近代日本都市史研究』第二章第三節）
(29) 前掲『金沢市議会史 上』五七五ページ
(30) 前掲『金沢市議会史 上』五八二ページ
(31) 『金沢市水道五十年史』（金沢市企業局　一九八〇年）
(32) 前掲『金沢市議会史 上』五八九ページ
(33) 前掲『金沢市議会史 上』五七二ページ
(34) 前掲『金沢市議会史 上』六三〇ページ
(35) 『金沢市史』資料編一一近代一（金沢市史編さん委員会　一九九九年）「相良市長の予算編成方針説明」
(36) 前掲『金沢市史』通史編三近代　三一四ページ
(37) 前掲『金沢市議会史 上』五五二〜五六一ページ
(38) 大石・金澤前掲『近代日本都市史研究』序章では、日清戦後経営から日露戦後経営期を「産業資本確立期の都市変容」、第一次大戦以降を、「工業化、大衆民主主義状況の進展と普選の実現による都市変動」としている。
(39) 前掲『金沢市議会史 上』五六一〜五六五ページ
(40) 石川県庁所蔵「野村字泉野・野村・弓取村ヲ金沢市へ編入一件」
(41) 大石・金澤前掲『近代日本都市史研究』第二章第二節　松村敏稿
(42) 大石・金澤前掲『近代日本都市史研究』第二章第三節　安田浩稿
(43) 永井柳太郎は大正六年衆議院選挙金沢市選挙区で政友会の中橋徳五郎に敗れた。石川県立憲青年党は、永井支持者らによって同年結成された金沢立憲青年会を前身とする。永井は大正九年に衆議院議員に当選。立憲青年党の結成については、小林昭夫「大正期における市民政社の動向（上）」（『北陸史学』五五　二〇〇六年）
(44) 山本吉次「石川県立憲青年党と都市社会政策」（橋本哲哉編『近代日本の地方都市』日本経済評論社　二〇〇六年）
(45) 前掲『金沢市史』資料編一一近代一「大正一四年市議選澤野外茂次立候補政見文」
(46) 大石・金澤前掲『近代日本都市史研究』第二章第三節　安田浩稿

(47)『北國新聞』大正一一年三月一一日付
(48) 前掲『金沢市史』通史編三近代　第四章第四節上水道敷設と反対運動　能川泰治稿
(49)『北國新聞』一九二五（大正一四）年六月一五日付
(50)『北國新聞』一九二七（昭和二）年六月一二日夕刊　市内宮市大丸が金沢市祭に合わせた「大売出し」の広告を新聞に掲載した。
(51)『北國新聞』一九二三（昭和三）年五月一六日付
(52)『北國新聞』一九二九（昭和四）年六月一四日付　なお北國新聞社理事長には、飯尾次郎三郎が大正一一年の市長辞職以後、就任している。
(53) 市歌・市民歌については中山裕一郎『全国都道府県の歌・市の歌』（東京堂出版　二〇一二年）
(54) 荒川五郎『大広島市の創造』（広島政界廓清会　一九三〇年）

「風景」化するマガキ　―秘境ツーリズムと能登半島―

大門　哲

はじめに　―問題提起―

通常、集落景観は、外部から積極的に眼差されることはなかったが、近年、棚田などを代表に、懐旧や美を感じる「風景」としてさまざまなメディアにとりあげられるようになり、さらには、重要伝統的建造物群保存地区や文化的景観として評価する動きも活発化している。

暮らしのなかでゆっくりと形成されてきた景観を「生活景」(1)、見ること、感じ入ることを積極的にもとめられる景観を「風景」とするなら、「生活景」は現在、「風景」化と、「文化財」化というふたつの変化のただなかにあるといえよう。

本稿の目的は、能登地方にみられたマガキと通称される垣根の実態を整理するとともに、それがいつごろから能登の暮らし・風土を象徴する風景として眼差されるようになったのか(2)、また、なぜその風景の聖地ともいうべき集落が出現したのか、端的にいえば、マガキ風景のシンボル化と聖地化について、その歴史的背景をさぐることにある。(3)

考察の主要な素材としてとりあげるのが写真である。(4)あえて写真をとりあげるのは、単に貴重な記録として再評価したいからだけではない。「現実」を一瞬にきりとり、複製し、人々に対峙させる写真。それが近現代社会に与えた、メディアとしての影響力は、はかりしれないと思うからである。

一　マガキの実態

西風、北西風がふきつける能登外浦沿岸。そこで防風・防潮対策のために発達したのが高さ数メートルに達する垣根である。船乗りに記憶によれば、海から望むと、珠洲の先端から外浦沿岸一帯に並んでいたという。かつては外浦全域でみられた風景だったのである。住居様式の変化や労力不足から垣根は減少し、現在まとまって続けている地域は、輪島市上大沢・大沢、志賀町七海・生神、珠洲市折戸町木ノ浦など数集落だけとなった（【写真1】）。

現在、垣根はマガキという名称でひろく知られているため、本稿でも、同じ名称を用いるが、実際には呼称にとどまらず用途や素材も地域によって異なる。以下、外浦沿岸の二十五集落で聴取した結果を紹介し、その多様性を確認しておこう。

①名称

マガキと呼称するのは輪島市から珠洲市にかけての能登北部を中心とする。北西部の旧羽咋郡に入ると、タケガキ・カキネという呼称が優勢になる。つまり、名称はマガキ呼称圏とタケガキ呼称圏のふたつの区域に分かれる。

②用途

用途は海岸沿いの集落では家屋を風波から守る目的とするタイプ、やや内陸

- 防風型
  - 通年　志賀町生神・七見・千の浦・風戸・風無・牛下・赤崎
輪島市深見町鷲嶽・西二又町、輪島市門前町剣地・大泊・深見・吉浦・矢徳・皆月、珠洲市馬緤町鰐崎・珠洲市高屋町
  - 冬季限定　志賀町福浦、輪島市鵜入町、珠洲市折戸町洲崎・木の浦
- 乾燥型　輪島市総領町岡塚、輪島市深見町大谷内

【図1】　マガキの用途別分類

部の集落では作物の乾燥を目的とするタイプが優勢である（【図1】）。防風タイプの場合、塀の設置期間によって通年にわたり設置する場合と、冬期のみ設置し、それ以外は骨組みをむき出しのままとするか、また撤去する場合がある（【写真2】）。

冬期のみに設置を限るのは、海水浴場に接する集落の場合、海水浴客への見た目の悪さから遠慮したため、また北前船の係留地として栄えた福浦の場合、冬期以外は船からの荷物の出し入れがあったためなど、理由はさまざまである。

もうひとつの乾燥タイプは、骨組みは常時設置したままで、秋は稲・大豆、さらに晩秋以降は屋根ふき用に刈り

【写真1】　マガキ　輪島市上大沢町　2010 撮影

【写真2】　冬期限定のマガキ　輪島市鵜入町
春から秋は骨組みだけで（上）、冬にはススキで覆う（下）
2010 ～ 2011 撮影

取ったカヤ（ススキ）という具合に季節に応じて掛けるものを変えていく方法をとる。

③骨組み素材

骨組みはかつてクリ材を主に使ったが、戦後、雑木山にスギ・アテの植林が行なわれた関係から、現在はアテが主に用いられる。骨組みの構造は稲ハザ（稲干台）と同一であり、ハザの技術がマガキ設置に活かされていると理解できる。

④面の素材

面を覆う素材は、（ア）竹、（イ）上段を竹、下段をカヤ（ススキ）、（ウ）カヤ、（エ）板の四種類がある。ひろくみられるのが（ア）で、その種類はメダケ（通称ニガタケ）・マダケ・孟宗竹がある。ヤダケは柔軟性にかけるため塀の素材として用いられることは基本的にない。この三種類の竹のどれを選ぶかは、集落内の植生以上に、生業関係の影響が強い。

つまり、戦前期まで能登の北西部ではマダケや孟宗竹を移出商品として重視していたため、それらを垣根に利用することはなかった。一方、メダケが多用されたのは、ほどよく風を通すなど、利点もあるが、そもそも商品価値がなく、だれもが自由に採取できるオープン資源であったことが影響している。

ただし、戦後、生活・生業用具にマダケを用いることがなくなり、その商品価値が下落していくと、マダケや孟宗竹が多用されるようになった。とくにマダケが好まれたのは、業者による設置費用が必要となるものの、ニガタケのように毎年の補修作業が必要でなく、また一〇年以上の耐久性をもつからである。

二　「シンボル」化するマガキ

1　「風景」化の過程

①マガキ写真の初出

以上、各地のマガキの実態を報告したが、では、このような素朴な生活景に関心が集まるようになるのはいつごろからだろうか。藩政期より大正期にかけての紀行文や地誌類を追うかぎり、一八一七（文化一四）年の田辺政己『能登日記』の笹波村紹介のなかに「左右に畑ありて廣し。海の方に小笹薮を付て鹽風を塞ぎ」、「山越或いは領界にも、細き土手の上に小笹等有を垣にしたる躰見ゆる」と見える程度である。(5)能登の風景といえば、まずもって海岸沿いの奇岩怪石であり、暮らしの情景に視線がおよぶことはなかったのである。

マガキが能登ならではの風景として写真で紹介されたのは、管見のかぎり一九三三（昭和八）年『石川県史第五巻』を初出とする（【写真3】）。撮影地は旧富来町七海で、以下の解説がつく。「西方と南方とが海に向つて開けてゐるので、その方面からの強風の襲來に堪へない。そこで海岸を通過する道路と部落の間に茅簀の長壁を作り、交通を妨げない爲所々に入口が開いてゐる。かうした景観は能登の外浦海岸では屢々遭遇する所である」

【写真3】最初のマガキ写真　『石川県史第五編』1933年

マガキを「外浦海岸」独特の景観要素として特徴づけており、現在の評価との共通性を見出せるが、その名称・素材については「茅簀の長壁」と説明しており、マガキという呼称や竹素材という現状のイメージが、当時は流通していなかったことがわかる。

一九四〇年代以降になると、プロ・アマのカメラマンが少しずつレンズをむけるようになる。たとえば、北國新聞社の専属カメラマンだった松原茂が、一九四〇（昭和一五）年に珠洲市高屋で、一九五〇（昭和二五）年に珠洲市仁江で撮影した写真が残る。前者はマガキの前で子守りをする老女の姿、後者はマガキを背景に子どもが走る様子を活写した作品である(6)。

このころの写真は松原の作品しか確認できていないが、戦後まもなくには能登を風景の宝庫と評価する意識が写真家の間では共有されつつあったことは、金沢在住の写真家・御園直太郎氏（一九二〇年生）への聞き取りからうかがえる。御園氏によれば、一九四八（昭和二三）年頃に金沢写真院の草野友久社長から一緒に能登の写真ライブラリーをつくる計画をもちかけられ、和倉温泉や小木あたりの撮影旅行をおこなったという。また、一九五二（昭和二七）年頃、京都の絵葉書屋から頼まれ、バスを乗り継ぎ、巌門・関の鼻・輪島・曽々木・狼煙・九十九湾などの風景を三日ほどかけてまわったこともあったという。

これらの写真家の動きと連動して、地元でも風景写真を商品化する動きが出てくる。一九五三（昭和二八）年九月三日付の新聞には、奥能登では「とかく観光には無関心」（「北國新聞」）なため、飯田町商工会の郡アマチュア写真クラブとタイアップして観光絵葉書の作製をすすめたとある。

②九学会調査の影響

マガキの名称・存在、さらには能登の各種風景を全国的に知らしめる最大の画期となったのが九学会連合会（以下、九学会）の調査であった。一九五三（昭和二八）年に九学会調査が開始され、翌年に『岩波写真文庫　能登』が刊行される。監修にあたったのは調査員の宮本常一と池上良正であり、実質、九学会のプレ報告書という性格をもった。

写真は地元カメラマンの山本紀一・中越遠洲の二人で分担したが、二人が携わった経緯について興味深い逸話がある。御園氏の記憶をふたたび紹介しよう。同氏は一九四一（昭和一六）年に名取洋之助が率いる国際報道工芸社に就職。そこで一年、働いた縁から、戦後、名取から写真文庫を出すためアマチュアの写真家を集めて欲しいという連絡があったという。集合場所は大和百貨店のサロン。声掛けに応じたのは二〇人ほど。そこで名取は講演会を行い、協力をもとめたという。応募人数は一人だったが、中越と山本の二名が名乗りをあげた。当時、両人はライバル関係にあり、互いに譲らず、結果、口能登を山本、奥能登を中越が担当することとなったという。

同書のマガキ写真は遠景と近景の二種からなった。まず「海に沿う寒村」と題し、段々畑を背後に海辺にマガキが長くつらなる皆月の全景写真を見開きで紹介。さらに次頁で、「外浦の風よけ」の表題で、マガキの前に子供がたつ写真を掲載した。写真の解説には「外浦の集落に間垣と呼ぶ風よけが続いている」とある。同書は写真と間垣という漢字表記の一体的説明により、竹からなる垣根の存在を強く印象づけたのである。

一九五五（昭和三〇）年には、九学会の報告書『能登―自然・文化・社会―』（平凡社）が刊行される。矢沢大二は「気候景観としての間垣」という節をもうけ、マガキの普及率と強風の関係を分析するとともに、西海村洲崎と西浦村赤崎のマガキ風景写真を紹介。一九五六（昭和三一）年には『岩波写真文庫179　石川県新風土記』（岩波書店）に「風よけの竹垣」と題しマガキのアップと、またマガキをめぐらした高屋地区の集落景観が掲載された。

岩波の写真文庫の影響から、その後、組写真的な紙面構成にもとづく類書がつぎつぎと刊行され、マガキ風景も組み込まれていく。一九五七（昭和三二）年『トラベルグラフ43　能登特集』（日本国有鉄道）では、折戸と旧富来町内のマガキ風景を掲載。写真には「間垣の家々」「風よけに竹垣をめぐらした家」という表題がつけられた。

一九五八（昭和三三）年『朝日写真ブック　能登』（朝日新聞社）は、「間垣で囲まれた外浦上大沢部落の民家」と題し、上大沢の集落北部を西側から俯瞰した写真を掲載。解説には「海岸地方では高い竹塀で周囲を廻らす」とあり、戦前、茅簀と説明されたマガキだが、一九六〇年頃から竹の素材イメージが定着したことがわかる。

③地理書

一九五〇年代後半になると、各県の地理概説書が盛んに刊行されるようになるが、そのなかでもマガキ風景がしばしば掲載された。一九五七（昭和三二）年『世界文化地理体系4　日本Ⅲ　中部』（平凡社）にはマガキに沿って歩く子供たちに波がかぶりそうな一瞬をとらえた写真（朝木満撮影）が載り、「にほんかいのカゼナミハキビシイ」なる説明が添えられた。

一九六一（昭和三六）年『図説　日本文化地理体系Ⅱ　中部Ⅲ』（小学館）は、マガキに囲まれた高屋集落の風景（加藤悦二撮影）と、外浦の某地区のマガキ風景（朝木満撮影）を紹介。マガキについては、「能登外浦海岸の間垣／（前略）冬になると嵐とともに波濤がよせるため、竹で編んだ間垣で家をかこんである」と説く。

一九七七（昭和五二）年『日本地誌第10巻　富山県・石川県・福井県』（二宮書店）は、マガキで囲まれた高屋集落の写真（穂積修一・一九六九年撮影）を掲載。解説には「家屋にみられる塩垣（まがき）は竹でつくられており、冬季における日本海の強い北西風を避けるためのもの」と紹介した。

④観光ガイド本

一九六〇年代に入ると、能登観光ブームの影響から各種ガイドブックが刊行され、マガキの紹介は常套化していく。一九六五（昭和四〇）年の岡田弘『能登半島の旅』（巌門観光センター）には富来町の七海地区について「これは

「間がき」と呼びまして、冬になると「風よけ」になり、夏は「日よけ」になり重宝がられています」と案内説明例を紹介。

観光ガイドのなかでも全国的な影響力をもったと思われるのが、一九六八（昭和四三）年『奥能登』（朝日新聞社）。通りに沿ってマガキがめぐらされた風景など、皆月を舞台とするマガキ関連の写真四点を一挙掲載。解説には、「皆月湾に面した家々は特に強風を受けるので、間垣は欠かせない」と、皆月の地域性を意識した説明がなされるほか、さらに「昔はこの竹は結えるのに藤づるを用い、いったん家が火災に見舞われたときなどすぐこわせるようにした。最近では針金を使用し、なかにはブロック塀をめぐらす家もぽつぽつ見うける」などと詳細な説明がされた。

一九七七（昭和五二）年『交通公社のポケットガイド　金沢・能登』（日本交通公社）では「能登外浦の冬は、強風と風が荒れ狂う。この厳しい自然に対抗するため考えられたのが、竹や葦で組んで作った高さ3～4ｍの垣。間垣と呼ばれ、大きいものでは集落ごとすっぽり。夏の日除けにもなる。外浦でも特に大沢・上大沢地区にその典型的な風景が見られる」と紹介する。

一九八一（昭和五六）年頃から、マガキを語る際に慣用句のように持ち出されるようになるのが「生活の知恵」や「奥能登の風物詩」である。たとえば、同年刊行の平谷平蔵『奥能登』（北國出版社）には「能登の外浦海岸は、冬期間は北風が海の方から烈しく吹き寄せ、雪なども真横からぶつかる。そこで高さ四、五メートルもある細い竹をぎっしり並べて作ったのが、この間垣である。輪島市の西保や門前町の皆月にあり、外浦海岸のきびしい冬に対する生活の知恵である」とみえる。

同年『ブルーガイドパック』（実業之日本社）には「西保海岸では、海に面した家家が日本海の強風を避けるため、周囲を竹垣で囲っている。冬は防風、夏は涼をとるため。素朴な生活の知恵として、奥能登の風物詩になっている」、一九八七（昭和六二）年『金沢・能登』には「大沢付近の民家は竹垣で囲い、冬の荒波や強風から家を守る間垣が見られ、奥能登の風物詩となっている」とみえる。一九八〇年代に入ると、マガキは能登を代表する風景としてひろく認知されるようになったといえる。

⑤写真集

戦後、カメラマンによる作品が増え始めたことを指摘したが、一九七〇年頃になると、金沢にとどまらず県内各所で写真館が中心となり写真サロンが結成され、撮影会も活発化していく。(7) そのような影響もあり、一九七一（昭和四六）年『写真集　奥能登』（北國出版社／撮影地不明）、一九七八（昭和五三）年『カラー加賀能登路の魅力』（淡交社／大沢撮影）、一九八〇（昭和五五）年『ふるさと能登』（七尾市立図書館友の会／上大沢撮影）、一九八四（昭和五九）年『美しき石川』（石川県／大沢撮影）、一九九三（平成五）年『御園直太郎写真集　歳月能登』（上大沢撮影）、一九九四（平成六）年『金山正夫写真集　能登冬景色』（北日本新聞社／上大沢撮影）、二〇〇九（平成二一）年『堀江柾夫写真集　海と里の記録』（日本カメラ社／上大沢撮影／一九七五、八四年撮影）、二〇一〇（平成二二）年『奥能登の自然　小室刀時朗写真集』（能登印刷出版部／上大沢撮影）など、能登を舞台とした写真集があいつぎ刊行され、マガキの写真が収録された。

興味深いのは、マガキ写真の多くが子供を配置させた構図をとっていることである。マガキのスケール感をみせたり、また無邪気な子どもを配し垣根が続くだけの平板な世界を攪乱させたりするなど、演出上の効果を期す意図があると同時に、写真家たちは「ひなびた風景」に自らの幼少期を重ねあわせる思いもあったのではなかろうか。

以上、マガキ写真の普及状況を追ってきた。写真は言葉ではイメージが捉えにくいマガキ風景をひろく知らしめる上で大きな効果をもっただろうが、とりわけ、発行部数という点で、能登のシンボルへと評価を高めた役割をもったと思われる媒体が二つある。

第一が岩波写真文庫である。同書以後、素材は竹、表記は「間垣」として、定番のように紹介されるようになった。第二が能登の観光ブームにともない刊行されたガイドブックや、またそれに触発されて生み出されたアマチュア・プロ写真家の作品である。それらは能登を代表する風景としてマガキを決定づけたといえよう。

2　能登観光とマガキ

シンボル化の要因として、あらためて詳しく検討したいのが能登観光ブームとマガキの関係である。なぜ、能登観光ブームは生活景にすぎなかったマガキを能登のシンボルとして積極的に評価したのだろうか。

まず能登観光ブームとはいかなる現象だったのか振り返っておこう。観光ブームについては、現時点では岡本紀男・敷田麻美両氏の分析が明快である。両氏はブームを以下の四段階に整理する(8)。

■第1次　小説・映画原因ブーム／昭和三二年〜昭和三六年

NHKラジオドラマ「忘却の花びら」、映画「忘却の花びら」（昭和三二年ロケ）、小説「ゼロの焦点」（昭和三四年）などによる誘導。能登半島＝「秘境」イメージが定着。

■第2次　秘境・半島ブーム原因ブーム／昭和四三年〜昭和四九年

「最果て」・「秘境」・「半島」ブームにあてはまり、「カニ族」・「貧乏旅行者」に注目される。旧国鉄の「ディスカバージャパンキャンペーン」に連携して発売された能登・南加賀の周遊券が、「カニ族」（バックパッカー）らに重宝がられた。

■第3次　歌謡曲原因ブーム／昭和五二年〜昭和五五年

石川さゆりの歌謡曲「能登半島」と、モータリゼーションの本格化による誘引。

■第4次　バブル原因ブーム／昭和六三年〜平成四年

バブル経済による消費の加速と和倉温泉のイメージアップによる観光客増加

端的にいえば、能登ブームとは、コンテンツツーリズムのひとつであり、さらに「秘境」「最果て」というイメージの消費を欲望の中心とした現象だったといえる。マガキが能登のシンボルとして位置付けられるようになった最大の背景は観光客が抱くイメージとの合致があると思われる。あらためてマガキ写真にかかわる説明をみてみよう。その修辞には共通性がある。

たとえば、一九六八（昭和四三）年『奥能登』（朝日新聞社）に、「なれている土地の人にとっても、十二月から翌年二月までの三ヶ月は、つらくていやな冬だ。北西の季節風をまともにうけて、暗い空と、狂舞する波と、雪の下にじっと耐えるしかない。間垣の修理も、食料や日用品の補給も、ながい冬に備えて急がねばならない」とある。

このような説明は一九八〇年代に入っても続く。一九八〇（昭和五五）年『写真集　ふるさと能登』（七尾市立図書館友の会）には「シベリア風で吹きつける日本海の冬は厳しい。間垣は自然とのたたかいが生んだ生活の知恵だ」とあり、また一九八一（昭和五六）年『角川日本地名辞典』（角川出版社）には「海沿いのわずかな平地に肩をよせあう珠洲市真浦町の家並み。冬の激しい風波に耐えるために、家々の周りには間垣がめぐらされている。雪まじりの風のなかを急ぐ赤ケットの人影は出稼ぎの留守をあずかる主婦。刻苦の暮らしを象徴する風景」とある。

つまり、マガキを語る上で陰鬱な修辞がかかせないのである。このような言葉が連なるのは「さいはて・秘境」とは都市や文明とは対峙される世界であるためである。つまり、都市・文明生活がもつ明るさ・快適さと対極に位置する、「つらさ・くらさ・厳しさ」を前面化した情念的な世界がイメージされたのである。

留意したいのは、「つらさ・くらさ・厳しさ」に満ちた世界は、高度経済成長がすすむなか、決して見下したり否定されたりする対象ではなかった点である。同時期の大衆音楽にも「草の根・土着・情念」をたたえた世界を「真正な文化」としてとらえようとする動きがあったように[9]、一九六〇年代以降、成長主義への反動やうしろめたさから、文化全般にわたり、「つらさ」などを美的なるものとして、またそのような世界に生きる人々の姿を本来の姿として積極的に評価する気風が強まった。

自然環境の特性から「つらさ・暗さ」というイメージを喚起しやすい地理的領域として日本海側に関心が向かい、さらに、「さいはて・秘境」というイメージに合致する場所として能登に人気が集まるなか、マガキは海辺にのぞみ、厳しい冬の気候から家をまもり、そして素朴な竹材を用いている点、「つらさ・くらさ・きびしさ」に満ちた「さいはて・秘境」のイメージを具象化した景観要素として注目されたのである[10]。

三　「聖地」化する上大沢・大沢地区

1　さいはての聖地・高屋

能登観光ブームによりマガキが能登の代表的な風景となった経緯を説明したが、注目したいのは撮影地である。マガキの撮影地を整理すると、一九五〇年代後半頃は輪島市町野・皆月、珠洲市仁江・高屋など、分散傾向にあったが、一九六〇年代後半になると能登北西部の皆月・上大沢・大沢に限られ、さらに一九七〇年代後半には上大沢・大沢に定番化していく。

ただし、厳密にいうと、当初は分散状況にあるものの、撮影が定番化していた集落があった。半島東北に位置する珠洲市高屋である。つまり、撮影地を大きく整理すると、珠洲市高屋から半島西北の輪島市上大沢・大沢町へ移動したといえるわけである。

では、なぜ初期の段階では高屋が撮影地となったのだろうか。答えとなるのが写真解説である。一九五六（昭和三一）年『岩波写真文庫　石川県―新風土記―』（岩波書店）には、高屋の集落を望んだ見開き写真に「半島の辺境地」という題がつけられている。一九五八（昭和三三）年の平谷平蔵著『奥能登』（北國出版社）は「さいはての禄剛崎」と題し、「ここは半島のどんづまりであり、陸のさいはてである」と紹介。

一九六一（昭和三六）年『ブルーガイドブック　能登半島　金沢周辺北陸温泉郷』（実業之日本社）にも「大谷から狼煙の燈台までの間が、のとのさいはてといえよう。バスは高屋までどうにか行くが、大谷を過ぎると国道とは名ばかりのひどい道だ。高屋からは巾1メートルようようの山道で、折戸まではどうしても約4キロを歩かねばならない。2～3年の間にはバス道路が完成する予定だが、山裾は海岸までのびて田畑も少なく、部落もまばらで、それだけに、能登の味もここまでくればまさに極まったというべきだろう」とある。

また、一九六二（昭和三七）年の野村尚吾著『北陸周遊券旅行』（秋元書房）には「不便をしのんで高屋～折戸間を歩いてみるのも悪くない。いかにも〝奥能登のはて〟に来たという感じがしみじみ迫る」とみえる。

つまり、高屋が撮影地に頻繁に選ばれたのは、能登の東北端に位置し、かつ景観的にも岬に家々がならぶ構図をもち、さらにバス交通がそこで途絶えるなど、「さいはて」イメージにふさわしい条件をそろえていたことが理由にあげられよう。

ただし、高屋はむろん、ほかの写真をみても、マガキについては、当時、さほど高い関心がもたれたわけではない。写真の内容は、マガキ風景というよりは家々の群居景観にすぎない。マガキは「さいはての象徴」というより、当時は「さいはてを象徴する集落の景観要素の一部」にすぎなかったのである。

2　「秘境」の聖地

もう一方の大沢・上大沢が撮影地となった背景とはなにか。あらためて撮影の過程をまとめると、大沢の写真が掲載されたのは一九五八（昭和三三）年の『朝日写真ブック』を初出とし、撮影地の定番化がすすむのは一九七〇年代後半以降である。石川県の地図帳である一九八三（昭和五八）年『アトラスいしかわ』（刊広社）には、大沢に「間垣の里」という案内まで添え書きされるようになる。

両集落が「間垣の里」として聖地化されたのは、単にマガキの保存状態がよかったという理由によるとは思えない。前提には人々が抱く地域イメージがあったと思われる。

近代以降の当該地の地域イメージは以下のように変化の過程を整理できる。まず大正より昭和初期にかけてのイメージを伝えるのが地元の新聞記事である。大沢・上大沢が属した旧西保村について一九一九（大正八）年一〇月一七日「北國新聞」は以下のように伝える。

「西保村は小字七箇村から成り、輪島町を距る三里餘の険阻な土地で、一面に日本海を控へ、一面に山嶽を負ふた交通極て不便な箇所で、汽車は勿論荷車さへ見た事のない連中が居る」

一九三六（昭和一一）年一〇月三一日「北國新聞」は、「同村では今迄に自轉車一臺持たないといふから彼等の生活の如何に原始的な生活であらうかがうかがはれる。只昔からの唯一の交通機關として輪島町への船便のみであるといふから、文明の發達も彼等には何の恩恵もない譯だ」と伝えた。つまり、インフラ整備が不十分の「文明未発達地域」というイメージがあったのである。

一九六〇年代になると新たなイメージが付与される。一九六一（昭和三六）年『ブルーガイド能登半島』（実業之日本社）には「余り知られていないが、ここまで来たからには、ハイカーたちはぜひ足を延してほしいのが、門前からバスで1時間の皆月海岸だ」「若い人には野宿を覚悟で皆月の秘境を探るもっとも良いコースだが、一般向きには皆月、猿山灯台探勝のバス連絡がまだ悪くて、おすすめできぬのが残念だ」とある。

また、一九六八（昭和四三）年『ブルーガイドブック　能登半島・金沢・北陸』（実業之日本社）は「皆月海岸と猿山岬燈台」という見出しを掲げ、「皆月から大沢までのハイキングは、少し道が悪いが、大沢からはバスで輪島へ抜けることができ、あまり利用されないこの道は、秘境めぐりのハイカーにはかえって新鮮味がある。いずれもこのあたりは磯釣りや海水浴に適する」と、魅力を伝える。

一九六八（昭和四三）年『能登半島ドライブガイド』（石川トヨタクラウン同好会）は「未開発秘境コース」として「道下―深見―猿山岬」と「皆月―輪島」の二コースを紹介し、それらの風景の魅力を「秘境の感は一入」「秘境の景勝地」と紹介している。同年『奥能登』（朝日新聞社）は「鳳至郡門前町の猿山灯台は、日本海の荒波をまともに受けるところ。これまで人のたずねることも少なかった〝奥能登の秘境〟」、同年『旅　特集　北陸・佐渡』（ＪＴＢ）は「能登も秘境といえるところは、今では輪島から門前にかけての海岸にしか残っていない」と記す。

つまり、戦前の交通インフラ整備の遅れが戦後にいたっても改善されなかったことから、能登観光を誘引した「秘境」イメージにもっとも合致する地域として位置付けられたのである。

この「秘境」イメージは一九八〇年代に入ると微妙な変化が生じる。一九八一（昭和五六）年『アルパインガイド　能登・北陸・若狭』（山と渓谷社）は「最後の秘境」という見出しで、皆月海岸・猿山灯台・荒磯自然道・西保海岸を紹介。つまり、能登半島の「最後の秘境」とイメージされるようになったのである。

地域イメージの変化は能登観光ブームの欲望の変質と連関している。すなわち、海と山がせめぎあう西保・七浦地区。両地の風景は、絶景と讃えられるべき魅力をもち、本来、「さいはて」のメッカになりえる条件を持っていたが、ブームの端緒期は、交通インフラが未整備であったため観光地化に乗り遅れてしまったのである。

しかし、インフラ未整備が、ブームの経過のなかで、逆に付加価値をもたらすことになる。とくに第二次ブーム（一九六〇年代後半）、観光地の世俗化が広域にわたりすすんだことで、世俗化を免れた「処女地＝秘境」として七浦・西保地区が注目されるにいたったのである。

「秘境」としての関心が高まるなか、地元も観光客を受け入れるためにつぎつぎと整備をすすめていく。一九七一（昭和四六）年に荒磯遊歩道が開通。一九七三（昭和四八）年に青少年宿泊施設「のと皆月」が落成。一九七六（昭和五一）年には千里浜・巌門・総持寺・皆月を行程にした「奥能登秘境号」が運行された[11]。

このような動きをみると、マガキの人気撮影地が高屋から皆月・上大沢・大沢へ変化していった前提には、これらの地域がアクセス不能な「未開の観光地」から、観光客が望む能登イメージをもっともたたえた「秘境」として注目され、さらに西保が「最後の秘境」として喧伝されるようになったからといえよう。

四　旅行者へのまなざし

聖地化の背景として外部からのイメージ付与があったことを指摘したが、もうひとつの背景として注目したいのは住民自身の活動である。住民の活動を考えるにあたり、聖地を訪れる旅行者と住民がどのようなかかわりあいをもったのかみてみよう。

大沢での聴取によれば、一九六一（昭和三六）年六月にバスが開通し観光客が入り込むようになったが、当初は釣り目的の客が多かったという。観光客がマガキに興味をいだくようになったのは、ようやく一九七〇年頃、実際に高い関心を集めるのは、さらに後年の一九八〇年代になってからという。

聴取をしていて興味深かったのは旅行者の様子を詳細に記憶していた点である。たとえば、大沢の北口公男さんは「昭和四十五年から五十五年になると、週末に遠くは新潟・京都・福井などから吟行グループや写真グループがマガキを見物にくるようになった。天気がよくては面白くないと、秋から冬にかけてきた。また海が荒れるとマガキがもがり笛みたいに音をたてるのを実際に聞くために上大沢の浜喜屋に泊まりこむ人も出てきた」という。

以上の聞取り調査を踏まえると、マガキ風景の「聖地」化に旅行者の姿や行動が与えた影響は少なくないと想定できる。つまり、皆月・大沢・上大沢が聖地化にいたる経過はつぎのようにまとめられる。

能登の観光地が俗化をすすめていくなかで、一九六〇年代ころから、皆月・大沢・上大沢が「秘境／観光処女地」として注目を集めるようになる。ただし、当初は、釣り目的に訪れるだけで、マガキに関心がおよぶことはなかった。その後、観光インフラが整備されていくなか、釣り客以外の旅行者が「秘境」をもとめて立ち寄るようになり、しだいに「秘境」にふさわしい風景としてマガキに関心が及んでいく。そのような観光客の関心と共振し、観光メディアも、「秘境」を形作る重要な景観要素としてマガキを盛んに紹介するようになり、カメラや詩吟、絵画などを介した文化集団がマガキ風景をもとめ盛んに訪れるようになったといえる。

生活景を熱心に眼差す「よそもの」の姿に住人が感化されなかったとは考えにくい。むしろ、「よそもの」の姿こそが住人にマガキがもつ「風景」としての価値を気づかせ、「聖地」にふさわしい景観維持をうながしていったといえるだろう。

おわりに　―風景規範としての写真―

マガキの価値をひろめた写真。ただし、一方において、写真はマガキの価値を規範化する役割を担ったことを最後に指摘しておきたい。

写真がマガキにあたえた影響として看過できないのが素材観である。現在、写真で紹介されるマガキはメダケを用いたものが一般的であるが、実際には一章で述べたように素材は各地で多様性をもっている。「聖地」となった上大沢・大沢のマガキも同様である。両地区では、道路から直接目にできる外周の素材はメダケで統一されているが、集落の奥深くにすすむと別の素材が用いられている。

しかし、後者の写真が紹介されることはまずない。見た目の素朴な美しさや、毎年、里山で伐採し、家族による地道な補修が必要だという自給・循環のイメージから、メダケ材のマガキ写真だけが流通し、その結果、メダケこそが真正な材料だという印象が定着してしまった感がある。

あらためて指摘しよう。能登半島の各家では、植生・生業構造・経済力、あるいは戦後の社会動向に応じて、それぞれ独自のマガキを継承・発展させてきた。大沢・上大沢の外周にめぐらされたメダケ材のマガキは、半島にひろがっていた多様な形態をもつ垣根のあくまで一種であり、その歴史的個性は、写真／よそものとの密接な交渉の影響から、積極的に隣家との素材・形態の均質化をはかりながらその継承をはかった点に見出せるのである。

註

（1）「生活景」というタームについては建築学会編『生活景』（学芸出版社・二〇〇九）を参照。本稿では文中記載の意図で用いた。
（2）シンボル化という視点は河合洋尚『景観人類学の課題』（二〇一三・風響社）第四章から示唆を受けた。
（3）本稿のデータは拙稿「能登外浦沿岸におけるマガキの諸相と存続動機」『能登・間垣の里』（二〇一二・輪島市教育委員会）及びその後の追跡調査にもとづく。
（4）写真の「史料／資料」分析の多様な可能性は緒川直人・後藤真編『写真経験の社会史』（二〇一二・岩田書院）を参照。また写真と地理的表象との関係は成瀬厚「レンズを通した世界秩序」『人文地理』四九巻一号（一九九七・人文地理学会）、島津俊之「明治・大正期における「熊野百景」と風景の生産」『人文地理』五九巻一号（二〇〇七・人文地理学会）、佐藤守弘『トポグラフィの日本近代』（二〇一一・青弓社）を参照。
（5）『能登路の旅』（一九三二・石川県図書館協会）四九頁。
（6）『昭和の陰翳　松原茂写真集』（一九九〇・北國新聞社）一二、一四六頁。
（7）石川県写真史編纂会『石川県写真史』（一九八〇・石川県営業写真協会）九八～九九頁。写真家の御園直太郎氏への聴取によれば、能登では能登町松波（旧内浦町）のフォート集団能登が先駆的な活動をみせていたという。
（8）岡本紀雄・敷田麻美「能登観光ブームの分析と現状の能登交流事業の課題」『日本観光研究学会第二〇回全国大会学術論文集』（二〇〇五・日本観光研究学会）一五三～一五六頁。
（9）輪島祐介『創られた「日本の心」神話』（二〇一〇・光文社）二〇二～二〇三頁。
（10）九学会調査自体が秘境・辺境イメージの消費性をもっていたことは坂野徹『フィールドワークの戦後史』（二〇一二・吉川弘文館）、飯倉義之「美しい地球の〈秘境〉」『オカルトの惑星』（二〇〇九・青弓社）を参照。
（11）『新修門前町史資料編5』（二〇〇四）一九二～一九四頁。

第六四回（金沢）大会の記録

大会成果刊行特別委員会

はじめに

地方史研究協議会第六四回（金沢）大会は、二〇一三年一〇月二六日（土）～二八日（月）の三日間にかけて、石川県金沢市で開催された。本大会の共通論題「〝伝統〟の礎《いしずえ》―加賀・能登・金沢の地域史―」を掲げ、第一日と第二日は金沢市文化ホールを会場として開催した。第一日は自由論題報告三本、共通論題報告二本、公開講演二本ならびに総会がおこなわれた。第二日は共通論題報告七本と共通論題討論がおこなわれた。最終日である第三日は、加賀・金沢コースと能登コースにわかれ、それぞれ巡見がおこなわれた。

本書は、本大会の成果をふまえ、公開講演、研究報告ならびに討論の要旨をまとめたものである。書名を『〝伝統〟の礎―加賀・能登・金沢の地域史―』とし、収載論文をテーマによって「Ⅰ　〝伝統〟を創り出す舞台の形成」「Ⅱ　加賀・能登・金沢の地域展開と〝伝統〟」「Ⅲ　近代における〝伝統〟の創出」の三部に再構成した。

一　大会準備状況

第六四回大会開催の契機は、二〇一〇年一一月から一二月にかけ大会開催の申込を受けたことにある。翌年、申込があった地域の会員等への説明や打ち合わせ、企画書の提出・審議を経て、二〇一一年五月に開催地を石川県と決定した。六月の第七回常任委員会にて、第六四回（仮称金沢）大会の準備委員会が発足し、準備委員として川上真理・桑原功一・佐藤孝之・長沼秀明・鍋本由徳の五名が選出され、鍋本が準備委員長として互選された。二〇一二年九月の二〇一一年度第九回常任委員会にて、大会名称を第六四回（金沢）大会と決定し、一〇月の二〇一二年度第一回常任委員会にて、準備委員会を第六四回（金沢）大会運営委員会として改組した。運営委員会発足までの補充委員は、乾賢太郎・小松寿治・西村健・平野明夫の四名である。なお、準備委員の佐藤孝之氏は、二〇一一年度をもって常任委員を退任したため、以後、実行委員として大会の準備・運営に携わることとなった。最終的に運営委員は八名となった。なお、大会を準備・運営する間、常任委員長は二〇一二年一〇月まで平野明夫、以降は吉田政博がつとめ、運営委員とともに大会準備にあたった。

一方、地元の石川県では、共催団体である加能地域史研究会を中心に準備が進められ、実行委員会が組織された。二〇一一年一〇月二五日、石川県立図書館にて第一回実行委員会が開催され、今後の方針ならびにスケジュールの確認をおこない、本格的に大会準備に向けて動き出した。以後、主に石川県立図書館を会場として実行委員会を開催し、大会の準備と運営が進められた。実行委員会は地元研究者を中心に組織され、最終的には以下のような構成となった。

【実行委員会】

参　与　木越隆三・東四柳史明
実行委員長　宇佐美孝
副委員長　木越祐馨（事務局長兼務）
実行委員　池田仁子・石田文一（事務局）・伊藤克江・垣内光次郎・河崎倫代・北村周士・佐藤孝之・塩川隆文・袖吉正樹（事務局次長）・高堀伊津子・竹松幸香・堀井美里・三浦純夫・見瀬和雄・道下勝太・宮下和幸・山本吉次・鷲澤淑子・和田　学

実行委員会・準備委員会・運営委員会の協議内容については、会誌『地方史研究』の「事務局だより」「第六四回（金沢）大会運営委員会報告」の記載に替え、本記録では省略する。各委員会の開催状況は以下の通りである。

【実行委員会】

第1回　二〇一一年一〇月二五日（石川県立図書館）
第2回　一二月一一日（石川県立図書館）
第3回　二〇一二年　三月二四日（石川県立図書館）
第4回　六月三〇日（石川県立図書館）
第5回　八月二五日（石川県立図書館）
第6回　一〇月　七日（石川県立図書館）
第7回　一一月一三日（玉川図書館近世史料館）
第8回　二〇一三年　一月二七日（石川県立図書館）
第9回　三月一六日（石川県立図書館）
第10回　四月二七日（フローイント和倉）
第11回　五月一二日（石川県立図書館）
第12回　六月二二日・二三日（石川県立図書館）
第13回　七月二〇日（石川県立図書館）
第14回　八月二四日（石川県立図書館）
第15回　九月二一日・二二日（石川県立図書館）

【準備委員会】
第1回　二〇一一年　七月二四日
第2回　　　　　　一〇月一五日
第3回　　　　　　一一月二二日
第4回　　　　　　一二月一九日
第5回　二〇一二年　一月二六日
第6回　　　　　　二月二九日
第7回　　　　　　三月二二日
第8回　　　　　　四月二七日
第9回　　　　　　五月二四日
第10回　　　　　　六月二五日
第11回　　　　　　七月一七日
第12回　　　　　　八月一〇日
第13回　　　　　　九月一一日
第14回　　　　　　一〇月　二日
【運営委員会】
第1回　二〇一二年一一月二八日
第2回　二〇一三年　一月二三日
第3回　　　　　　三月一三日
第4回　　　　　　四月　五日
第5回　　　　　　五月　八日
第6回　　　　　　五月二二日
第7回　　　　　　七月一〇日
第8回　　　　　　九月　四日

なお、二〇一三年七月六日、第七回研究例会で、畠山聡氏「奥能登における真言宗寺院について―町野結衆の年中行事を中心とした民俗調査報告―」を関連報告として開催している。

二　大会テーマの設定

準備委員会では、石川県の歴史の通史的学習を通して大会の全体像を、実行委員会では、伝統を扱う目的や視角を協議した。金沢を中心にした伝統が近世・近代の所産であり、その基盤の理解が課題として浮かび上がった。新たに創り出された〝伝統〟の解明には、近世・近代の金沢のほか、古代以来の加賀・能登地域を含めて地域の歴史的展開のなかで考え、加賀・能登の両地域に加えて、金沢が大きな地域として成立する現状も踏まえるべきという認識に至った。

以上をかんがみ、加賀・能登地域に形を変えながら受け継がれていく〝伝統〟を生み出す地域の特質とは何か、それを歴史を通して考える大会テーマを設定することとなった。さらに、常任委員会で数度にわたり共通論題にかかわる議論を重ね、「〝伝統〟の礎《いしずえ》―加賀・能登・金沢の地域史―」を共通論題として決定した。そして、以下の大会趣意書を会誌『地方史研究』第三六二号・三六四号・三六五号に掲載し、大会に向けて一層の議論を進めていった。

【第六四回大会を迎えるにあたって】

〝伝統〟の礎《いしずえ》―加賀・能登・金沢の地域史―

常任委員会

第六四回（金沢）大会実行委員会

地方史研究協議会は、第六四回（金沢）大会を、二〇一三年一〇月二六日(土)〜二八日(月)までの三日間、石川県金沢市において開催する。本会常任委員会および開催地の研究者で組織された大会実行委員会では、大会の共通論題を「〝伝統〟の礎《いしずえ》―加賀・能登・金沢の地域史―」と決定した。

現在、加賀・能登地域には多くの歴史的景観や行事などが伝わり、その歴史や伝統が加賀と能登の地域を形成する一要素となっている。また、近世に前田家の拠点であった金沢では、歴史や伝統は「加賀百万石」のイメージと重なり合って語られ、県外の人々に対し、伝統都市としての金沢のイメージが広く知られるようになった。その金沢から発信される伝統は、金沢のみならず、現在の加賀・能登地域の地域形成にも少なからず影響を与えているといえよう。今、加賀・能登地域に加えて、金沢という新たな地域がクローズアップされている。

さて、本会で伝統をテーマに掲げた大会は、一九七四年に開催された第二五回大会「地方文化の伝統と創造」まで遡る。この大会では、伝統を所与のものとして把握し、失われていく伝統の保護と創造的継承が議論された。九〇年代前後、いわゆる「創られた伝統」が注目され、近世史や近現代史を中心に、由緒や顕彰などが議論された。由緒や顕彰を伝統のひとつと理解するならば、その伝統を創り、支えた地域とは何かを改めて地域史の視点から問い直すことができるだろう。

今大会では、地域に残された時間的に古い自明のものとして理解される伝統ではなく、近世や近代に創出され、時間的経過や人々の生活のなかで、形を変えながらも現在に継承されてきたものとしての〝伝統〟について、主に焦点をあてていく。地域形成の一要素となる〝伝統〟の場としての加賀・能登地域の歴史的特質は何か。〝伝統〟の礎となった人々の生活やそれを支える地域は、古代以来どのように変わり、そして〝伝統〟が地域をどのように変えていったのか。これらを主たる論点としたい。

金沢をはじめ、加賀・能登地域に伝えられる〝伝統〟の多くは、金沢城下を中心にした学問の発達、町人と文人の交流、蘭学の積極的摂取や、藩の産業政策などによって創られ、そのなかには度重なる改変によって原型を失いつつも、継承されてきたものがある。中世の金沢御坊、北陸道の要地としての町を基礎とし、近世以後、各地から人々が集まって繁栄を築いてきた金沢は、他地域の伝統を吸収し、そして〝伝統〟を発信する場となったのである。大藩であった加賀藩の領域は、明治初年の分割・統合を経て石川県へと再編されていった。その後、石川県の慢性的な経済停滞や金沢の衰退を打破するために進められた殖産興業政策のなかで、工芸や繊維産業などは重要産業と位置づけられた。今もそれらの一部は伝統産業として続いている。また、第四高等学校や第九師団の設置を経て、他地域から金沢へ再び多くの人々が集まっていく。金沢は北陸の拠点として「学都」「軍都」と呼ばれ、新たな〝伝統〟や地域像を生み出していったのである。

加賀・能登地域は、古来からそれぞれに特徴をもっていた。古代の両地域は、朝廷のある京《みやこ》からみて辺境の地「コシ(越)」と呼ばれ、朝廷の東北経営を背景にして朝廷と「コシ」の関係は深まり、能登、次いで加賀の立国を迎えた。その一方、加賀・能登地域は東アジアと列島を結ぶ窓口として開かれた地域でもあった。中世では水上交通の発達にともない、地域拠点としての港町が加賀と能登の各地に作られ、日本海域の水運を支えていた。近世に入り、両地域は加賀藩領として一体的に把握された。藩政の展開と地域再編のなかで、金沢が加賀藩の政治・経済・文化の大きな拠点となり、それまでの拠点となっていた七尾や小松などが持っていた政治的機能や役割は変化していったのである。

また、地域再編などの歴史的変化は、近世・近代を経て、古代から存在したはずの地域の歴史的特質を改変させることがあった。たとえば加賀・能登地域は「真宗王国」と呼ばれ、いわゆる浄土真宗のイメージが印象づけられ、それが〝伝統〟のひとつとして数えられている。これは近代の教団活動が〝伝統〟となる契機のひとつであった。両地域では古代以来、山岳信仰の場である白山や石動山があり、中世には能登国守護による保護を受けた気多社、曹洞宗や日蓮宗勢力なども地域に根ざして活動していた。このような歴史をもちながら、〝伝統〟の由緒をもっぱら蓮如や一向一揆に求める理由はどこにあるのだろうか。加賀・能登地域の〝伝統〟の多くが近世・近代を起点にして考えられているが、加えて古代・中世からその風土や環境に根ざして受け継がれてきた両地域の事象も、〝伝統〟の礎として考えてみたい。

加賀・能登・金沢をめぐる〝伝統〟は、各時代の地域のあり方や、そこに住み、あるいは他地域から入って活動した人々の生き方、そして地域の変化を通して理解することができる。平成の市町村合併や、北陸新幹線の開通を契機にして、加賀・能登地域では新たな〝伝統〟を創り出そうとする動きが生まれつつある。今大会では、〝伝統〟が持つ意味、そして〝伝統〟を創り出す地域の様相を、加賀・能登・金沢を舞台にした歴史的経緯からとらえ直していく。参加者の積極的な議論を期待したい。

三　問題提起

共通論題に関する問題提起として、会誌『地方史研究』第三六四号（大会特集Ⅰ）に一六本、第三六五号（大会特集Ⅱ）に一一本を掲載した。

1　能登郡与木郷にかんする一試論　笹川　尚紀

2　中世加賀国倉月荘の「村」
　―〝伝統〟が生まれる場の成り立ち―　若林　陵一

3　中世奥能登の宗教情勢
　―奥能登の真言宗寺院―　宮野　純光

4　中世後期能登における七尾・府中の性格と展開　川名　俊

5　金沢にとって「伝統」とは何か　長山　直治

6　加賀藩研究の素材について　本多　俊彦

7　白山麓の出作り　山口　隆治

8　近世奥能登における伝統産業の盛衰　見瀬　和雄

9　政治情報活動に見る加賀藩地域社会　堀井　美里

10　能登の視点　奥田　晴樹

11　能登七尾の近代にみる
　「脱・百万石」と「土着の心」　市川　秀和

12　「繊維王国石川」の形成と「伝統」の存在　新本　欣悟

13　「軍都」金沢における
　陸軍記念日祝賀行事についての覚書　能川　泰治

14　近世の生活文化が残存する金沢　小林　忠雄

15　近代の神社政策と鵜祭　市田　雅崇

16　西岸が能登の新たな聖地となるまで
　―のと鉄道西岸駅の『駅ノート』記帳から―　由谷　裕哉

17　古代北加賀地域における内水面交通の様相　和田　龍介

18　「倭の玉器」とコシ　河村　好光

19　板碑研究の現状と課題
—珠洲市《すずし》野々江《ののえ》本江寺《ほんこうじ》遺跡《いせき》出土の木製板碑をめぐって—　三浦　純夫

20　能登国守護に関する一考察
—中世の伝統的職制の確立とその変遷—　北村　周士

21　加賀藩の産物方政策と諸産業　袖吉　正樹

22　加賀藩十村の政治能力と蔵書文化　工藤　航平

23　「伊能忠敬測量日記」の活用と歴史教育　河崎　倫代

24　日記にみる幕末期の十村　高堀伊津子

25　士族福祉論の系譜　—「救貧より防貧」の思潮を
生んだ加賀百万石リストラ士族たちの意地—　平野　雄

26　加賀門末の真宗信仰　太多　誠

27　工芸の「伝統」—阿部碧海《おうみ》の生涯にみる—　森　仁史

四　自由論題研究発表

二六日（土）午前の自由論題発表は以下の通りである。

1　中近世移行期における能登の寺社勢力と地域社会　塩崎　久代

2　守護大名の在地支配と神社祭祀　—大内氏の場合—　平瀬　直樹

3　中世・近世の地域支配と和歌・連歌の奉納
—白山比咩神社奉納『白山万句』を中心に—　鶴崎　裕雄

平瀬報告では、大内氏領国の周防・長門の在地神社祭祀を対象に、大内氏による神社祭祀への直接関与、守護所における神社祭祀を担う在地住人の守護権力末端への編成などから、大内氏の在地支配に言及した。

塩崎報告ならびに鶴崎報告については、本書を参照していただきたい。

五　公開講演

二六日（土）午後は、以下の公開講演がおこなわれた。

1　「能登国大田文」をめぐって　東四柳史明

2　曹洞禅宗の地方展開とその住持制
—永平寺・總持寺の両本山を中心に—　廣瀬　良弘

公開講演の内容については、本書を参照していただきたい。

六　共通論題研究発表

二六日（土）午前ならびに二七日（日）におこなわれた共通論題研究発表は以下の九本である。これらの報告は、すべて本書に掲載されている。以下は当日の報告順である（本書掲載にあたり論題を変更した報告もある）。

1　近世加越能地域における祭礼と芸能興行　塩川　隆文
2　「風景」化するマガキ
　　―秘境ツーリズムと能登半島―　大門　哲
3　加賀立国の史的問題　森田喜久男
4　戦国期加賀国の非真宗寺院について
　　―山代荘慶寿寺と一向一揆・本願寺―　石田　文一
5　戦国期能登七尾城下町と湊町
　　―能登畠山氏の戦国期の政治拠点について―　善端　直
6　近世能登の職人について
　　―七尾大工とその周辺―　和田　学
7　近世金沢の医療
　　―〝伝統〟の礎と社会史的意義を探る―　池田　仁子
8　明治初年加賀藩政における職制改革の特質　宮下　和幸
9　「大金沢論」と「市民」意識の涵養
　　―第一回金沢市祭の政治的背景―　山本　吉次

七　共通論題討論

討論に先立ち、運営委員長から大会趣旨が説明され、古代と中世を中心にした第一部、近世と近代を中心にした第二部、〝伝統〟を考える第三部にわけて討論を進めた。

第一部では、木越祐馨氏（石川）を司会とし、森田喜久男・石田文一・善端直各氏の報告を中心に、古代・中世の加賀・能登地域の歴史的特質、〝伝統〟が創られる舞台形成への影響に論点を設定した。

塩崎久代氏（石川）から、気多社・石動山信仰についてコメントが出された。前田利家が能登に入った直後に復興した気多社の鵜祭は、利家が畠山氏を受け継ぐ領主とのアピールでもあるが、現代への継承は、地域に不可欠なものとの意識からだろうと述べた。石動山は焼打ちに遭ったが、伏戸村の古文書群から近世後期と思われる石動山の札が見つかっており、勧進活動は近世へ継承されたとの意見を述べた。

このコメントを受け、真宗門徒の近世の動向について質問が出された。石田氏は、一向一揆滅亡後、近世で本願寺教団が広まったことから、教団の復活事情が論点とされたが、現在、中世の幕府と教団の親和性に着眼点がおかれ、本山に対する門末の信仰が近世に連続するとの見方があると述べた。それは、太多誠氏の問題提起にある近代の「真宗王国」の様相へつながるのではないかとの展望を示した。

次に、国郡制のあり方と現代とのつながりに対する質問に対して、森田氏は、八世紀の郷と「倭名類聚抄」上の郷の違いから、一〇～一二世紀頃の郡郷制再編を指摘した。そして笹川尚紀氏が問題提起で触れた与木郷について、現在の羽咋市から七尾市に拡張したものが郡郷制再編で分離し、一部が与木郷として残ったのではと述べた。国郡の枠組と異なり、郷では大きな変動があった可能性があること、国郡の枠組が、後世の有力者、守護大名や戦国大名に影響を与えたのではないか、との展望を述べた。近世の「加賀百万石」「加賀殿」は、律令的国郡制の枠組を超えた概念、能登や越中を包含する新たな「加賀」概念として生まれたのではないかと述べた。

ここで中世前期で問題提起を書いた若林陵一氏から、中世前期から後期の状況について確認が求められた。石田氏は、山代荘が鎌倉後期に成立して以降、半済の設定を経て、残存部分が北野社領として残ったこと、戦国期に山代三郷として存続したことを再確認し、史料的制約を断った上で、山代五郷の場合、三郷以外の二郷として、安楽光院横北郷、幕府料所菅波郷などをとりあげ、複数の荘園が中世所領単位としての郷に分立し、それぞれの所領となったことを述べた。

次に七尾について〝伝統〟につながる展望を善端氏に求めた。善端氏は、能登畠山氏の文芸活動、百韻連歌三巻の成立を素材に、三代義統が府中の下館で文明一五年（一四八三）に詠んだ「賦何船連歌」、七代義総が七尾城内で大永五年（一五二五）に詠んだ「賦何人連歌」と発掘成果から、大永五年までには七尾城内に義総の館があったと推定し、家督争いである永正の内乱の過程が、府中から七尾城に拠点を遷す契機となったのだろうと述べた。

司会が木越隆三氏（石川）に交替し、近世・近代に関する討論へと移った。和田学氏・塩川隆文氏・池田仁子氏・宮下和幸氏・山本吉次氏・大門哲氏の報告を対象に、〝伝統〟を担う人々の意識や〝伝統〟の地域展開へ論点を移した。

司会から塩川氏に対し、前田家入封前からの地域の歴史認識の位置づけや、祭礼を担う人々に対する認識を問うた。塩川氏は、尾山御坊での祭礼や文化は近世に直接連動しないと述べ、藩主家の慶事に対する領民の祝いを藩主への追随とするには一層の検討が必要であるとした。そして祭礼や芸能を楽しむ人々の欲求に対する幕藩領主共通の課題である藩の規制から、前田家の政策をみる必要があるとも述べた。都市祭礼の〝伝統〟について浅香年木氏の「百万石文化」の独創性の有無を改めて検討すべきと提起した。

続けて、池田氏に対し、藩内の医者の医療に対する理解について補足を求めた。池田氏は、一八世紀後半以後、医者が京・江戸・大坂・長崎などで蘭方医療を学ぶ一方、藩主の治療では蘭方医達の蘭方処方の提言に対して藩重臣が慎重になる事例を挙げた。徳田寿秋氏の研究をもとに、蘭方医と漢方医の比率が明治二〇年代頃は四対六、同四〇年代は大半を蘭方医が占め、医療が時代とともに変化して現在へつながるのではと述べた。また、地域の展開では、北陸や首都圏の「富山の薬」を例に、庶民の医薬需要が近世にはあったと推測した。

次いで七尾大工と地域の関わりについて質問が出された。和田氏は七尾大工のブランドについて、大工技術が国府、守護所、畠山文化を通して七尾市街地に受け継がれ、七尾大工は水株大工らが活躍する近世初頭以来の土壌を背景にブランド化したのではと回答した。その後、大工職人にとり、金沢は城の修復作事などを通じて中心地域となり、金沢大工が注目され、金沢で学んだ大工が能登へ、そして能登からまた外へ出る過程があり、古代から近代を経てブランドを受け継ぐ土壌が、能登の求心的都市である七尾にあったとした。

七尾から舞台を移し、戦前・戦後を通して観光客が訪れた能登北部の人々にとってマガキ製作は、地域の歴史や、〝伝統〟の自覚につながったのか、との質問が出された。大門氏は、外の視線を意識したのは昭和四〇年代頃で、地元が「伝統文化」と言えば伝統文化とされ、〝伝統〟意識の有無は判断しにくいと回答した。地元が〝伝統〟にしようとした時に、その事象が〝伝統〟になることから、〝伝統〟にすべきか否かの判断が問題となると指摘した。

話題を近代金沢へ移し、明治以降の加賀藩重臣層の金沢に対する意識について質問が出された。宮下氏は、藩は府藩県三治制維持に適応した体制をめざすも、藩動向の実態把握が政府の課題であり、藩の西洋式軍隊の戊辰戦争での活躍は評価されたが、藩の動向自体は不明瞭で、朝廷に関わった者が藩を評価する一方、薩長関係者による警戒もあると述べた。知藩事の前田慶寧が金沢を離れる際、地域繁栄への希望を告諭で表明し、重臣層が学校・病院建設の費用捻出などで応えるが、佐幕志向を持つ本多氏や長氏らが慶寧の勤王としての動きを鈍らせたと理解され、八家評価が下がったと述べた。しかし、前田家による繁栄の顕彰と八家への称賛があり、明治二〇年代における評価の二面性が特徴的であると指摘した。司会は、前田家が関ヶ原合戦を境に豊臣色を消して徳川体制で一定の地位を確保し、明治以後は徳川色を消して勤王として再アピールする流れになろうとまとめた。

続いて長沼秀明氏（神奈川）から山本氏に、金沢市歌（大正一二年）の「人の和欠くるなく」をめぐり、第一回金沢市祭開催の意義、相良歩市長が「百万石意識の一掃」を謳いつつ、後の市民読本で金沢の歴史を前田家から始める意図、市民統合の象徴の必要性について質問が出された。山本氏は前田家顕彰による市民アイデンティティの意識、百万石意識に拠りすぎてはならないとの意識の、二つの百万石意識があると述べた。金沢の経済を担ってきた旧有力士族と新たに登場した事業主の併立・対立のなかで「人の和」が必要となり、矛盾解消のシンボルとして前田利家が出現するとした。本康宏史氏の研究から、藩祖の記憶の蘇生と自分たちのアイデンティティを持たせる動きとの関係は、明治期の尾山神社神門建設をめぐる前田直信（土佐守家）と長谷川純也市長の動向に見られ、また、藩祖三〇〇年祭などで、士族中心のアイデンティティを、相良市長が大衆レベルまで持ち込んだと述べた。

続けて長沼氏から第二回市祭以降の「加賀百万石」イメージの展開、市民の受容について質問が出された。山本氏は、百万石イメージは第二回以後も盛んだが、日中戦争以降は戦勝祈願の祭となって戦後に廃止されたこと、しかし、金沢の活性化を図るものとして昭和二七年（一九五二）に百万石祭として復活したことを述べ、金沢市祭や藩祖三〇〇年祭など、士族や市民のアイデンティティの復活が、創られた〝伝統〟につながるだろうとの見解を示した。司会は、現在、「百万石の遺風」をプラス評価することが多いが、大正一二年段階では、マイナス面でとらえた点が重要とのコメントを述べた。

第三部では鍋本由徳（東京）を司会として、前田家のあり方に関する肯定・否定、〝伝統〟を近世以降の創出とみた時に古代・中世の歴史をどのようにみるのか、権力介入の度合い、住民側の意識などを論点として設定した。

まず、「加賀百万石」の出現・定着について、山本氏は本康氏の研究から明治二六年（一八九三）に現れ、そして金沢実業会趣意書などにも現れると述べ、そして、単なる加賀藩ではなく、文化・歴史都市などの華麗性や文化性を包含したイメージで定着するとした田中喜男氏の見解を紹介した。

続けて、森仁史氏（石川）から示された「〝伝統〟についてて考えていかなければならない主体のありようが問われていくべき」との意見に関連し、〝伝統〟を利用する時代の人々の問題意識、研究する側の意識について会場へ意見を求めた。

師岡正樹氏（石川）は、一向一揆を経て、近世前田家は一揆的な結合を否定してはじめて成立するのではないか、塩川氏の報告について、祭礼規制では部分的には認可するが、人々の結束の契機や拠り所となることから、前田家は大集団を作らせないために祭礼をコントロールしたのではないかと述べた。近代に入ると、山本氏の報告のようにアイデンティティをもとに、金沢を盛り上げる必要性からシンボルを求める反動が生まれ、その時々の為政者の考え方が人々の結合の仕方に影響するのではないかとの意見を述べた。

続いて市川秀和氏（福井）へ問題提起で述べた七尾の「脱・百万石」意識に関連したコメントを求めた。市川氏は、内部腐敗や外からの視点からの価値低下が起こり、〝伝統〟は断絶を経ないと、その連続性を保持できないと指摘した。七尾は加賀藩領であるが、現在も畠山文化が表に現れていること、近代で〝伝統〟が復活し、七尾がアイデンティティの礎を築く上で、歴史の再生産、前田家統治に対する「脱・百万石」意識が出てきたと指摘した。近代では海外の視角で〝伝統〟が再生され、和倉温泉の〝伝統〟の復活では、その背景にドイツの温泉博覧会開催があり、近代ヨーロッパの目で見直され、〝伝統〟が再び意識化されはじめたことを述べた。

そのコメントを受け、山本氏は、金沢の都市計画ではヨーロッパのものが持ちこまれ、市川氏の指摘は重要であり、外から見ることによって初めて内を考え直す点に賛意を示した。そして、金沢は、産業的に発展させる、または国際貿易港を持つ町として見られる感覚があると述べた。宮下氏も外からの視点は重要としたが、金沢開始三〇〇年祭に至るような旧藩顕彰は、まず内部からはじまり、断絶と再興の反復のなかで外部の目が反映されるのではないかと述べた。

最後に、〝伝統〟の礎を考える主体として研究する側としての意識のあり方に論点を移した。長山直治氏（石川）は、「加賀百万石文化はない」との浅香年木氏の問題提起が重要で、地域住民の存在や地域の歴史意識から、加賀百万石文化が持つ歴史の負の面としての評価が、死後二五年経過した今も、金沢、石川、北陸で議論されない現状を指摘した。金沢にある「空から謡が降って来る」の逸話が歴代藩主の保護による能の発展と結びついて市民に受容され、文化・観光振興などに使われるが、町人の能は江戸時代初期からあり、藩主の保護は庶民の間で能が盛んになる理由にならないと述べた。研究者自身の加賀藩への理解、自身や地域住民の生き方と藩の〝伝統〟との結びつきを考えるべきと指摘した。

さらに議論を深化させるべきであるが、各報告者から〝伝統〟の礎に対する個々の意見を求めた。塩川氏は、加賀藩の視点や藩政史のなかではなく、寺社の歴史のなかで芸能の問題も考えたいと述べた。大門氏は〝伝統〟とは他者から発せられる言説であり、受容・拒絶のスタイルもさまざまで、受容した場合の動態的な把握が必要と述べた。森田氏は地域史では長期的変動と短期的変動をみる必要性、たとえば前田家は、完全に古代の枠組を破棄したのではなく、再編・利用したのではないかと述べた。石田氏は〝伝統〟を肯定する人は守る立場で、受け入れない人は打破する立場で論じ、〝伝統〟の礎とは史実の確定であろうと述べた。善端氏は能登の「でか山」での文様に七尾の住民の古代からの歴史意識が表現される点に〝伝統〟が示されると述べた。和田氏は、寺社廃絶を目の前にした時、寺社を守る際に現れる畏敬の念が有力な大工を呼び込み、伝統的に今の形を残していくのではないかと述べた。池田氏は、黒川良安や高峰元陸（精一）らの指導者が近代的医療の人材育成に寄与し、〝伝統〟では、戦国期の京都からの医者下向の活発化、近世前田家での宮廷医家の招請、近代を通して国民全体に医療の平等性が創出されることを述べた。宮下氏は、幕末期に活躍する人々の、藩祖以来の御恩に報いる〝伝統〟や由緒につながる意志が膨大なエネルギーを生み、それが人々の拠り所となると述べた。山本氏は〝伝統〟をイメージや幻想と考え、それらが人々のアイデンティティを生む時に大きな幸福感をもたらすとし、幻想としての存在が歴史だと述べた。住民、経済界、行政などが新しい価値を作り、その幻想を肯定すると述べた。

討論の締めくくりとして、司会から、本大会が、参加者各々の住む地域にある〝伝統〟を改めて考える契機になることを願い、約二時間にわたる討論を終了した。

八　巡見

大会三日目の一〇月二八日（月）、六六名の参加者を得て巡見がおこなわれた。本大会では次の二コースを設定した。

1　能登コース

ＪＲ金沢駅西口（集合）－妙成寺－気多大社・正覚院－千里浜レストハウス（昼食）－永光寺－喜多家－ＪＲ金沢駅西口

能登コースでは午前中に羽咋市内、午後は羽咋市・宝達志水町へと移動しながらの見学となった。なお、妙成寺・正覚院・永光寺・喜多家では現地解説をいただいた。また、永光寺では県指定有形文化財である永光寺文書を閲覧することができた。

2　金沢・加賀コース

前田土佐守家資料館（集合・見学）－大乗寺・本多家墓所－手取川七ヶ用水白山管理センター－白山比咩神社（昼食・宝物館）－秋常山古墳－ＪＲ金沢駅西口

金沢・加賀コースでは、午前中に金沢市内、午後は白山市へ移動しての見学となった。各見学地で現地解説をいただき、大乗寺では加賀藩八家の本多家ご当主による本多家墓所等の解説をいただいた。白山比咩神社宝物館では通常は出品しない資料を特別公開していただくことができた。

以上が本大会における巡見の概要である。見学先およびバス車中で解説いただいた、実行委員、各見学地・関係諸機関の方々に深く御礼申し上げる。

九　総括例会

二〇一四年三月二一日、石川県立生涯学習センター能登分室（石川県輪島市）にて総括例会を開催した（当日は加能地域史研究会研究例会と合同開催）。地方史研究協議会から運営委員川上真理氏、実行委員会から堀井美里氏が報告に立った。川上氏は、加賀・能登・金沢の併記は金沢の拠点性を強調するのではとの課題を挙げ、古代・中世からは固定イメージ克服の方法、中世から近代の流れのなかでの長期波動や、多様な〝伝統〟（意識）が浮かび上がるとした。大会が〝伝統〟を歴史的に考察する反面、問題の焦点が現代に置かれたこと、「百万石文化」の相対化が課題であると指摘した。

堀井氏からは共通論題研究報告と問題提起との関係から、地域社会における権威や権力的存在と〝伝統〟、地域社会と生活との密接に関わる〝伝統〟の創造・継承・断絶・相克の問題が提起され、さらに非文献資料から見いだされる事実に基づく〝伝統〟再発見の可能性、現代社会が抱えている問題点を見据えた問題意識の設定が必要であるとまとめた。

その後の討論では、一般レベルの〝伝統〟理解、それに対する研究者の対応の議論をさらに深めた。「加賀百万石」の用語について、「加賀百万石輪島」などと言わないことから、使用者は「加賀百万石」を意識して使い、各地域に受け継がれた〝伝統〟が必ずしも金沢に収斂しないことが指摘された。能登の場合、近世では金沢を中心としない事象があり、〝伝統〟は何かが弱くなった時に利用される傾向が強いとの発言があった。危機に際した〝伝統〟利用では、明治一〇・二〇年代の議論の未消化が指摘され、旧藩顕彰が、戦争を前にした明治二〇年代に国民を統合しようとする流れを背景に進められたことが再確認された。また、産業構造と〝伝統〟について、近年のアニメブームに乗った事象と共通論題との関連に対する疑問が提示されたことに対し、それが〝伝統〟化するひとつの可能性になりうるとの意見が出された。〝伝統〟となることで本来の姿を失う例もあり、〝伝統〟を創ることの是非も論じられた。また、「真宗王国」のように使われなくなってきた用語も、一般には今もその用語が〝伝統〟として意識され続けており、学術上での議論がどのように地元に還元されるのかが課題となるのではないか、と総括し、当日の総括例会を締めくくった。

おわりに

第六四回（金沢）大会は、全国から二五九名の参加者を得て無事に終了することができた。本大会では、金沢を象徴する伝統をテーマに、それが近世・近代で創られた〝伝統〟であり、〝伝統〟を生み出す基盤を古代以来の歴史的過程や地域的特質を探ることで解明しようと試みた。〝伝統〟を考える上で、古代以来、加賀・能登両地域の人々が作り、そして受け継いだものが、近世・近代以後の〝伝統〟にどのように影響するか、そして金沢という地域をどのように考えるか、論点は多岐にわたっていた。

本大会を通して、古代の国郡制とは異なる国意識、中世畠山氏の存在が強く意識された七尾、前田が強く意識される金沢、それらの拠点を焦点とする地域で、特に近世前田家をどのように意識するかを考える素地ができたといえよう。

しかし、〝伝統〟の根底にある人々の意識、民俗学や文化人類学での成果を踏まえ、歴史学でどのように〝伝統〟を考えるか、その踏み込みは十分でなかった。〝伝統〟を議論する難しさを知ると同時に課題も多く残った。大会は当日の研究報告のほか、『地方史研究』誌上の問題提起、全体討論や総括例会での質疑応答を総合して構成される。これらの成果をどのように活かすのか、今後の課題としたい。

本大会の開催に際し、多くの団体から後援や協賛をいただいた。本大会が今後、県内外の諸研究団体による歴史研究を深めていく契機のひとつになるならば、開催した意義もあったといえよう。今後の展開に期待したい。

最後に、本大会の共催、そして後援・協賛をいただいた関係諸団体に、厚く感謝する次第である。

【共催】

加能地域史研究会

【後援】

石川県教育委員会　金沢市　七尾市　小松市教育委員会
輪島市　珠洲市　加賀市　羽咋市　かほく市　白山市
能美市　野々市市教育委員会　川北町　津幡町　内灘町
志賀町　宝達志水町　中能登町教育委員会　穴水町　能登町教育委員会　（財）金沢コンベンションビューロー
金沢学院大学

【協賛】

石川郷土史学会　石川県高等学校地歴科・公民科教育研究会　石川県社会科教育研究会　石川県博物館協議会　石川考古学研究会　石川地理学会　江沼地方史研究会　加賀藩研究ネットワーク　加南地方史研究会　加能民俗の会　珠洲郷土史研究会　田鶴浜地方史の会　能登国石動山を護る会　能登文化財保護連絡協議会　白山市ふるさと研究協議会　北陸史学会　北陸都市史学会　門前町郷土史研究会　越中史壇会　福井県史研究会

本書の刊行は、地方史研究協議会第六四回（金沢）大会成果刊行特別委員会が担当した。委員会は乾賢太郎・川上真理・桑原功一・小松寿治・長沼秀明・西村健・平野明夫および鍋本由徳（委員長）の八名で構成した。刊行に際しては、実行委員会委員、そして株式会社雄山閣の安齋利晃氏に大変お世話になった。記して感謝申し上げる。

（文責・鍋本由徳）

執筆者紹介（五十音順）

池田仁子（いけだ　とよこ）
一九五一年生　石川県金沢市在住。
加能地域史研究会運営委員。

石田文一（いしだ　ふみかず）
一九六二年生　石川県白山市在住。
石川県立図書館史料編さん室専門員。

塩川隆文（しおかわ　たかふみ）
一九七八年生　石川県金沢市在住。
金沢市立玉川図書館職員。

塩崎久代（しおざき　ひさよ）
一九八〇年生　石川県金沢市在住。
石川県立歴史博物館学芸主任。

善端　直（ぜんばな　ただし）
一九六五年生　石川県七尾市在住。
七尾市教育委員会文化課課長補佐。

大門　哲（だいもん　さとる）
一九六四年生　石川県金沢市在住。
石川県立歴史博物館学芸員。

鶴崎裕雄（つるさき　ひろお）
一九三五年生　大阪府狭山市在住。
帝塚山学院大学名誉教授。

東四柳史明（ひがしよつやなぎ　ふみあき）
一九四八年生石川県鳳珠郡穴水町在住。
金沢学院大学特任教授。

廣瀬良弘（ひろせ　りょうこう）
一九四七年生　神奈川県横浜市在住。
駒澤大学学長。

宮下和幸（みやした　かずゆき）
一九七五年生　石川県金沢市在住。
金沢市立玉川図書館近世史料館学芸員。

森田喜久男（もりた　きくお）
一九六四年生　神奈川県横浜市在住。
淑徳大学人文学部教授。

山本吉次（やまもと　よしつぐ）
一九六〇年生　石川県金沢市在住。
金沢大学附属高等学校主幹教諭。

和田　学（わだ　まなぶ）
一九六三年生　石川県七尾市在住。
七尾市教育委員会文化課課長補佐。

平成26年10月25日 初版発行　《検印省略》

地方史研究協議会 第64回（金沢）大会成果論集

"伝統" の礎—加賀・能登・金沢の地域史—

（でんとうのいしずえ—かが・のと・かなざわのちいきし—）

編　者　ⓒ地方史研究協議会

発行者　宮田哲男

発行所　株式会社 雄山閣

〒102-0071　東京都千代田区富士見２-６-９

電話 03-3262-3231㈹　FAX 03-3262-6938

http://www.yuzankaku.co.jp

E-mail　info@yuzankaku.co.jp

振替：00130-5-1685

印刷・製本　株式会社ティーケー出版印刷

Printed in Japan 2014　ISBN978-4-639-02334-0　C3021

N.D.C.213　296p　22cm